Moisés — III

O VIDENTE DO SINAI

Josefa Rosalía Luque Alvarez
(Hilarião de Monte Nebo)

Moisés — III

O VIDENTE DO SINAI

Tradução
HÉLIO MOURA

Cotejada com os originais por
HUGO JORGE ONTIVERO
MONICA FERRI

EDITORA PENSAMENTO
São Paulo

Título do original:
Moisés — III
El Vidente del Sinaí

Copyright © FRATERNIDAD CRISTIANA UNIVERSAL
Cassila del Correo nº 47
C.P. 1648 — Tigre (Prov. Buenos Aires)
República Argentina.

CAPA: Moisés e as Tábuas da Lei, de Cosimo
Rosselli (1430-1507): Capela Sixtina, Vaticano.

Edição
1-2-3-4-5-6-7-8-9

Ano
96-97-98-99

Direitos de tradução para a língua portuguesa
adquiridos com exclusividade pela
EDITORA PENSAMENTO LTDA.
Rua Dr. Mário Vicente, 374 – 04270-000 – São Paulo, SP – Fone: 272-1399
que se reserva a propriedade literária desta tradução.

Impresso em nossas oficinas gráficas.

Sumário

A escola de portas abertas	7
Ramsés II.	29
Em Mênfis.	39
Moisés e os arquivos	46
A assembléia	52
Os mistérios divinos	58
A inauguração	64
Moisés tecia a sua rede.	68
Um povo para um ideal	77
De volta ao passado	81
A montanha de Gondar	86
De Mênfis a Gondar.	92
As mulheres mosaístas	97
Narcisos e roseiras	107
O santuário de Serra Nevada	116
Os cavaleiros iberianos.	124
A rainha-esposa de Ramsés II	128
O povo escolhido	137
De Ramesés ao Sinai	144
O monte dos esplendores	151
O ditado supremo	157
A roseira tinha espinhos...	168
O Egito sem Moisés.	172
A filha do céu	177
Moisés criador de povos.	182
As noites do deserto	185
Mahón-Abul de Sela.	194
No país de Kush	200
Moisés mestre de almas	207
O monte dos gênios	217
O Poço Durba	226

Fidelidade ao ideal 231
A escola de Thimétis 242
Novamente no deserto 248
Broche de diamantes. 255

A Escola de Portas Abertas

No dia seguinte aos acontecimentos referidos e apenas se levantava o sol em seu leito de gazes purpurinas, entrou Numbik apressadamente na alcova de Moisés:

— Senhor, meu bom amo! Um inusitado acontecimento nunca visto na Terra!... O faraó acaba de chegar...

— Não pode ser.

— Sim, meu amo. Veio em seu carro cor de fogo com uns grandes cavalos fogosos, transpirando por todos os poros... Podeis vê-lo? Ele chama por vós, senhor, e ninguém pode contê-lo.

Moisés envolveu-se em seu pesado manto branco e saiu ao mesmo tempo que Amenhepat subia a escadaria que conduzia ao terraço dianteiro do castelo.

— Faraó, o que aconteceu? Teu filho ou a rainha, talvez...

— Nem a rainha nem o filho, Osarsip! Não te dei a minha palavra de faraó que hoje criaria a tua escola de portas abertas? Vim a toda carreira, e meus negros árabes correram como o vento. Estás vendo: duas horas de sol e já estou aqui.

Em seu assombro, Moisés não sabia o que responder.

— Oh, faraó! Nunca imaginei que eu merecesse um esforço semelhante da tua parte.

— Eu sou assim. Ou faço imediatamente o prometido ou não o faço nunca.

Grandemente fatigado pela carreira, o faraó deixou-se cair sobre o primeiro banco de pedra que viu no grande pórtico. Moisés permanecia de pé.

— Senta-te aqui perto, homem, pois temos muitas coisas para resolver. Sabes que não dormi ontem à noite pensando na tua escola de portas abertas?

— Não julguei que te preocupasses tanto, faraó... Tens tantas coisas em que pensar.

— O templo de On está em ruínas e demoraríamos muito em instalar ali uma única classe. Pensei em algo muito mais conveniente.

— Vejamos.

— Já viste Ramesés?

— Ainda não pude sair até essa distância, mas sei que é a mais esplêndida de todas as cidades criadas por ti.

— Pus nessa cidade o nome do meu herdeiro porque tudo ali está disposto de tal forma para forjar um príncipe real exatamente como penso deva ser o meu sucessor.

"Ramesés é a cabeceira da cadeia de fortins que estou estendendo desde as bocas do Nilo até as encostas do Revenzora. Já te havias inteirado disto?

— Não, faraó. Deste assunto não falei com ninguém.

— Pois eu penso que naquela que será um dia "sala de audiências" deva funcionar a tua escola de portas abertas. Na verdade, tens fibra de domador de potros e amansador de feras, e quem sabe se os deuses não te destinaram para limpar de selvagens os pântanos do nosso delta e de lobos e aves de rapina as cavernas de nossos montes.

"Nós dois cabemos no meu carro, e a escolta nos segue ao lado. Acompanhas-me?"

— Com todo o agrado, faraó, se me permitires alguns momentos a fim de me vestir em condições de apresentar-me a teu lado.

Enquanto Moisés vestia a túnica curta e demais acessórios próprios da situação, Thimétis e Estrela rendiam homenagem ao faraó, que quis conhecer o filho de Osarsip, como ele dizia. Apenas o viu, disse à sua mãe:

— Se tu és Estrela, teu filho será um sol, não de conquistas guerreiras, mas tal como seu pai, iluminador de abismos e profundidades..., navegante audaz contra as correntes...

Estrela observava-o quase com pavor, e Thimétis, pondo a mão em seu ombro, disse:

— Irmão!... És agora um profeta?

— Todos temos algo disso em dados momentos, e ao ver este anjinho que parece um narciso recém-colhido, me ocorreu que ele não será mais nem menos que um visionário idealista como seu pai.

— E como sua avó — acrescentou a princesa real em tom de brincadeira.

— Contudo, na Mauritânia, realizaste uma obra digna de faraós. Julgas que não sei de tudo?

— Nada fiz às escondidas e me alegra que tenhas ficado satisfeito comigo. Recebo tuas palavras como se tivessem sido ditas pelo nosso pai.

Moisés saiu nesse momento vestido com roupas adequadas para a ocasião, roupas, aliás, muito semelhantes às usadas pelo faraó, o qual observando-o de alto a baixo, disse:

— Novamente vejo-te como se ainda fosses o meu superintendente vice-rei.

— Isso já ficou muito para trás. Se dissesses teu ajudante na educação de teus povos, terias chegado mais perto da realidade. Vamos!

— Belas e santas senhoras! Com a vossa permissão, vamos a Ramesés e talvez não vereis nossos rostos antes de passada uma semana. — Falando assim, o faraó saltou em seu carro e, atrás dele, Moisés.

Numbik, com o brilhante uniforme da princesa real e montado num fogoso alazão, colocou-se junto ao carro e disse a Moisés:

— Não verás mal em que vos acompanhe, amo, para tranqüilidade de vossa mãe?

— Sim, homem, sim — disse o faraó. — Tu és o chefe da sua escolta e, por enquanto, o chefe é o quanto basta.

Moisés estava assombrado com o bom humor do faraó. Num momento em que a luz divina se intensificou em sua mente, compreendeu que os inimigos invisíveis de sua missão lhe estendiam um novo laço.

Uma voz muito íntima, e como se chegasse de muito longe, lhe disse:

— Aquele que entrou na intimidade conosco, rompeu todos os vínculos com o mundo. Não queiras unir novamente o que já foi destruído para sempre!... Para sempre!

— Que pensas Osarsip, que não falas? Estás pesaroso de ver-te a meu lado em meu carro? Observa como estão firmes os bridões em minhas mãos, e sou também um pouco domador de potros.

— Estou vendo perfeitamente, faraó, estou vendo. Admiro a força e a destreza que adquiriste para dirigir estes cavalos, que não são certamente os pequenos jumentos daqueles estudantes que foram a Tebas passar férias.

— Que queres! Na época éramos franguinhos de dezessete anos, e hoje já temos trinta. Entretanto, ainda temos toda a vida diante de nós e podemos fazer grandes coisas. Eu como faraó e tu como...

— Como educador de teus povos, faraó — interrompeu Moisés para evitar que fosse repetido o que já via esboçado em seu pensamento.

Quando se aproximavam de Gisa, quis o faraó deter-se para que Moisés visse de passagem a Casa da Vida (um sanatório público) que mandara construir e que fora inaugurado no ano anterior.

— De referência conheço isto — disse Moisés. — É uma grande pena que tua boa e nobre intenção de favorecer os que carecem de meios de cura tenha sido transformada num regular comércio de médicos, enfermeiros e administradores.

— Como! Sabes isto e eu o ignoro? Não pode ser!

— É lógico, faraó! Escondem-se de ti os que o fazem, mas não ficam ocultados dos que observam de um plano mais baixo que o teu. Além do mais..., Tebas está muito longe daqui...

9

— Em que consiste esse comércio?

— Consiste em mandar embora sem dar atenção alguma ao despossuído de tudo, e atender mediante dádivas, grandes ou pequenas, aos que têm algo para dar. Há quem paga com trabalho de meses e até de anos pela cura de uma familiar querido, um filho, e talvez o pai ou a mãe cuja vida se quer conservar.

— Tu, que acabas de chegar, ficas inteirado de tudo, e eu, soberano do Egito, tenho ignorado até este momento.

O faraó franziu o cenho, em tal forma enfurecido que imprimiu uma chicotada nos cavalos do carro que começaram a correr a todo galope, sem que os soldados da escolta pudessem contê-los.

Estes eram jovens da nobreza cuja bela presença na verdade honrava o soberano, mas não eram capazes de conter aquela parelha de potros assustados. Numbik, que havia sido forjado como seu amo entre penhascos no deserto, foi quem conseguiu subjugar os animais e o carro voltou sem ter sofrido dano algum à pracinha defronte à Casa da Vida onde os dois viajantes esperavam.

— Eu disse que eras o chefe da escolta do teu amo, e que, por enquanto, bastava o chefe. Disse ou não disse a verdade?

O humilde Numbik inclinou-se até quase tocar com a cabeça a terra e assim permaneceu um momento, até que o faraó o mandou levantar-se. Tal era o cerimonial usado, e que às vezes ultrapassava tanto a medida que alguns se estendiam no solo quando o faraó lhes falava.

— Estes dois potros e este carro eu os presentearei a ti assim que terminar esta viagem, para que conduzas teu amo cada vez que ele quiser sair. Pelos deuses, que ganhaste este presente, e o filho de meu pai nunca foi mesquinho no pagamento.

Outra inclinação reverente de Numbik, entretanto muda, sem pronunciar uma única palavra.

— Teu criado é mudo, Osarsip?

— Não, faraó — respondeu Moisés, enquanto observava com grande interesse os que entravam e saíam da Casa da Vida. — Não é mudo, mas foi educado por um sacerdote do antigo culto, e aprendeu dele o valor do silêncio que age sem palavras...

— Ah! Teus hieróglifos, Osarsip, como sabes empregá-los bem! Quer dizer que teu criado sabe calar-se quando a cólera enlouquece a quem pode cortar-lhe a cabeça?

— Justamente, faraó. — A cólera e o desgosto se dissolveram no riso que causou em todos o gracejo trágico do soberano.

— Se não te opões, faraó, antes de ver a radiante Ramesés, quisera que visitássemos a ruinosa On e seu templo, que não vejo há dez anos.

— Sempre o passado te é mais desejável que o presente. Não mudaste nada de como eras há dez anos.

— É difícil mudar quando se tem ideais e convicções mais fortes que o tempo e a morte.

"Faraó, deves estar cansado de segurar os bridões. Se me permites, serei eu quem os levarei..."

— Está bem, homem, está bem. Age como condutor de animais de serviço, antes de te encarregares das indômitas feras que te arrastarão.

Moisés encarregou-se de dirigir os briosos cavalos do carro, enquanto o faraó descansava no tamborete auxiliar e continuava o diálogo.

— Falaste de convicções e de ideais mais fortes que o tempo e a morte. Dize-me, Osarsip, o que sonhas e o que persegues com tanto afã? Não te interessam cetros, coroas, tronos? Dize-me, o que andas buscando?

— Quero ser franco e leal como comprovo que o és para mim. Peço que não te enfades se sou muito diferente de ti.

— Eu o prometo por minha honra.

— Estudando o passado, cheguei à convicção de que, se alguns soberanos, teus antepassados, não tiveram êxito nas inovações que quiseram impor, e ainda foram vítimas do furor popular e sacerdotal, foi, no meu conceito, porque agiram sem haver preparado o campo para tal semeadura.

"Eu não quero nem penso em apregoar um ideal sem antes preparar o povo que há de segui-lo. Quero criar um povo, uma porção de humanidade para o meu ideal."

— E com esse fim queres uma escola de portas abertas? Finalmente, estou compreendendo teus sonhos, que não são tão vãos nem irrealizáveis como se pudera pensar. Queres formar um povo para o teu ideal. E queres formá-lo do resíduo e da escória de todas as raças da Terra!

— Sim, faraó, porque faz parte de minhas convicções indestrutíveis a verdade de que todas as raças deste mundo vivem, palpitam e são centelhas emanadas da Eterna Potência Criadora, que encerram em si parte das infinitas qualidades da fonte original. Todas as gotas de água de um manancial são água do manancial iguais entre si. Todas as fagulhas de um incêndio num pinheiral são fogos de velhos pinheiros ardentes. Não é assim, faraó?

— É assim, Osarsip. Tua idéia é grandiosa. É um sonho digno dos deuses! Contudo, não é garantido que saias com vida da encruzilhada na qual enredarás tua vida. Estarás junto com homens e mulheres que terão garras de tigres e veneno de cobras. Os tigres, bem o sabes, devoram os homens e as cobras os envenenam suavemente. Pensaste em tudo isto, Osarsip?

— Oh!..., muitas vezes, faraó. Mas eu repito outra e mais outra vez: a morte por um ideal de redenção humana é a suprema consagração do amor!

— Sempre o homem-penhasco. És uma montanha de granito, Osarsip, que nem cem faraós podem derrubar! Por que os deuses não te colocam a meu lado para fazer do Egito o paraíso e a glória deste mundo?

— Estou a teu lado, faraó, guiando os cavalos do teu carro cor de fogo, e somente falta que queiras fazer do Egito o espelho no qual se mire a humanidade purificada e limpa.

— Eu o quero, Osarsip! Não sabes que eu o quero?

— Com os fatos, faraó, não somente com palavras.

— Tua escola de portas abertas não é um fato?

— Sim. É apenas um ladrilho do edifício..., e quantos ladrinhos são necessários para construir um único aqueduto?

— Dez milhões de ladrilhos?... Cem milhões?... Cem mil milhões?...

— Não posso precisar quantos, mas..., provemos que tudo isto é realidade e a eterna potência com o tempo nos dirá.

Passada Lihsi, com sua colunata de quiosques providos de guloseimas, frutas e manjares de toda espécie, onde tomaram abundantes refrigerantes, chegaram por fim à vetusta e pobre cidade de On, com seu velho templo cor de terra, em cujas colunas e torres enredava-se a hera, em cujas naves os morcegos farfalhavam e em cujas criptas as gralhas grasnando se aninhavam.

Aqui perdeu Moisés toda a sua coragem. Saltou do carro e, caindo de joelhos no pavimento rachado do pórtico frio e pavoroso como uma tumba, rompeu em soluços que avermelharam de pranto os olhos de quantos presenciaram a cena.

— Amo, bom amo, que acontece convosco? — atreveu-se Numbik a perguntar, ajoelhando-se junto a ele.

— Deixai-o!... — ordenou o faraó. — Ele sente aqui o clamor dos deuses que nem tu com tua lealdade nem eu com minha realeza podemos perceber, embora corramos com um carro de cem cavalos. — Enxugando lágrimas furtivas, o faraó aproximou-se de Moisés, e como um pai que trata de consolar um filho pequeno, disse a meia voz:

— Tem calma e serenidade, Osarsip, que eu prometo, pela memória de meu pai e pela santidade de tua mãe, que hoje mesmo ordenarei a reconstrução deste templo onde os deuses te falam e onde farei que os escutem todos os homens, mulheres e crianças deste país.

Abraçando a cabeça de Moisés ajoelhado e soluçante, o faraó repetiu com voz trêmula:

— Eu te juro pelos deuses..., juro-o pela múmia de meu pai..., juro-o pela alma santa de tua mãe!

— Obrigado, faraó, obrigado! Perdoa todas as minhas infelizes atitudes, mas vi e ouvi tão estupendas coisas que meu coração de carne não soube nem pôde resistir.

Que havia visto e ouvido Moisés ao pôr seus pés nos umbrais do velho templo de On? Uma branca legião de hierofantes, os grandes iniciados de muitas gerações de sacrificados e santos o recebiam como ao esperado de inumeráveis anos e séculos. As naves escuras, em ruínas, tecidas de teias de aranha e musgos, tinham-se transformado em pórticos, naves de coluna de radiante luz ametista e ouro, onde ressoavam harpas invisíveis e notas suavíssimas de cânticos nunca ouvidos por ele. Os flâmines de Juno e Numu, os profetas brancos de Anfião e de Antúlio, os kobdas de Abel..., toda uma imensa legião de patriarcas e de justos dava-lhe as mais amorosas boas-vindas; uns o chamavam de pai, outros de filho, mestre, guia, patriarca, pastor...

— Quanto tardaste em chegar!

Essa era a frase que ele ouvia, misturada ao trinar dos alaúdes e das harpas, aos cânticos desconhecidos, ao rumor de flores que caíam como chuva sobre sua cabeça e, mais ainda, em seu coração.

O amor venceu finalmente a heróica fortaleza do homem-montanha de granito, segundo a frase do faraó!

Os jovens da brilhante escolta, que ignoravam em absoluto o que Moisés sentia e via, disseram em segredo:

— Este filho da princesa real deve estudar para profeta, e a essa gente os deuses falam de tão terrível maneira que às vezes ficam os homens como mortos. Pois me pareceu ouvir — disse um deles — que o faraó jurava e voltava a jurar que faria não sei que coisa.

— Algo grave deve ameaçar o país e, acredita-me, estou desejando encontrar-me novamente entre as fortes paredes do nosso magnífico quartel de Tebas.

— Aqui as gralhas grasnam e isso é de mau agouro — acrescentou outro.

— Vigiai os cavalos do carro — disse o faraó à escolta —, que nós vamos entrar no templo.

Os jovens se entreolharam e seus olhares falavam, embora seus lábios estivessem hermeticamente fechados.

— Tu que és o chefe da escolta podes seguir-nos, pois talvez necessitemos de ti para nos defendermos das gralhas e abrir passagem entre os escombros.
— Numbik recebeu essas palavras do faraó como se o próprio gênio ou deus daquelas ruínas o tivesse mandado entrar.

Aquela escolhida plêiade que esperava por Moisés e lhe dera tão amorosas boas-vindas, não podia deixar de influir no faraó, que estava tão disposto a converter em realidade os belos sonhos do grande visionário.

Foi assim que Ramsés II sentiu uns calafrios começando a gelar o seu corpo que tão vigoroso e quente sentia momentos antes sobre seu carro cor de fogo.

— Osarsip! — disse a meia voz —, parece que não estamos sós aqui. Vem aqui, chefe de escolta. Teu sangue também foi invadido por um frio?

O criado ajoelhou-se para responder.

— O templo de Abidos e o de Luxor são tão velhos como este, senhor, e eu vivi lá desde menino. Estou acostumado, senhor, às ruínas.

— E por que viveste lá, podendo viver em campo aberto, com ar e sol?

— Desde os seis anos vivi servindo o velho sacerdote Neferkeré...

— Oh, já entendi! És um filhote de mocho e as ruínas não te assustam.

Moisés caminhava lentamente pela nave central, parecendo não estar neste mundo.

— Osarsip! — gritou de repente o soberano. — Ou eu estou ficando louco ou anda gente por entre estas colunas que os escondem.

Moisés voltou a si.

— Nestes lugares sagrados, faraó, onde tantos justos oraram, choraram e viveram longos anos de dores e sacrifícios, devem ficar pendentes como cortinados invisíveis seus pensamentos, aspirações e sonhos, esboçados às vezes em orações mudas, porque o sentir e o pensar não têm voz nem produzem eco.

"É muito certo o que disseste ao meu criado, que aqui os deuses falam."

— O que dizem, Osarsip? Tu, que vives entre eles e talvez sejas filho de um deles, deves saber o que dizem.

— Dizem sempre o mesmo, que devemos agir com justiça, que busquemos a verdade, que amemos o bem e que façamos com todos os nossos semelhantes como queremos que eles façam conosco. Eles foram ouvidos também por Mikerino, Mizraim, Thot, Soser e outros. Anek os ouviu, e de uma forma tão forte, que se lançou sem controle nem freio em direção ao grande ideal sem haver preparado o campo para receber a semente.

"Por isso quero a escola de portas abertas, para que a semente que eu lançar no meu campo germine, cresça e dê fruto ao cento por um, sem que seja perdido um só grão."

— Eu te ajudarei, Osarsip, porque compreendi que teu sonho é grande e maior ainda que o vasto horizonte que nos rodeia.

— O soberano de um país não pode carregar com a responsabilidade de uma obra idealista que está em desacordo com o pensamento e o sentimento de seu país. Por que morreu envenenado Anek-Aton e degolados em massa todos seus adeptos? Não me disseste tu mesmo que as ruas de Abidos e de Amarna se transformaram em rios de sangue?

— Queres dizer, então, que a minha vontade é nula perante a vontade do país? Eu, faraó do Egito, com todos os poderes e direitos de tal, não posso ordenar a meus súditos que se submetam à minha vontade?

— Se tua vontade é abertamente contrária ao que o país e o mundo todo acreditou, sustentou e admitiu como verdadeiro e justo durante séculos, não te será fácil, faraó, conseguir a submissão sem grandes lutas.

"Na solidão do deserto, meditei muito sobre esses assuntos e creio que a única forma de dar realidade e vida a uma idéia, é preparando uma porção de humanidade para aceitá-la. Lá, em Poço Durba, em pleno deserto rodeado de altas montanhas, o patriarca Jetro e eu já formamos uma escola com pouquíssimos alunos, nem sequer chegam a cinqüenta; mas esses poucos são colunas firmes para a idéia que sustento."

— Oh! Aqui centuplicarás o número, Osarsip, eu te asseguro. Que dirias tu se eu me alistasse como o aluno número um de tua escola? Não acreditas que isso arrastaria o povo atrás de mim?

— É isso quase um desafio ao *que dirão* de todo o mundo, faraó. Como transformarás em vermelho o sangue azul da realeza? Como convencerás o país e o mundo de que as múmias, tão prolixamente preparadas e guardadas, continuarão sendo paus secos, pedras mortas e mudas para sempre, enquanto a psique tomou outros corpos e viveu outras vidas, perto ou longe, e que aquele que foi rei vive como escravo ou mendigo? Como farás para que os potentados carregados de ouro e de vícios tenham piedade daqueles que nada têm e repartam com eles seus tesouros? Como farás para que os beduínos, os negros do país de Kush, os ladrilheiros e escravos se sentem à mesa quando comem e se estendam em leitos quando dormem?

O faraó ouvira pacientemente as graves perguntas de Moisés. Deu um grande suspiro e, observando o nicho rachado do altar de Osíris, invocou a Deus com estas palavras:

— Ó divino Osíris, que guardas em teu reino o meu pai! Não podes ajudar-me a compreender este homem diferente de todos os homens?

— Que me dirás, faraó, se eu disser que Osíris não pode ouvir-te, porque está na minha escola de Poço Durba encarnado novamente em Hur, o filho do médico de teu pai, Aton-Mosis?

— O quê?... O quê?... Estás louco, Osarsip?

— Viste, faraó, que não é tão fácil aceitar idéias diferentes das que tivemos durante toda a vida e talvez em muitas vidas?

"Decifremos, se te agrada, esta gravação que aparece neste fragmento de lousa na base do altar do Osíris que invocaste."

O faraó prestou grande atenção. Era a gravação de um faraó falecido que aparecia estendido em seu sarcófago, com a fronte cingida pela tiara tríplice, símbolo de suas três soberanias: do baixo Egito, do alto Egito, e a soberania divina como filho dos deuses. De seu peito escapava um pássaro alado. Era a psique libertada. O passarinho dava um salto, e aparecia pousado no ombro de um lavrador que arava o campo. Dava outro vôo, e era visto sobre a cabeça de um médico à cabeceira de um enfermo numa sala da Casa da Vida. Num terceiro, quarto e quinto vôo, aparecia como um mestre de esgrima, como capitão de um pelotão de soldados, como piloto de um grande barco que lutava com as ondas embravecidas. A lousa quebrada em pedaços não permitia que se continuasse vendo os sucessivos vôos do passarinho livre.

— Que significa isto, Osarsip, e quem é este faraó falecido?

— Certamente foi quem fez construir este templo datado da VII Dinastia, ou seja, muitos séculos antes desta época, visto como estamos vendo as ruínas do templo de On. O significado desta gravação é a liberdade da alma do faraó, e as vidas sucessivas que teve até conseguir entrar no reino de Osíris, ou seja, a felicidade e a paz.

"Bem vês, pois, que quem mandou construir este templo, segundo a tradição e uma velha escritura, foi Beth-Emis de Gadeiros, descendente de um rei atlante, e ele conhecia este ideal, esta doutrina já então secreta das múltiplas vidas terrestres da psique humana.

"Compreendes por que me agrada visitar as velhas ruínas de templos abandonados? Nas lousas quebradas que ainda ficam nas paredes, colunas e altares, resplandece como lâmpada eterna a antiga sabedoria dos que, muitos séculos antes de nós, já conheciam o que a humanidade atual esqueceu por completo.

"Poder-se-á concordar, faraó, que foi justiça envenenar Anek e degolar em massa todos os seus seguidores porque ele quis acender novamente a velha lâmpada que a ignorância ou a malícia haviam apagado?"

— Não, nunca!... Jamais pude condenar Anek-Aton, embora o tenha chamado de sonhador e visionário. Ele sonhou que os homens eram bons, e não pensou que o egoísmo, a soberba e a ambição geram assassinos, piratas e foragidos, apesar de levarem coroa real ou touca de hierofantes e iniciados.

— Creio que ficarás convencido de que, como faraó, não podes assumir a responsabilidade de idéias novas num país que não está preparado para recebê-las.

Este diálogo foi interrompido por um murmúrio de vozes que se ouvia na parte mais interior do velho templo em ruínas.

— Agora, sim, é certo que não estamos sós, Osarsip.

Numbik, que os seguia a certa distância, adiantou-se rapidamente para averiguar o que havia por trás daquela selva de colunas.

— São velhinhos a almoçar, senhor...

— Devem ser mendigos refugiados aqui. Vejamos quem são — sugeriu Moisés caminhando para dentro seguido do criado.

O faraó seguiu-os a distância, contemplando o edifício todo com grande interesse.

Eram três velhos sacerdotes e dois criados, também idosos, que os serviam. A pobre comida de seu almoço consistia em pão negro de centeio e alfaces silvestres, acompanhadas de azeitonas e de uns quantos peixes assados dos que abundam nos lagos e arroios do Delta.

Moisés lembrou vivamente seu encontro com o velho sacerdote Neferkeré anos atrás, e uma emoção interior deteve seu andar e sua palavra. Pelo capuz que cobria suas cabeças e a velha túnica branca que vestiam, compreendeu que eram três os sacerdotes. Moisés aproximou-se logo para interrogá-los no preciso momento em que o faraó aparecia com uma grande chave que fazia girar em suas mãos.

— A chave!... A chave!... — gritou, levantando-se, um dos três anciãos. — Como tomaste essa chave?

— É o faraó, amigos — disse Moisés, tratando de evitar uma altercação.

— O faraó!... — sussurraram os anciãos caindo de joelhos no pavimento, mais mortos que vivos por tão extraordinário acontecimento.

— Que os deuses o coroem de glória, de poder e de felicidade!... — exclamou um dos três anciãos.

— Que aconteceu, deuses do Egito, para que tal grandeza entre em nossas ruínas? — acrescentou outro.

— Acontece que deverás dizer-me o que é que guarda esta chave que encontrei pendurada num candelabro.

— Sim, senhor, vossos servos vos dirão se quereis sabê-lo. É a chave da cripta onde se conservam as escrituras do templo e a múmia do último pontífice que morreu dez anos depois do vosso ilustre avô Seti, que os deuses guardam em seu reino de glória e de paz.

— Osarsip!... Aqui há comestível para examinares, já que andas sempre na pesca de antigüidades. — E deu-lhe a pesada chave, ao mesmo tempo que dizia:

— Este jovem é o filho de minha irmã, a princesa real Thimétis, que talvez conheceis.

— Sim, senhor, graças a ela vivemos ainda com boa saúde. É como a nossa mãe Ísis: com o dedo nos lábios, guarda silêncio.

— Eu quero ser como Amon-Rá e ordeno que vos levanteis e recebais esta dádiva.

O faraó deixou sobre a mesa uma sacolinha com os pequenos anéis de ouro, que era a moeda usada naquele tempo.

Os pobres anciãos passavam das oitenta primaveras, e dois deles chegavam já quase aos noventa, e viviam apenas da piedosa generosidade de Thimétis e do pontífice Membra. Estiveram a ponto de começar a chorar e iniciaram louvores e elogios em alta escala aos antepassados do faraó que eles haviam conhecido e recordavam muito bem.

Juntos, levantaram várias árvores genealógicas dos avós, bisavós e tataravós, não só do atual faraó, como também de Ramsés I, de Seti, de Neferká, da rainha Neferi, de Dufrini, de Athara, de Zéfira e de Hatasu, avó e bisavós paternas e maternas, até que o mais ancião dos três sacerdotes disse que a mais antiga árvore genealógica da rainha Hatasu a fazia descender, em linha reta, do faraó Senkaré, que reinou durante trinta anos, e uma de suas esposas da outra margem do Mar Grande, a princesa Gileni, filha do príncipe de Mileto, era viúva e tinha um filho que teve amor secreto com Athara, a única filha de Senkaré, a qual, antes de morrer, confessou a verdade a seu pai.

Desse amor secreto, que Senkaré abençoou no leito de morte de sua filha, ficou o fundador da VIII dinastia, Didufri, conhecido como escriba sagrado do templo de On, construído pelo faraó Senkaré.

O faraó, que ouvia atento o relato, disse imediatamente:

— Não compreendo por que foi a oitava dinastia, se ele, Didufri, era neto de Senkaré.

— Perdão, senhor — argüiu o ancião cujo nome era Déferi de Thanis. — Esqueceste que os escribas sagrados não podem ser faraós. O trono lhes é vedado e, para sê-lo, têm de passar dez anos expatriados ou em reclusão e depois mudar de nome e de dinastia, e ele tomou o nome de Neferkeré. Esse é o tronco da árvore onde a incomparável Hatasu, de santa memória, resplandece como uma estrela.

— Acabas de me contar uma bonita história, mas, dize-me, bom velhinho, como poderás provar que tudo isso é verdadeiro?

— Oh, senhor! Se este vosso servidor não tivesse provas, não teria falado assim na vossa presença. A mentira ao faraó é castigada pelos deuses.

"Na cripta que se abre com a chave encontrada por vós, senhor, estão muitas antigas histórias. Ali está a história de Senkaré e tudo quanto acabo de vos referir."

— Senkaré — disse por fim Moisés, saindo do seu silêncio — foi o faraó que teve como primeiro superintendente vice-rei, aquele jovem estrangeiro que havia sido vendido a mercadores egípcios por seus próprios irmãos.

— Qual? Aquele que decifrou o sonho das vacas gordas e magras?

— Ele mesmo, faraó.

— Se não tendes o siso amolecido pelos anos — disse o faraó ao ancião

Déferi, aquele que tinha noventa e dois anos —, creio que dissestes que a rainha Hatasu, bisavó de meu pai, é descendente do faraó Senkaré.

— Sim, senhor, eu o disse e posso prová-lo com as escrituras firmadas pelos três mais notáveis escribas sagrados deste templo: dois hierofantes, Akad de Ahuar, Tribom de Euskares e Kleber de Sais, que foram também arquivistas durante muitíssimos anos.

"Há também uma bela profecia, senhor, do mesmíssimo patriarca fundador deste templo, que diz mais ou menos assim: 'Quando as sete potências divinas trouxerem para a vida da carne o senhor deste mundo, um jovem faraó fará reviver este templo que estará próximo do desmoronamento, e por isso seu nome será lembrado até o final dos tempos e sua memória será abençoada e sua história contada por escrituras que nunca serão destruídas.'

"Senhor — disse, ajoelhando-se ante o faraó o velhinho sacerdote. — Não sereis vós esse jovem faraó desta antiqüíssima profecia?"

O faraó olhou para Moisés como interrogando-o. Este aproximou-se do velhinho e o levantou do pavimento.

— O tempo o dirá, bom ancião. O faraó é um grande construtor de grandes obras, e pode muito bem ser aquele que dizes.

O faraó estava pensativo; no entanto, depois de um breve silêncio, disse:

— Embora isto não signifique mais do que tornar felizes os últimos anos destes simpáticos velhinhos, que tão lindas coisas me fizeram ouvir, serei eu o reconstrutor deste templo. Que opinas, Osarsip?

— Que desta vez disseste a maior palavra que poderias pronunciar em toda a tua vida, faraó.

"Minha mãe e eu, o patriarca Jetro e seu companheiro de estudos e iniciação, o patriarca Isesi, conhecemos algumas escrituras deste antigo templo, que é o avô, digamo-lo assim, de todos os mais antigos templos do Egito. Nem os de Karnak e de Luxor, nem o de Dendera, com seu celebérrimo zodíaco, nem o de Abidos com sua tábua milenária, poderão comparar-se em antigüidade com o templo de On. É irmão da grande pirâmide e da Esfinge, faraó, e forma com eles o grande triângulo sagrado que encerra toda a história desta humanidade desde que era um globo de fogo rebentado em mil vulcões até a época presente, na qual apenas chegou à quarta jornada de seu longo caminho."

— Está bem, está bem! O templo de On será reconstruído, e vós três podeis dizer bem alto que tivestes uma grande parte na minha resolução — disse o faraó aos três anciãos.

"Tendes empenho em continuar vivendo aqui? Amanhã mesmo virão aqui cem operários, e isto se tornará insuportável."

Os três anciãos se entreolharam e sorriram, como se despertassem depois de um belo sonho. Ninguém conseguia responder. Finalmente, Moisés interveio.

— Se não deliberares outra coisa, faraó, poderíamos levá-los para o castelo do lago Merik. Será uma bênção de Ísis para minha mãe. Lá eles estarão mais bem instalados que em qualquer outro lugar.

— Vem cá..., chefe de escolta, não sei como te chamas.

— Numbik, senhor! — disse o criado, fazendo uma grande reverência.

— Ocupa-te em transladar estes três anciãos para o castelo do lago Merik, e dirás à minha irmã, a princesa real, que eu a torno senhora dos três que, por enquanto, os faça viver dez anos mais, a fim de que vejam reconstruído seu grande templo de On. Teu amo e eu esperaremos aqui o teu regresso.

O faraó logo enviou dois de sua escolta para buscar seu melhor arquiteto, que também o foi no final da vida de seu pai, o habilíssimo construtor Setikef. Outros foram enviados para contratar operários, pedreiros, ladrilheiros, cortadores de pedra, fabricantes de lousas, serralheiros, ferreiros, ourives..., todo um exército posto em movimento.

Sentado na base de uma coluna, Moisés observava em silêncio toda essa barafunda de ordens, disposições e instruções, que num abrir e fechar de olhos mudavam o cenário no qual se movia uma grande porção de humanidade.

— Em que pensas, Osarsip? Ficaste como um menino de escola castigado por vinte dias.

— Eu pensava, faraó, que grande coisa é o poder quando é usado para o bem e para a justiça.

— Pensas, então, que faço obra de bem e de justiça?

— Sim, faraó. Fazes uma grande obra. Acreditas que o eterno poder tem estabelecido leis, muitas das quais os homens deste mundo desconhecem?

— Eu creio, Osarsip, e creio também que nenhum homem com mediano sentido comum poderá deixar de acreditar nisto. Se até um chefe de humilde vivenda impõe e cria suas ordens e leis, como não há de estabelecê-las o Supremo Senhor de todas as coisas criadas, quer o chamemos Amon-Rá, Atman, Brahama, Grande Hesus, Ahira Mazda, etc., etc.

— Muito bem. Então será fácil compreenderes que esse Supremo Poder tem leis e ordens sobre os seres criados, em tal forma que, se eles aceitam e se submetem a essas leis, adquirem condições especiais, poderes especiais, capacidades também especiais.

— Estou de acordo e o compreendo, embora não veja no momento até onde vais com esta explicação.

— Vou declarar-te por que é obra muito grande o que fazes, restaurando este antigo templo.

— Vejamos. Interessa-me muito sabê-lo.

— Nestes dez anos passados nas solidões do deserto e dos penhascos, aceitei e me submeti às leis e ordens do Supremo Poder, e assim pude adquirir todas as condições e capacidades correspondentes ao que eu fiz para consegui-las. Graças a isso, pude ver, saber e conhecer circunstâncias, fatos e verdades que a maioria dos seres não pode conhecer.

— Isto significa, Osarsip, que estás convertido num perfeito mago, dito assim em todas as letras.

— Algo assim, faraó, embora talvez não seja tão perfeito como o supões.

— Tu não és dos que se contentam com meios-termos. Conheço-te bem.

— Tua obra é grande, faraó, por várias razões.

"Primeira: és uma reencarnação do faraó Senkaré, descendente em linha reta do fundador deste templo-escola de alta Sabedoria Divina. Senkaré foi rei e pontífice que desde este mesmo sagrado recinto deu leis sábias ao seu povo.

"Segunda: fazes a felicidade dos últimos anos destes três anciãos sacerdotes que ficaram fiéis guardiães destas ruínas, e que são reencarnações daqueles três escribas sagrados que tu mesmo, pontífice deste templo, tiveste a teu lado como arquivistas das escrituras que são guardadas nesta cripta. Uma lei te fez vir aqui e encontrar esta chave. Faraó, tens sido o chefe supremo deste templo. Esta chave esteve sempre em tuas mãos. Cumpres, pois, com uma lei do Poder Supremo restaurando este sagrado edifício, e fazendo-o voltar ao destino que teve em seu princípio: templo-escola da Alta Sabedoria Divina.

"Terceira: teu filho primogênito é a reencarnação do filho da segunda esposa de Senkaré, que era viúva de Arnolfo Clean de Mileto, primeiro príncipe soberano desses domínios do Mar Egeu. Esse filho foi o amor secreto de Athara, a filha de Senkaré, que morreu muito jovem, e o que fundou a VIII Dinastia com o nome de Didufri, foi também faraó e pontífice deste templo...

"O que ocorre, faraó?... Ficaste branco e vais desmaiar. Não pensei que te impressionasses tanto."

— Não é nada, Osarsip! Tranqüiliza-te. É tão imensamente grande tudo o que me estás dizendo, e sei que se trata de uma verdade; não sei, mas senti-me como que flutuando sobre um abismo, e via a ti tão alto e tão longe, que me pareceu submergir-me nesse abismo do qual não podias tirar-me.

"Osarsip!... Teus dez anos entre o deserto e seus penhascos fizeram de ti um sábio de altos vôos, e eu, pobre de mim, dizia que havias perdido o tempo!... Continua com tuas razões, Osarsip, e dize-me a quarta."

— Se não for para causar-te mal-estar!

— Não temas. Já passou o mau momento.

— A quarta razão é, no meu entender, a mais trabalhosa em relação a ti e também a mim.

"Senkaré foi o faraó que fez entrar no Egito a raça de Abraão personificada em Jacó e seus doze filhos, que formavam uma grande família de setenta pessoas porque os filhos eram casados e tinham muitos filhos. Senkaré havia escolhido para superintendente vice-rei o penúltimo filho de Jacó, José. Senkaré fez doação, com escrituras e selo, do vale de Gesen a Jacó e seus descendentes. Deu-lhes, além disso, carta de cidadãos egípcios com todas as prerrogativas de iguais. Hoje, os filhos de Abraão são considerados como uma raça estrangeira, inferior, no nível dos escravos, com meio salário e duplo trabalho a realizar. E é o mesmo Senkaré, o faraó dirigente de todo o Egito, desde a Iduméia até mais além do país de Kush. Compreendes, faraó, o que significa isto ante o Supremo Poder que governa este mundo e todos os mundos?"

— E eu, o que sou, Osarsip, neste momento de minha vida? O que sou?

— Tu?... És o representante desse Eterno Poder sobre toda a terra do Egito!

— Represento o Eterno Poder sobre toda a terra do Egito! — exclamou o faraó como medindo e pesando a grandeza dessas palavras. — Sabes, Osarsip, o que estou pensando neste instante?

— Espera um momento e te direi — e Moisés cravou seu olhar no rosto do faraó como um dardo de luz que o transpassava de parte a parte, obrigando-o a cobrir o rosto com ambas as mãos.

— Fulminas-me!... Desagregas-me, Osarsip! Em que tremendo mago foste transformado no deserto e em seus penhascos!

— Não mais que o suficiente para dizer-te que pensavas em deixar o trono e a coroa do Egito, por abdicação, em benefício de teu primogênito de nove anos. É isto verdade, faraó?

— Sim, Osarsip. Pensei isso mesmo. Que deverei fazer, como fazê-lo, e por onde começar a fazê-lo, se hei de ser um representante do Supremo Poder? Valeria mais deixar de existir, deixar de ser, desagregar-me em nada.

— Não existe o nada, faraó, e não podes deixar de existir. Quando esta Terra era um globo de gás e águas ferventes, saías como centelha de fogo entre milhões de outras centelhas do fecundo seio eterno do Supremo Poder. Correste idades e séculos em todos os aspectos e formas de vida desde a pedra que rola das pedreiras; desde o pinheiro que geme e se dobra à passagem do furacão; desde o inseto que se esconde no cálice de uma flor; o pássaro que canta ao amanhecer; o cervo gigante que corre veloz pela pradaria, até chegar ao reino humano que pensa, raciocina, sente e ama. Quando todo este abismo de idades e séculos já passou, pensas em abandonar tudo porque te atemoriza e tremes a uma única idéia de ser um representante do Eterno Poder sobre a terra do Egito.

Calado, o faraó movia para cima e para baixo a cabeça como num repetido sinal de afirmação.

— Toma esta chave que encontraste ao chegar aqui, e desçamos à cripta, onde pressinto que te espera a grande iluminação que fará de ti um dos faraós mais justos que reinaram sobre o país do Nilo.

Sem tirar os olhos do rosto de Moisés, o faraó tomou a chave com sua mão direita que tremia. Não queria descer à cripta. Houvera preferido fugir..., fugir de seu destino, dessa tremenda força de eterna vida, desse algo, inconcebível para ele, de ser o representante do Poder Supremo, que tem em si mesmo a ilimitada magnitude do universo infinito.

Mas... ele não podia resistir à voz de Moisés que repetiu até três vezes: — Desçamos à cripta, faraó. — E finalmente fez girar a enorme chave e desceram.

O recinto estava suavemente iluminado pela grande lâmpada de azeite, que certamente os anciãos sacerdotes guardiães cuidavam de alimentar, quem sabe desde que longuíssimos anos. As flores estavam frescas nas ânforas de mármore que adornavam os bordos da pilastra central, em cujas águas quietas se refletia o grande triângulo de ouro do teto com o olho divino, pupila de negro azeviche brilhando à luz da lâmpada inextinguível.

O faraó ficou como cravado no umbral da porta e a clarividência de Moisés descerrou imediatamente o véu: um grande hierofante encapuzado se interpunha ante o faraó, e Moisés compreendeu que dizia:

— Ele não pode entrar.

— Por quê?

— Ele mesmo te dirá.

A visão apagou-se, dissolveu-se, como se houvera sido o reflexo fugaz de um pensamento.

— Estás impressionado, faraó, e talvez cheio de pavorosos pensamentos. Se te agrada, sentemos aqui, no banco dos aspirantes. Logo entraremos.

— Sim, é melhor — respondeu a meia voz. — Osarsip..., estou me convencendo de que tudo quanto me disseste sob as naves deste templo, encerra as maiores verdades. Tremi ao pôr a chave na fechadura, e senti como pedra o meu corpo quando pus os pés no portal. Não podia mover-me, como se uma força sobre-humana me fechasse a passagem. Eu não estou purificado, como tu, pela renúncia a todos os prazeres da vida. Entre o deserto e seus penhascos tu te transformaste em pedra.

"Eu sou de carne e sangue..., e meu sangue arde em minhas veias como uma chama viva. Eu não renunciei, como tu, a nada do quanto desejo. Tenho o que quero. Se alguém se atreve a ferir-me, ainda que seja só com o olhar ou a palavra, minha justiça o aniquila sem dar-lhe tempo para respirar.

"Nesta cripta entram os justos, os puros de coração e de vida; os que andam como tu com os pés sobre o pó da terra, mas a sua psique voa mais além das estrelas. Quiseste fazer-me entrar, para saber o que sou, para conhecer a fundo se posso ou não ser teu colaborador na obra de educador de povos...

"Osarsip!... És um mago perfeito, muito maior e muito mais poderoso do que pensei e talvez do que tu mesmo pensas... Que dizes a isto?"

— Estou ouvindo e meditando sobre tuas palavras, e através delas vejo em ti grandes qualidades, faraó, e não o tomes, eu te peço, como lisonja ou adulação.

— Estamos em terreno de franquezas e verdades, Osarsip.

— Aí está a tua grandeza, faraó. Tua sinceridade te enobrece e te purifica. Se foste pontífice deste templo, terás entrado nesta cripta inumeráveis vezes. Aqui terás consagrado com o abraço fraternal todos os que, devidamente provados, chegaram à iniciação dos hierofantes do sétimo grau. Acredita-me, que pensar e saber isto moveu-me a convidar-te para entrar na cripta.

— Explica-te, Osarsip, que ainda estou às escuras. Pudeste conhecer o meu passado distante. Como é que ignoras o meu presente?

— Oh, faraó!... Por grande mago que suponhas eu seja, o Supremo Poder tem leis invulneráveis, e uma delas é que jamais devo introduzir-me no mundo interior de um semelhante sem que ele mesmo o peça ou o permita. A curiosidade malsã é uma das primeiras renúncias exigidas aos aspirantes da iniciação. "Jamais pretender averiguar a vida de teus semelhantes", está escrito no livro dos sete selos guardado na arca colocada sobre o altar da cripta. Por esta razão, eu ignoro em absoluto a tua vida atual.

— Eu a direi a ti e se, para poder entrar nesta cripta, devo apagar todo o mal que eu tenha feito em minha vida, eu o apagarei com um golpe de minha espada..., porque o que quero eu o tenho. Sou assim, Osarsip, e não posso ser de outra maneira.

O faraó cobriu o rosto com ambas as mãos e guardou longo silêncio. Moisés respeitou esse silêncio e, concentrado em si mesmo, chamou com o pensamento os aliados irmãos de sua escola do deserto.

E pôde ver... Da cabeça inclinada do faraó saía uma chama como uma fita azulada com estrias de ouro e, correndo com vertiginosa rapidez, foi queimando até reduzir a cinzas maços de formosas flores, imagens belíssimas, altares de ouro e de gazes, camarins encortinados de ouro e púrpura, carruagens de nácar com fulgurantes fadas, cofres de seda onde brilhavam as jóias. A visão apagou-se repentinamente, e o grande vidente do Sinai interpretou seu oculto significado:

"O faraó deu seu grande salto sobre o abismo. Acaba de renunciar a tudo o que ele mesmo sabe que não deve existir, se há de ser-lhe permitido penetrar na cripta de segredos divinos, só merecido pelos que dominaram seu Eu Inferior, esse negro e repugnante morcego, símbolo da ruindade da baixeza material.

"Aquele que entra na nossa intimidade, rompe todos os víncul, o mundo e da carne. Essa é a lei."

O faraó descobriu o rosto ainda molhado de pranto, e Moisés de sua concentração, durante a qual sua mente, como uma sonda, hartou trado profundamente. ne-

O faraó sentou-se à mesa na qual vira almoçar os anciãos sacerdo nesse momento viajavam para o castelo do lago Merik conduzidos por bik. Em seu livreto de bolso foi escrevendo folha após folha que logo s com seu anel.

Cada folha era uma ordem que encarregou os jovens da sua escolta levar. Para seu administrador, para o mordomo da Casa de Prazer, para distrito da escola de esgrima, para o chefe da guarda das fortalezas onde s achavam retidos delinqüentes, para o mordomo do mercado de escravos e, por fim, para a rainha, sua esposa, aconselhando-a a atender ao chamado do rei, seu pai, levando as crianças e as damas que lhe fossem necessárias, porque um importante negócio iria retê-lo na região do delta por uma lua, pelo menos.

A ninguém indicou onde se encontrava, mas a todos ordenava suspender completamente todas as atividades costumeiras até nova ordem.

Ao chefe da grande oficina de armamentos, ordenava que pagasse os salários em dobro e despachasse todos os operários. Nesse dia, todo o país foi um fervedouro de comentários, suposições e sugestões, mas ninguém podia resolver o problema porque ninguém sabia coisa alguma.

Por sua parte, Moisés tinha instruído Numbik sobre o que devia dizer à sua mãe e à sua esposa, tranqüilizando-as pela sua ausência que, em benefício de todos, se via obrigado a acompanhar o faraó por certo número de dias que não podia fixar por enquanto.

— Se não te opões, Osarsip, passaremos aqui alguns dias. Estás de acordo?

— Sempre que julgares conveniente, faraó, estou de acordo.

— Completei na lua passada meus trinta anos, e quero refazer minha vida, que de hoje em diante será vida de justiça e de verdade. Quero colaborar contigo na educação dos povos, e que todos os atos de minha vida sejam um reflexo da transformação que faço em meu eu íntimo. Julgas que fiquei louco ou, pelo contrário, que me tornei sábio?

— Julgo, faraó, que o Supremo Poder te tomou neste dia como seu fiel representante neste grande país que governas.

— Não te interessa saber que ordens são as que acabei de despachar?

— Interessa-me tudo o que se faça em benefício da humanidade, mas julgo justo esperar que me digas o que desejas fazer-me saber.

25

O faraó xplicou detalhadamente a Moisés quanto acabava de decidir para dar nova ntação à sua vida, e desfazer o que, em seu modo de pensar, não estava ndo a lei da justiça. Suspendia a compra e venda de escravos e a fabr uista de armamentos em grande escala, com vistas a uma próxima guerra fabruista.

dechava a Casa de Prazer que seria transformada em Casa dos Desampa- e ordenava ao regedor de cárceres melhor trato aos presidiários, e ele caria sua vida a reconstruir os grandes templos que nas cidades principais avam quase em ruínas e seu sacerdócio desamparado. Somente no grande emplo de Mênfis se conservava ainda alguma organização.

Moisés estava como deslumbrado.

— Osarsip! Mandei que se desfaça tudo aquilo que em minha vida considero indigno do Supremo Poder. Creio, pois, que, agora, não me verei impedido de entrar nesta cripta que deve estar povoada de todos os justos, de todos os heróis, de todos os santos que passaram por esta terra do Egito. Acompanhas-me a entrar?

Moisés não respondeu palavra alguma porque a emoção deu um nó em sua garganta, mas, abrindo os braços, estreitou o jovem faraó que não se fez esperar.

Ambos desceram à cripta quando o sol quase mergulhava no ocaso.

O grande silêncio os envolveu como um suavíssimo manto a isolá-los completamente do mundo exterior.

Presenças invisíveis faziam-se sentir tão fortemente que nenhum dos dois avançou, a não ser até o banco próximo da porta chamada "Espera", onde se sentaram. A súbita penumbra que, ao entrar, lhes resultava em escuridão, foi aclarando-se lentamente até permitir-lhes distinguir quanto havia naquela vastíssima câmara subterrânea. Eles não haviam descido por uma escada, mas por um suave plano inclinado sobre o qual um grosso tapete amortecia até o mais leve movimento dos passos.

O grande triângulo com o olho de brilhante pupila negra estava sobre o arco da entrada e ali também estava a pilastra de água onde purificavam as mãos ao entrar. Para Moisés, nada disso era novidade, mas para o faraó que pela primeira vez em sua vida entrava na cripta de um templo, venerado muitos séculos como o mais puro e santo de todos os templos do mundo.

As tradições, histórias ou lendas contadas sobre o grande templo de On eram inúmeras, e algumas tão impressionantes e emocionantes que, para o vulgo, falar dele, era como evocar epopéias sagradas de um outro mundo ao qual os simples mortais não podiam ter acesso, a não ser depois de convertidos em espíritos puros, transparentes, sem pele, sangue ou ossos.

Claro está que em tudo isto entrava a fantasia e a superstição, tão fácil de aninhar nas mentes sem cultivo espiritual algum. O público jamais entrou um só passo além da grande nave central. As câmaras laterais e principalmente as criptas estiveram sempre reservadas para os estudantes da Divina Sabedoria, para os aspirantes ao sacerdócio ou à iniciação. Os faraós das primeiras dinastias eram todos hierofantes do sétimo grau que até podiam chegar ao pontificado, como sucedeu muitas vezes. O Egito pré-histórico foi, na verdade, uma herança magnífica dos kobdas, seus fundadores que, não obstante terem desaparecido do cenário do mundo, como entidade organizada, sua moral, seu elevado amparo espiritual, suas normas de vida, suas leis e ensinamentos perduraram muitos séculos no vasto país do Nilo, até que a marulhada avassaladora das correntes adversas, chegadas de outros países ou causadas pela própria inferioridade das novas gerações, obrigou o alto sacerdócio iniciado a ir-se relegando às criptas dos antigos templos para evitar os golpes e os choques da incompreensão, da censura injustificada, do menosprezo mordaz da ignorância. Os que recolheram essas tristes experiências puderam dar grande valor aos distantes antepassados construtores das grandes e incompreendidas pirâmides, e a não menos misteriosa Esfinge de Gizé, em cujas desconhecidas e mui secretas câmaras, passadiços e corredores puderam salvar tantas vidas ameaçadas pela bárbara incompreensão humana.

Todos esses pensamentos formaram a meditação do faraó apenas esteve sentado na "Espera", porque as numerosas presenças invisíveis que enchiam o recinto, preparavam-no habilmente para secundar o enviado divino em sua árdua missão de legislador desta humanidade.

Por sua parte, Moisés mergulhou de tal modo no passado que perdeu a oção do momento que estava vivendo, e as evocações de sua poderosa menlidade criavam para ele esboços, desenhos, panoramas realmente vividos em tantes vidas acompanhadas do cortejo de circunstâncias felizes ou desvenadas, tal como se realizam as vidas humanas nos planos físicos.

Seu vigoroso pensamento clamava sem ruído de palavras:

— Um mundo para este ideal!... Uma humanidade para esta profissão de Um povo sequer para a Eterna Verdade: *A Unidade Divina!* O Supremo Criador! A Eterna Energia que move tudo! A ultrapoderosa luz que ê, copiando e conservando tudo!...

repente, a cripta apareceu iluminada como se mãos invisíveis houvesndido velas de cera.

raó estremeceu e apertou a mão de Moisés, que estava sentado junto

s mudos, olhavam sem falar. Um desfile de hierofantes brancos desque lhes cobria a cabeça até as chinelas de lã que calçavam seus ou vindo do interior levando cada qual um livro fechado. O último foi o pontífice-rei, jovem, alto, belo e grave em seu porte, e ocupou a poltrona do centro do grande oráculo de poltronas que cobria todo o âmbito da cripta.

Quando todos estiveram sentados, o pontífice disse:

— Que o Supremo Poder Criador esteja nesta santa convocação.

Todos baixaram sobre o rosto a parte da touca ou capuz que traziam deitada para trás, a cripta escureceu até a penumbra e uma música suave e distante fez ouvir suas melodias.

Só o pontífice tinha o rosto descoberto, e o faraó, todo olhos, tratava de reconhecê-lo, pois lhe parecia um rosto visto por ele muitas vezes.

As presenças invisíveis iluminavam-no cada vez mais, até que se tornou tão clara a iluminação que o faraó não pôde sufocar este grito:

— Osarsip!... Esse homem sou eu mesmo!

A magnífica visão desfez-se imediatamente. O faraó abraçou-se a Moisés e começou a chorar em soluços que faziam tremer todo o seu corpo. Em profundo silêncio, Moisés manteve-o estreitado sobre seu peito durante um longo tempo, enquanto seu pensamento, forte e vivo como um dardo de fogo, dizia:

— O Eterno Poder te concede o que viste e compreendeste nesta tarde, para que possas agir com justiça em todos os atos de tua vida.

Nessa noite, ficou resolvido entre ambos que a escola de portas abert seria fundada no próprio templo de On, utilizando as salas dos escribas se abriam de cada lado dos pilares da entrada ao templo, e que foi o luga consultas e, em geral, dos assuntos do exterior.

Em razão disto, quando ao amanhecer do dia seguinte chegou a de operários e o arquiteto engenheiro Setikef, o faraó ordenou a re decoração imediata das duas salas.

No faraó fora despertada tão grande veneração pelo antigo ter não quis, de forma alguma, tivesse outro destino além da m estudo dos grandes segredos divinos que ele começara a conh

Ordenou, além do mais, que fossem devidamente reconstr dos sacerdotes e salas de banho, em cujo pavilhão mandou mitórios iguais para Moisés e para ele mesmo, pois diss freqüência para pernoitar naquele sagrado lugar onde o E dignado falar-lhe.

Dez dias depois, os três anciãos sacerdotes voltav criados para a sua amada e querida habitação, que de aranha e traças e agora encontravam com corti nada faltava do quanto lhes era necessário.

— Eu mesmo serei o vosso pontífice e discípr

o faraó —, e o filho de minha irmã, a princesa real, será o nosso escriba e o arquivista-mor.

— Obrigado, faraó, porque vossa bondade e sabedoria abre novamente este templo com a Estrela de Cinco Pontas, que é a Luz Eterna que tudo vê, copia e conserva eternamente!

Estas palavras foram ditas ao faraó pelo mais idoso dos três sacerdotes, ou seja, Kleber de Sais, que era a reencarnação do fundador pré-histórico do velho templo-escola de Divina Sabedoria.

Vivera ele vinte e sete vidas consecutivas ao redor do seu templo-escola, e tanto o havia vigiado por dentro como por fora a fim de que se conservasse tal como fora fundado, e servindo sempre ao eterno ideal de verdade que a fraternidade kobda fez florescer em três continentes, que a Eterna Lei lhe deu essa última compensação.

RAMSÉS II

Os historiadores da sua época consideraram-no como um dos melhores faraós do antigo Egito.

Até foi chamado grande pela sua inclinação bem acentuada às construções ciclópicas, ou seja, estupidamente grandes e faustosas.

No meu sentir, sua grandeza real e verdadeira reside no acentuado sentimento de justiça e de amor à verdade, que foi proverbial nele desde que ocorreu o magnífico despertar que acabamos de relatar, quando completava os trinta anos de sua existência.

Enquanto os operários realizavam as grandes reparações no templo de On, o faraó e Moisés, acompanhados de Numbik, mudaram-se para Ramesés, que na época era a obra principal mandada realizar por Ramsés II. Era uma cidade-fortaleza, cabeça, segundo ele dizia, da cadeia de fortins que fizera construir desde o delta até chegar às montanhas, fortaleza natural que dava segurança ao país como uma barreira entre o Egito e seus vizinhos do leste.

Os dois realizaram a viagem a cavalo, e quando atravessaram as últimas antigas vivendas do que fora a cidade de On, o faraó iniciou sua conversação informativa, digamo-lo assim, a fim de orientar Moisés nos trabalhos a realizar.

— Sabes alguma coisa — perguntou — daquele palácio e parque de recreio que minha mãe doou a seu filho bastardo, que ela quis fazer príncipe e a que eu me opus quando assumi a autoridade?

— Se te referes ao que ela chamou "palácio de âmbar", sim, estou inteirado! Creio que ela o havia comprado com dinheiro herdado de seu pai aos antigos proprietários, os alazões do outro lado do mar.

— Justamente. Ali reside, na qualidade de prisioneiro do Estado, esse meu meio-irmão, e o acompanha aquele primo de minha mãe que se chama Leão Bardi, recordas?

— Lembro-me vagamente.

— Faço menção disto para que, se podes saber através de tuas capacidades de mago, averigues o seguinte: se devo temer algum perigo de revolta por esse lado. Em meu grande desejo de agir com justiça em todos os meus atos, quisera deixar em plena liberdade esse filho bastardo de minha mãe e, se até hoje não o fiz, foi porque meus auxiliares no governo temeram sempre o surgimento de uma mudança de situação para mim, por causa desse meu meio-irmão. Que opinas a esse respeito?

— Faraó, se não tivesses herdeiros, poderia chegar a produzir-se o que temem, mas tens três filhos e és muito querido do povo.

— Julgas então que seria obra de justiça conceder-lhe plena liberdade de entrar ou sair do país, e até reconhecê-lo como meu meio-irmão, com os direitos correspondentes a esse vínculo de sangue?

— Antes de responder a essa pergunta, deveríamos averiguar a classe de relação que existe entre Leão Bardi e ele. Por que permanece ele a seu lado?

— Homem!... Porque é seu filho. Não havias compreendido isto antes?

— Nunca me foi dado oportunidade de pensar nisso. Se não tens pressa, deixemos a resposta para mais adiante, porque agora penso que vale a pena meditar bem.

— O caminho para Ramesés nos faz passar por detrás do muro do qual minha mãe fez rodear a fortaleza onde eu sei que ela passava dias e semanas. Mantenho vigilância segura sobre esse lugar, que eu jamais quis visitar. Sei que todo ele está habitado por familiares e amigos de Leão Bardi, mas como dali jamais recebi aborrecimento algum, tampouco dei sinais de me lembrar deles para nada.

Quando chegaram a esse lugar, Moisés viu a alta muralha e a frondosa coroa verde-escura dos pinheiros e carvalhos que a circundavam até tornar invisível o castelo que ficava no centro. Seus pensamentos revolutearam, sem dúvida, por aqueles pátios, galerias, e o faraó, como se houvesse recolhido o passo, perguntou de repente:

— Receberás também na tua escola de portas abertas, se te forem apresentados, alguns deste lugar?

— Essa pergunta quase coincide com os meus pensamentos, faraó. Agora começo a fechar o círculo.

— Que queres dizer com isso?

— Que terei que chamá-la: "Escola de portas abertas para os que mereçam entrar."

— Agora sim! Desta vez fui eu quem te fez ver que não ando tão equivocado!

— É verdade, faraó, e muito te agradeço. A fatal e permanente presença desse Leão Bardi deu-me que pensar.

Embora tenham saído de On com a primeira luz do dia, já anoitecia quando chegaram à resplandecente Ramesés.

— Pelo que vejo de fora das portas — disse Moisés —, Tebas fica obscurecida por Ramesés. Que muralhas e que obeliscos!

— Tebas é um jardim de delícias — acrescentou o faraó. — Mas Ramesés é uma fortaleza, mais feita para defesa que para deleite. É, além do mais, um porto de mar que permite a vigilância ao exterior. Se visses nossa esquadra de barcos de guerra!

— Não se pode irmanar uma esquadra de guerra com o templo de On!

— Já pensei nisso, Osarsip, já pensei! Tudo isso nós dois teremos de resolver!

— Numbik! — chamou o faraó. — Adianta-te e diz ao porteiro que teu amo e eu chegamos, mas sem escolta, sem ruído nenhum. Que o mordomo nos prepare uma boa refeição. Não te será difícil encontrar o palácio; desde aqui ele pode ser visto.

— Oh, sim, senhor! Conheço tudo isto. — E o fiel criado lançou-se a todo galope enquanto o faraó e Moisés detinham o passo de suas cavalgaduras.

— Isto não é nem Abidos nem Mênfis, faraó. Isto é o mundo que eu deixei há dez anos e me compadeço de todo o coração de teu primogênito, que há de passar aqui toda a sua vida.

— Desde que a Divindade se fez sentir em mim no templo de On, estou sabendo que me falarias assim ao chegar aqui. Osarsip, não haverá meios para transformar um lugar que da noite para a manhã se nos parece insuportável sem que intervenha para nada a nossa vontade?

— Sim, faraó, pode-se transformar porque nada é impossível ao pensamento do homem unido à Eterna Potência pelo conhecimento e pelo amor. Mas tudo isto é um pequeno fragmento da vastíssima ciência divina ensinada durante vários milênios em nossos antigos templos. É por isso que, embora em ruínas, como estão, oferecem ao espírito humano que os ama tudo quanto guardam, entre o pó e as teias de aranha, de grande e de belo que resplandeceu neles e que ainda vive como o perfume de finíssimas essências em ânforas rachadas e abandonadas.

— Osarsip!... terias que me acompanhar para visitar esses antigos templos que acabas de fazer-me entrever, como se fossem gigantes mortos que se levantam de suas tumbas para reclamar atenção, cuidado, uma recordação sequer que se pareça a uma migalha de amor. Por que as novas gerações esqueceram com tão feroz ingratidão o que fez a felicidade, o bem e a força de nossos antepassados?

— Essa mesma pergunta, faraó, fazia nas páginas de seu diário íntimo o visionário e sonhador Anek-Aton. O fanatismo ignorante e raivoso das novas gerações não lhe deu tempo de encher de amor e cuidados, como dizes, o enorme fosso das ingratidões com que a humanidade jovem se levanta, cheia de pujança e soberba, imaginando fazer obras mil vezes melhores que aquelas.

— Às vezes, ouvindo-te, Osarsip, penso que contigo a meu lado poderei ser um homem de duas personalidades: cisne de plumas de seda vogando em tranqüilas águas e bravo leão com garras de pedernal e dentes de fogo, disposto sempre a saltar sobre quem estorvar o seu caminho. Não me julgas assim também?

— Quase... quase estou pela afirmativa, faraó, mas logo me vem à mente um velhíssimo axioma usado por um rei justo da Atlântida, que é o venerado protótipo de minha escola do deserto: "O amor salva de todos os abismos."

— Repara, repara: teu chefe de escolta vem à nós com um cortejo de aduladores. Tenho aqui boa gente, no meu parecer, e tu me dirás logo se haverá algum digno de entrar em tua escola de portas abertas.

Era a criadagem do grande palácio destinado ao príncipe herdeiro do faraó quando chegasse à maioridade.

Traziam duas liteiras encortinadas de púrpura e com grandes almofadões de peles e seda, como feito para o descanso.* Na verdade, os dois viajantes necessitavam dela, pois a viagem fora longa e o cavalgar causa fadiga.

— Isto não é o deserto e os penhascos, faraó — disse Moisés ao sentar-se na liteira.

— Isto é o cisne de plumas de seda, Osarsip — respondeu rindo o faraó.

— Veremos quando aparecerá a garra do leão.

Só uns trezentos passos e estavam diante do grande palácio que era, na verdade, uma cidade-fortaleza na qual não se sabia que mais admirar, se a

---

* Chamei de liteira ao que naquela época chamavam de carruagem, algo como uma poltrona com uma roda dianteira.

inexpugnável solidez de sua construção, ou as belezas artísticas que encerrava entre suas fortes muralhas.

— É uma cópia do palácio real da antiga Nínive, capital da desaparecida Suméria — disse o faraó ao ver o assombro com que Moisés contemplava a ciclópica construção. — A forma e o modo como obtive os planos, croquis e pequenos detalhes é uma história longa, e logo a contarei porque sei que te interessa todo o passado, o que leva muitos milhares de anos em cima.

"Levamos três dias dormindo mal e comendo mal, Osarsip. Por hoje deixa-me ser homem ruim de carne, ossos e sangue, e pensemos em satisfazer-nos e descansar em bom leito. A Eterna Potência nos deu este corpo, e ela sabe o que faz."

Chegavam ao grande refeitório, onde uma esplêndida mesa os esperava, e três belos pajens de libré tocavam alaúdes.

— Tampouco é isto o templo de On, faraó — disse Moisés sorridente.

— É verdade, Osarsip, mas... cada coisa a seu tempo.

Escusado é dizer que, durante a refeição, se viram impedidos de falar com liberdade diante do entrar e sair dos servidores.

Mas logo viram-se a sós no dormitório do faraó, e a palestra entre ambos começou imediatamente.

— Dize-me, com toda a verdade: desagrada-te todo este esplendor entre tanta fortaleza?

— De nenhum modo, faraó. Tudo isto é próprio do grande país que governas e do magnífico soberano que és. Tu mesmo o disseste: cada coisa a seu tempo. E eu acrescento: cada coisa em seu lugar. Um grande homem da pré-história dizia a seus mais chegados nas íntimas consultas que devia escutar:

"— A prova das grandezas humanas é a mais difícil de passar com êxito. Ele chegou a ser soberano dos países de três continentes e saiu vitorioso da prova."

— Tendo todo o poder nas mãos, é fácil fazer o bem e realizar grandes obras. Não é isto uma verdade?

— Sim, faraó, mas também devemos olhar o reverso da medalha: tendo todo o poder nas mãos, um egoísta, um sensualista, pode cometer grandes desacertos e fazer de sua própria vida uma longa cadeia de delitos de toda espécie.

"Por isso, antigamente, dava-se aos candidatos ao trono um ensinamento igual ao dos hierofantes candidatos ao pontificado, e daí o fato muitas vezes repetido de que um soberano, um faraó do Egito, fosse também o pontífice que mandava sobre todos os templos e sobre o sacerdócio do país. Segundo as escrituras desses tempos, o Egito foi o espelho puríssimo no qual se miravam todos os países civilizados do mundo. Reis e príncipes estrangeiros vieram a Sais, a On, Luxor e a Karnak em busca do segredo da prosperidade e da paz que reinavam entre os povos do Nilo.

"O divino ideal de Anek-Aton difundiu-se por isso em todas as capitais do mundo. Segundo as velhas escrituras conservadas pelo patriarca Isesi, nem todos se submetiam às provas exigidas para a iniciação ao sétimo grau, mas passavam pelas provas menores e, principalmente, absorviam a grande doutrina que ensina o homem a dominar os baixos instintos, os desejos ignóbeis, as ambições e o interesse. Ele aceitava para sua vida a austera moral dos templos e o alto conceito da dignidade de toda alma humana emanada da Eterna Potência e destinada a retornar a ela em estado perfeito durante a lei da evolução. Tudo isto, bem o vês, faraó, se perdeu no nosso tempo."

— Queres, Osarsip, que o façamos renascer, surgir outra vez do profundo lamaçal onde caiu?

— Esta é a minha intenção, faraó! Acertaste com o que ando buscando. Este mundo é um imenso lodaçal e as nações caem nele sem dar-se conta e ainda julgando que sobem à cúspide da mais excelsa grandeza.

"Por isso eu te disse que realizas uma obra grande reconstruindo o templo de On e fazendo-o voltar ao que foi no passado distante: escola de moral, de justiça e de fraternidade; numa palavra: 'Escola de Sabedoria Divina', como diz a ata de fundação que tive em minhas mãos e que se realizou dez anos depois da última invasão das águas sobre o continente atlante.

"Reconstruir os antigos templos do Egito, dando-lhes o destino que lhes deram seus fundadores e criando um sacerdócio austero e sábio, como foi o dos tempos passados, é tua obra e teu programa futuro, faraó, se quiseres pôr-te em harmonia com o que viste e compreendeste no templo de On.

"Então, sim, serás grande como Soser, como Thot, como Bet-Emis, como Mizrain e como o Bohindra dos tempos mais próximos, aquele que foi soberano de três continentes, porque todos os povos compreenderam que nele vivia o eterno poder com sua divina lei, mestra educadora de provas."

— Farei tudo isso, Osarsip, eu te juro pela memória de meu pai. Os antigos templos do Egito, que foram escola de Sabedoria Divina, serão reconstruídos e tu serás o pontífice de todos eles.

"Por uma obra tão colossal, creio que não me negarás o direito de colocar-te à frente dela, porque não sei se existe sobre a Terra outro homem que possa levar isto a cabo. Aceitas?"

— Sim, faraó, aceito, porque tua obra significa para mim o cume mais alto ao qual pode chegar um ser encarnado: a elevação desta humanidade à altura do pensamento divino. Mas, antes que aos demais temos que nos pôr, tu e eu, à altura do pensamento divino.

— Como?... Quando?... Onde?..

— Agora mesmo e neste mesmo lugar, faraó. Toda esta grandeza, esta força estupenda, esta faustosidade e beleza, que ultrapassa em muito todo o imaginável pelas mentes humanas, podes organizar para esse sublime ideal. Esses grandes navios de guerra que, como um bando de pássaros marinhos, estão cobrindo três portos, este, o de Pelúsia e o de Sais, podes transformá-los em barcos mercantes, de carga e de passageiros, para levar as abundantes colheitas do Egito para todos os países do mundo, em alguns dos quais os seres humanos sofrem a miséria e a fome; para conduzir os homens bons e sábios do Egito, relegados hoje às ruínas dos templos e dos penhascos do deserto, com o fim de ensinar a todos os povos a verdade, a justiça e a nobreza do bom viver.

"Para ordenar guerras de conquistas que só produzem manadas de escravos, e encher o país de seres embrutecidos pela dor, pelo ódio e desejos de vingança, mais te valeria, faraó, comer, dormir e te divertires com quanta grandeza criaste para teu recreio e ócio."

— Basta, basta, Osarsip!..., castigas-me demasiado com tuas verdades amargas como os aloés de nossas praças e avenidas...

— Perdoa-me, faraó, esta louca exaltação de adolescente imberbe quando tenho trinta anos completos. Perdi o controle apenas cheguei a Ramesés, esta selva de mastros, de velas, de palácios flutuantes carregados de armas, de carros de guerra e de homens dispostos a matar, a incendiar, a espalhar o pânico, o terror, a desolação e a morte a porções de seres que, como tu e como eu, surgiram também do Eterno Poder, que é a vida de toda vida. Ó amado Amenhepat de meus dias de adolescente!... Se a humanidade é má, ignorante e mísera, os dirigentes são responsáveis. Se ama a mentira, o engano, a fraude, a infâmia, seus dirigentes e seus mestres são responsáveis.

— Não continues, por favor, Osarsip, que tu e eu estamos sofrendo com as tuas verdades. Amanhã, quando Amon-Rá, o pai Sol iluminar a Terra, estaremos tu e eu trabalhando para mudar, no que for possível, os desacertos que me fazes ver. Juro-o pela memória de meu pai e pela santa vida de tua mãe.

"Fica descansado em minha palavra de faraó. Comecemos a reforma obedecendo nós mesmos à ordem divina: a noite foi feita para dormir e descansar. Não estás de acordo comigo?"

— Sim, faraó, sim. Quero descansar em tua palavra e sonhar com as realidades que tua palavra acaba de me prometer.

O pequeno recipiente de prata cobriu a chama dos círios que ardiam junto aos divãs, e o faraó e Moisés mergulharam no silêncio do sono.

Quando o faraó despertou no dia seguinte percebeu que Moisés examinava uma lista de nomes que ele gravara numa folha de pergaminho.

— Tu te adiantaste a mim no trabalho! Que anotaste? — perguntou.

— Ouve: o templo de Sais, quase tão antigo como o de On. O templo de Tentira (mais tarde Dendera). Os templos de Luxor, de Karnak, de Abidos, de Ipsambul e o templo de On. Sete antigos templos-escolas da Divina Sabedoria, que os dirigentes do Egito viram, indiferentes, converter-se em ruínas!

"Podemos avaliar, faraó, o que isto significou para a porção de humanidade que viveu e vive no nosso país? E até para a humanidade de todos os povos da Terra? Se transformares este formidável erro na formosa realidade que sonhamos, podemos chegar a medir e a aumentar o valor da obra que realizas, faraó..."

— Sete templos para reconstruir!... Sete templos para reconstruir!... — repetiu o faraó pensativo e apreensivo.

Moisés captou o pensamento que o preocupava e, imediatamente, disse:

— Faraó, se pensas sobrecarregar teus povos com o peso da reconstrução, deixa tudo como está, porque não deves trazer privações aos humanos com impostos novos e cargas onerosas...

— Acertaste com o que eu pensava. Será necessário tomar em empréstimo a herança materna de minha esposa.

— Não, nada disso. Minha mãe assina em meu favor como dote suas posses e rendas da Mauritânia, que não foram tocadas desde a união de sua mãe com o faraó, teu pai. Não aceitarás o meu dote como colaboração em tua grandiosa obra?

— Quão grande é o poder supremo que assim nos toma como instrumentos de sua vontade soberana, Osarsip!... Quão grande é...

— Que grande honra para nós dois que o poder supremo se valha destas duas formigas humanas para realizar o que Ele quer! Compreendes isto, faraó?

— Eu o compreendi, e me dirás agora o que nos cabe fazer e por onde temos de começar.

Moisés pensou durante alguns momentos e logo falou assim:

— São sete templos para reconstruir. Se tivermos de realizar obras em todos ao mesmo tempo, devemos primeiro visitá-los para fazer cálculos acertados sobre o pessoal que há de trabalhar e o custo que esses trabalhos significam. Antes de tudo, designemos um lugar, um local que seja nosso escritório de reunião onde possam comparecer para consultar os chefes arquitetos e construtores.

— É justo tudo quanto sugeres, mas no momento creio que devemos voltar ao teu castelo do lago Merik. Acredita-me, estou ansioso para comentar com a princesa real, tua mãe, todos os nossos projetos, porque ela é a única pessoa na qual podemos encontrar inspirações superiores e o apoio moral que significará em teu favor e no meu, pois certamente teremos que ouvir opiniões contrárias.

Na manhã seguinte, ambos percorreram rapidamente as grandes instalações daquela cidade-fortaleza, preparada para que, num dia não distante, servisse como uma sentinela de um poder dominador do mundo pela mais estupenda força que haja sido criada pelos homens até então.

Depois de terem visto tudo, as grandes salas repletas de armamentos de toda espécie e vindo de países distantes, os brilhantes carros de guerra, que formavam como uma impenetrável selva de rodas e varais, as poderosas catapultas, a selva de lanças, os cavaletes suportes de milhares de alabardas, sabres, punhais, arcos e flechas, deteve-se Moisés como se lhe faltasse a respiração e se apoiou no pedestal que sustentava um dos grandes candeeiros que iluminavam durante as noites aquele labirinto de instrumentos de devastação e de morte.

— Faraó!... Como farás para anular toda a dor causada aos teus povos com os elevados impostos que deverás ter cobrado para custear todo este enorme amontoado de material de guerra?

O faraó olhou para ele como alguém que vê um feroz fantasma no qual nunca havia pensado.

— É verdade, Osarsip — disse finalmente a meia voz. — Impus cargas dobradas ao país durante três anos, e só se passaram dois. Perdoarei o terceiro que falta, mediante um decreto.

— Não basta, faraó! Muitos lares devem ter suportado fome, frio e miséria, que traz doenças e morte. Quando fui teu superintendente vice-rei compreendi e soube de tudo isto, e estou admirado de que não tenhas tido grandes revoltas no país.

— Houve diversas, Osarsip, mas eu as sufoquei castigando os audazes que se atreveram a levantar-se contra mim.

— Certamente mandaste decapitá-los.

— Não, Osarsip, não cheguei a isso. Estão encerrados nos calabouços subterrâneos que se encontram no subsolo desta fortaleza.

— São muitos?

— Duzentos e oitenta e nove.

— E seus familiares, pais ou filhos?

— Ignoro-os completamente.

— Faraó!... Sinto dizer-te que não posso ser teu aliado para reconstrução de templos-escolas da Sabedoria Divina enquanto não desfizeres todo esse mal que vive atrás de ti. — E Moisés deu longos passos em direção à porta de entrada porque o horror e o espanto pareceu levá-lo à fuga.

— Por favor, não me abandones assim, Osarsip, mas houve uma palavra mais. Já não disse que, mediante um decreto, anularei o mal causado pela dupla carga imposta ao povo? Acaso não se pode remediar de alguma forma o erro cometido por um homem? Ante o eterno poder não há justiça possível?

— Há, faraó, mas antes de começar a grande e santa obra que queres fazer, é necessário limpar o campo das alimárias e ervas daninhas, para poder servir de instrumento ao amor eterno abrindo escolas sagradas de ensinamentos de justiça, verdade e prática do bem, quando levamos no nosso eu íntimo o negro crime de causar tanto mal aos nossos semelhantes.

O faraó aproximou-se de Moisés e tomou-o por ambas as mãos.

— Osarsip! És o único homem íntegro que conheci na minha vida. O único homem que não se dobra perante força alguma da Terra a não ser ao profundo ditado do seu eu interior. Quem és?

"Acaso o filho único desse eterno poder, senhor de quanto vive sobre a Terra?"

— Não te lances por caminhos irreais, faraó — disse Moisés suavizando sua severa atitude. — Pensa melhor, que o deserto e os penhascos me ensinaram essa justiça que não permite causar a meus semelhantes o mal que não quero para mim.

— Queres ajudar-me agora mesmo a desfazer todo o mal que causei?

— Sim, faraó, porque meu coração, que te ama, não pode descansar até ver-te livre de todas as cargas que deitaste sobre ti mesmo.

O faraó chamou o conselheiro que governava os calabouços e fez as averiguações correspondentes aos prisioneiros.

Ordenou que lhes fossem dadas roupas novas e o salário correspondente aos dois anos de prisão, e escreveu de seu próprio punho e letra esta ordem de liberdade:

"Cidadãos egípcios: Aquele que há dez anos foi vosso superintendente vice-rei, Osarsip de Mênfis, filho da princesa real Av-Ísis-Thimétis, conseguiu de minha real vontade que suspenda a dupla carga imposta ao povo há dois anos, e que conceda a vós a liberdade que perdestes pela vossa revolta.

"Ficais, pois, livres e meu administrador desta fortaleza vos entregará o valor de vossos salários nos dois anos de vossa reclusão."

O faraó firmou e selou com seu anel. O conselheiro saiu como se lhe houvessem crescido asas, porque julgou na verdade que os deuses rondavam sobre o Egito, que o sol deixaria de aparecer no espaço ou que o mundo ia desmoronar-se no vazio.

Quando Moisés viu que o último prisioneiro abandonava a fortaleza, aproximou-se do faraó, que junto dele, de um terraço, contemplava a cena e, estreitando-lhe as mãos, disse:

— Agora sim, faraó, podemos abrir templos-escolas da Divina Sabedoria porque venceste heroicamente a ti mesmo, e essa é a maior vitória que pudeste obter em toda a tua vida.

Em Mênfis

Foi escolhido para escritório da reconstrução o palácio da princesa, situado, como se sabe, próximo ao grande palácio real de Mênfis que há dez anos era ocupado pelas repartições públicas, visto como o faraó transferira sua residência familiar para Tebas. Ele quis, sem dúvida, colocar muita distância entre o grande palácio de Mênfis, onde passou sua dolorosa meninice, e o desastroso tempo da regência de sua mãe, com sua nova vida, casado com uma meiga e suave calhandra síria, tal como era a rainha, sua esposa. Essa jovem mulher teve um importante papel na mudança e transformação daquele Amenhepat entre neurastênico e obsedado, no Ramsés de trinta anos que agora vemos pôr-se em harmonia com Moisés.

O chamado palácio da princesa era propriedade de Thimétis, e ela o mantinha ocupado desde anos atrás com a primeira escola desse tempo para a mulher egípcia que quisesse cultivar-se nas ciências divinas e humanas. Ensinava-se lá também artes e ofícios próprios para a mulher. Era a princesa real a suprema autoridade naquela casa; contudo, havia ali uma diretora e várias mestras escolhidas por ela mesma, que conhecia a fundo as grandes mulheres dos poucos e raros países amigos que conservavam semi-ocultos, e através de longos séculos, os ideais que tornaram grandes e boas as nações do remoto passado.

Na Mauritânia, em Escusai e na Hélade, havia ainda lugares secretos e desconhecidos onde se refugiavam os discípulos do profeta Antúlio que, ao dispersar-se pelo mundo, se abrigaram nessas regiões. A princesa Thimétis, nos dez anos de ausência de seu filho, quis encher a solidão de seu coração com algo que se assemelhasse ao que ele significava para ela.

A princesa conseguira reunir, dizia ela, a estrela de cinco pontas do profeta Antúlio em cinco mulheres que conseguira aproximar de seu coração vindas daquelas afastadas regiões. Todas passavam dos quarenta anos, e a mais idosa, que contava quarenta e sete anos, era a diretora, e as outras eram auxiliares para a educação e o ensino das alunas que nunca foram numerosas.

Esse foi o lugar escolhido como escritório dos reconstrutores dos grandes templos egípcios que estavam em ruínas.

Estando associada a princesa real aos projetos do faraó, auxiliado por Moisés, precisaram escolher um lugar cômodo próximo a ela, e nada mais oportuno e próprio que aquele palácio de sua propriedade e tão gostosamente cedido por ela para tão grandioso fim.

— Mãe Ísis! — exclamou ela. — Verá novamente o Egito esvaziar-se o céu sobre a Terra, como nos passados tempos, quando os deuses do amor, da sabedoria e da paz ocupavam os tronos e governavam os povos como um bom pai governa seus filhos!

Nos dez anos de ausência de Moisés, a princesa real tinha conhecido, através de suas matriarcas auxiliares, como ela as chamava, todas as antigas escrituras que relatavam os heroísmos de amor dos profetas brancos de Anfião e de Antúlio, dos kobdas de Abel, dos flâmines de Krisna, e sua alma, feita de grandes amores e de sonhos sublimes, suspirava por ver reaparecer toda aquela beleza extraterrena que fugira da Terra, deixando-a na obscuridade e em silêncio de morte.

— Os deuses não falam hoje aos homens — disse ela —, e é nosso dever formar novamente o ambiente que lhes é propício. Mãe Ísis! Faze-o tu, que és a Mãe eterna de todas as mães dos enviados divinos. Eu sou uma delas, não o esqueças, Mãe Ísis... que vivo no desterro esperando sempre que acendas de novo tua lâmpada de amor diante de meus olhos!

A lâmpada foi acesa para Thimétis, tal como ela havia pedido.

* * *

Começaram a visita aos templos da região do Delta ou Baixo Egito, visto como se encontrava ali o templo de Sais, menos antigo que o de On e, não obstante, parecesse mais arruinado e envelhecido.

— Isso se deve — disse Moisés — a que o templo de On recebeu ligeiras reparações de meu tio Jetro, do pontífice Membra, do patriarca Isesi e também de minha mãe, que de tempos em tempos o visitava e corrigia algumas imperfeições tendo em conta que, sob suas naves, esteve muitas vezes sua mãe, Epúvia Ahisa, em sua longa permanência de noiva no palácio da princesa.

No templo de Sais eles encontraram sete sacerdotes idosos e muito pobres, sustentados por alguns familiares que gozavam de regular posição, e os criados antigos de dois deles, os quais pescavam diariamente nos arroios do Delta.

— Por que não me fazíeis chegar vossas notícias? — perguntou o faraó.

— Julgais que eu seja tão mau a ponto de ver a vossa pobreza sem socorrê-la?

— Oh, senhor faraó, que os deuses vos glorifiquem!... Deveis saber que a lei do templo nos proíbe pedir socorro enquanto vemos que não falta o alimento. Vossa grandeza tem muito em que pensar para ocupar-se de um pequeno grupo de sacerdotes que têm já poucos anos de vida sobre a Terra. Já não servimos a não ser para orar pelo Egito e pelos seus governantes, para atrair dos céus todo o bem que eles merecem.

— Que fazeis nestas ruínas que dão pavor e tiram o alento e o desejo de viver?

— Cumprimos o dever de guardar até o fim da vida a arca sagrada e quanto guarda a cripta do templo.

— Meu acompanhante é o filho da princesa real, que voltou do distante Madian onde fundou uma escola iniciática com o hierofante Jetro e o patriarca Isesi.

— Oh, que grandiosa glória! — exclamou um dos anciãos; e em todos aqueles velhos rostos resplandeceu uma nova luz.

— Jetro e Isesi estudaram aqui mesmo, e juntos realizamos as provas da iniciação, quando ocupava o trono do Egito vosso glorioso bisavô, que Osíris levou para o seu reino.

— No templo de On já nos contaram lindas façanhas de toda a nossa ascendência. Com certeza eles cometeram grandes desatinos; contudo não devereis ter a coragem de dizê-lo diante de mim. Dou-vos a notícia de que vamos fazer reparações neste templo, no de On e em outros mais que estão em ruínas. Virão aqui muitos operários e talvez se torne insustentável a vida.

— Senhor! — disse um dos anciãos — temos um pequeno pavilhão dentro do parque, que era destinado aos jardineiros e hortelãos. Os operários não nos molestarão, senhor, e vos abençoamos com toda a alma pela obra que ides fazer.

— Vossa mãe, grandeza, conserva-se com vida e saúde? — perguntou a Moisés outro dos anciãos.

— Conserva-se muito bem e é colaboradora na obra que o faraó realiza. Por esse motivo, talvez venha fazer-vos uma visita.

— Ela foi escolhida pelos deuses para grandes obras que só os justos podem realizar.

— Se não existe inconvenientes — perguntou Moisés —, desejaríamos saber que escrituras estão guardadas na arca sagrada? Pergunto isto porque não somente pensa o faraó em reconstruir a parte material dos templos, mas fazê-los voltar ao que foram em tempos atrás: Escolas de Sabedoria Divina.

— Senhor, nosso último pontífice, o hierofante Acofar, morreu de repente e não nos vimos desligados de nossos juramentos. Vossa grandeza, ó faraó, tem permissão para fazer o que julgar justo em caso tão excepcional como este. Eu, como o mais idoso, guardo a chave da cripta dos mistérios divinos.

— Tendes aqui um hierofante do sétimo grau, e pontífice da escola iniciática do deserto, e que o será também dos templos reconstruídos. Não a mim, mas a ele podeis confiar todos os segredos.

"Neste meio-tempo, examinarei o edifício e, com meu construtor que espera no pórtico, faremos os cálculos convenientes. — E o faraó deu as costas para afastar-se.

Moisés interveio.

— Faraó, creio que deveis dar ao vosso arquiteto-construtor as ordens do caso, mas podeis entrar nos segredos da cripta. Na minha qualidade de pontífice, vos dou a necessária autorização para que esses anciãos conservem sua paz interior.

— É justo como determina a lei — disseram ao mesmo tempo os anciãos.

E desceram à cripta, que era irmã gêmea da que vimos no templo de On.

— Um mesmo gênio construiu os dois templos — disse imediatamente o faraó. — Não pensas assim, Osarsip?

— Sim, faraó, penso assim. Só que é menor que o de On, e parece que Ísis é a alma que o anima ainda, apesar dos séculos que conta.

— Sabeis quem foi o fundador?

— O patriarca Hermes, irmão de Asclépio, ambos fugitivos da grande catástrofe atlante, que com Bethemis e vários outros fundaram a raça egípcia que só reconhece a Mizraim, filho de Bethemis, como a origem de nossa raça.

— Este templo é igual, em muitos detalhes, ao de On — observou o faraó, — o que indica que o construtor foi o mesmo.

— Sim, senhor, são irmãos gêmeos das Pirâmides e da Esfinge. Tudo tem a mesma origem — acrescentou um dos sacerdotes.

Moisés tomou a chave das mãos do ancião que a guardava e abriu a arca sagrada, cujos gonzos ressoaram como quando algo se quebra.

— Há quatorze anos que nosso pontífice a abriu pela última vez. — E os sete anciãos se ajoelharam.

A arca continha muitos rolos de papiro amarelecido e com as bordas carcomidas; continha também várias chaves de prata e pequenos estilos de pedra, como os que eram usados para abrir os armários nas paredes.

Em silêncio, Moisés examinou as frases hieroglíficas antigas que apareciam nos envoltórios dos rolos e foi lendo-os no idioma usual nesse tempo:

"Asclépio refere a luta final de seu mestre e sua morte pelo veneno."

"Um solitário da montanha santa da Atlântida, fugitivo das águas, refere a assembléia dos dez reis, na qual esteve presente em representação do Atlas."

"Um solitário dáctilo do país de Ethea refere a destruição e ruína final da Suméria pelo incêndio de sua capital, Nínive."

— Isto é longo de ver, pois esta arca sagrada encerra tantos rolos, cujo conteúdo merece outra classe de observação — sugeriu o faraó, e perguntou:

— Conservais relações com os demais templos do Egito?

— Creio que posso ser franco neste caso — disse algo temeroso o ancião.

— Completamente, principalmente sabendo que o sacerdote Neferkeré deixou Osarsip em seu lugar...

— Oh, o justo Neferkeré, que Osíris glorificou!... Esteja sua alma conosco neste momento.

— Eu recebi seus derradeiros legados e mensagens e o acompanhei em Luxor até seu último alento. Falai, pois.

— O ilustre faraó Seti, vosso bisavô, acabou com a dependência de todos os templos a um único templo e a substituiu pela dependência de todos ao critério, intenção e vontade do faraó. Na verdade, essa dependência quase não existia mais, pois o reduzido número de sacerdotes que restou depois da guerra entre os partidários de Aton e os de Amon, escondeu-se nas criptas dos templos e viveu quase em completa clausura por causa do terror causado por todas as selvagens carnificinas e matanças que ensangüentaram todo o país.

"Apesar de tudo isto, os sacerdotes de todos os templos que ainda estão vivos mantêm relações muito discretas e se ajudam uns aos outros."

— Poderias informar-nos quais são os templos onde vivem sacerdotes do antigo culto?

— Senhor, todos somos do antigo culto, ou seja, aquele que foi implantado neste país por seus ilustres e sábios fundadores, os kobdas, que provêm de uma mesma origem, ou seja, dos flâmines da Lemúria, nascidos do coração de Juno, o marujo, e de Numu, o pastor, de onde surgiram depois os profetas brancos de Anfião e de Antúlio da Atlântida, os kobdas de Abel e Bohindra, e mais tarde os lamas de Krisna, chamados primeiramente os irmãos do silêncio, pelo nome das torres onde habitavam.

— Vejo que estais muito bem informado e me alegro imensamente de tudo quanto nos manifestastes. Dizei-me, se sois do antigo culto, como salvastes a vida em meio às bárbaras matanças que houve, das quais não escapou o justo Anek, de querida e santa memória?

— Os pântanos e os bambuzais do Delta salvaram a vida de quatorze de nós. Os mais idosos já se foram, senhor, e apenas ficamos sete. E pensar que nos esplendores de Sais tivemos até cento e vinte e sete sacerdotes iniciados, dos quais apenas setenta eram hierofantes.

— Que aconteceu a todos eles? — perguntou Moisés.

— Oh, senhor, como tudo isto é triste! Os que não se atreveram a esperar pelo que sucederia, escaparam disfarçados para as cavernas dos montes, até que lhes crescesse o cabelo para fugir sem perigo. Uma proclamação real anunciou o perdão para todos os que renegassem o antigo culto e formassem parte do novo. Mas nenhum deste templo renegou nem apostatou. Preferiram a vida desditosa do fugitivo, do proscrito. Nenhum voltou ao velho ninho, que foi esquecido até se encontrar no estado ruinoso que vedes.

"Quando cessaram as matanças, fugimos voltando um a um, dois ou três de cada vez pelas noites, até que nos reunimos quatorze e escolhemos o pontífice, que foi o notário-mor, Acofar. Antes do início das lutas, o faraó Anek-Aton enviara o nosso pontífice perante o grande rei de Nínive, que pedia aliança com o Egito para se defender das hordas da Escítia. Ele jamais voltou e nada soubemos dele.

— Poderíeis informar-me se nos templos de Tentira e de Ipsambul ainda existem sacerdotes guardando-os?

— Sim, senhor; no templo de Tentira, um sobrinho meu é o notário, e o acompanham dez sacerdotes, cinco são hierofantes do sétimo grau. O pontífice morreu há seis anos e não foi escolhido outro porque se encontram nesse estado de indecisão dos que aguardam acontecimentos. Esse templo é mais antigo que este, porque foi reparado, segundo dizem, quando instalaram lá o zodíaco que o patriarca Thot trouxera da Atlântida quando fugiu das águas.

— Karnak e Luxor vivem ainda?

— Sim, senhor, nós os ressuscitamos, direi assim, porque daqui foram dois sacerdotes, e dos outros templos enviaram também seu contingente, principalmente o de Mênfis. Esses dois templos pertencem ao pontificado de Mênfis, porque, depois da morte do nosso amado Neferkeré, o pontífice Membra, com a colaboração da vossa ilustre mãe, socorreram esses grandes templos do Baixo Egito, cuja força mental foi a salvaguarda das tribos nômades dos desertos vizinhos que várias vezes intentaram roubá-los. Mas agora, como o governo do faraó reside em Tebas, esses templos não passam o perigo de antes. Lá assassinaram muitos sacerdotes que não quiseram renegar sua fé.

"No templo de Ipsambul, até a última lua passada, havia doze sacerdotes e o notário-mor, que o foi do pontífice Ounas, é irmão de um dos nossos e também irmão do médico de vossa mãe e da casa real, Aton-Mosis, que está no reino de Osíris."

A lembrança de Merik acudiu à mente de Moisés como uma visão radiante de sua passada juventude, e guardou uns momentos de silêncio. A poderosa evocação deu o resultado da Lei: a amada presença e sua voz serena impulsionando-o a escalar o cume...: "Adiante, meu amor de séculos" — disse a voz sem ruído. — Uma legião amiga te acompanha e, como fomos testemunhas de tuas renúncias, humilhações e dores, a lei nos concede também sê-lo de teus triunfos, que estão chegando como águias potentes trazendo no bico as palmas de tuas vitórias.

Moisés exalou um profundo suspiro e disse, como que falando com alguém que via:

— Por que me fazes sonhar com a glória que ainda não conquistei?

O faraó olhou para o velho sacerdote e para os outros, e seu olhar interrogava.

— Senhor — disse o sacerdote a meia voz. — O filho de vossa ilustre irmã nem sempre anda pela Terra. É irmão dos deuses e está desterrado, em missão. É segredo, senhor...

Estas últimas palavras foram um murmúrio, mas o faraó as compreendeu.

— Osarsip — disse o faraó, emocionado —, deves estar esgotado com tanta preocupação. Que este ancião nos diga, se é isso o que te interessa, quantos são todos os sacerdotes com que podemos contar para que cada templo seja uma escola de Sabedoria Divina, segundo o teu desejo... Não é isto o mais conveniente?

— É verdade — respondeu Moisés. — Vejamos. Dizei-nos quantos e nós anotaremos.

— Comecemos por Mênfis, se vos agrada.

— Muito bem — afirmou o faraó, sentando-se diante da mesa da entrada da cripta com seu livreto de bolso na mão. Moisés colocou-se a seu lado.

— Em Mênfis, dezessete sacerdotes iniciados, e seis monges. No templo de On, sete sacerdotes iniciados; em Tenha, onze; em Luxor, cinco; cinco em Karnak e cinco em Abidos. Faze a soma conosco, que somos sete.

O faraó e Moisés fizeram a soma:

— Cinqüenta sacerdotes iniciados! — disseram ao mesmo tempo o faraó e Moisés.

— O que significa — acrescentou o faraó — que temos cinqüenta e sete mestres para os que queiram conhecer as leis divinas e ser homens de bem para a grandeza e glória do Egito.

— Com os que temos na minha escola do deserto, chegamos ao setenta, que é o número sagrado, porque setenta são os messias ou deuses, segundo a linguagem egípcia, que governam e dirigem este universo de mundos que vemos da Terra.

— Se vos parece bem, faraó, realizaremos uma assembléia entre esses escolhidos pela vida para este momento grandioso que, certamente, está determinado nos céus superiores, desde onde a eterna potência vigia os mundos.

— Nós a realizaremos no templo de Mênfis, que hoje é o que está em boas condições e tem mais sacerdotes. Tu a presidirás, Osarsip, e estaremos presentes tua mãe e eu.

— É necessário trazer os que estão ausentes no Baixo Egito — recomendou um dos anciãos sacerdotes do templo de Sais.

— Disso eu me encarrego — observou o faraó.

Ficou resolvida a reunião que daria como resultado o renascimento do velho culto que os inconscientes e fanáticos pretenderam afogar com sangue; os que assassinaram a Anek-Aton e todos os seus adeptos, crendo erroneamente que, matando os homens, matavam a suprema verdade, que era o ideal sustentado por eles.

Moisés e os Arquivos

Tendo estabelecido que no plenilúnio seguinte celebrariam a assembléia fundamental já resolvida, a fim de que os sacerdotes do Baixo Egito pudessem assisti-la, o faraó e Moisés separaram-se para voltar cada qual a seu próprio lar. O faraó, para seu palácio de Tebas, e Moisés para o castelo do lago Merik, onde o aguardavam sua mãe e a esposa.

Ambos se sentiam carregados com grandes compromissos para um futuro próximo. Assim, empregaram seus dias em preparar-se esmeradamente para fazer frente a qualquer emergência que pudesse apresentar-se.

As duas potências, uma espiritual e outra material, voltaram a levantar-se como duas estátuas gigantescas e inabaláveis, que frente a frente pareciam interrogar-se...

O pontífice Membra, convertido no patriarca Eleazar de Saptnae, lugar de seu nascimento, estava vivendo no aposento anexo ao oratório do castelo do lago Merik, onde nos anos da infância de Moisés viveram seus três primeiros mestres: Amonthep, Ohad e Carmi, como o leitor recordará.

Ali foram abrindo todos os velhos arquivos que a princesa real, Moisés e Membra tinham conseguido reunir.

A lei dos templos mais antigos permitia aos arquivistas que houvessem completado vinte anos de serviço, tirar cópias e anotações do que mais lhes conviesse para os estudos ou trabalhos de escritura que cada um quisesse fazer com fins ilustrativos dos discípulos que pediam para ser iniciados. Os que obtinham tal privilégio deviam deixar um documento firmado comprometendo-se a não dar a conhecer as cópias a não ser a pessoas das quais estivessem tão seguros como de si mesmos.

Ali apareciam escritos de alguns dos primeiros fundadores das cidades da Atlântida que, fugindo de terras vulcânicas ou de transbordamento de mares ou de selvagens tribos primitivas, recém-saídas do reino animal, tinham-se estabelecido naquelas selvas virgens não pisadas ainda pelo pé do homem.

Remontava-se uma escritura às origens da raça tolsteca, fundadora e civilizadora da Atlântida.

A velha escritura começava assim:

"Os gênios divinos do céu azul iluminaram minhas noites de sombras com um misterioso sonho: Foge para o ocidente, porque aquele que será teu inimigo perdurável sai de suas cavernas, no sul e no oriente, e se te encontrares no seu caminho, ele te engolirá em sua boca de dragão triplamente dentada.

"Vivíamos felizes na costa sul da Escandinávia, à margem do golfo Grande, em cavernas e corredores subterrâneos que nos resguardavam das grandes nevadas nos longos meses de sol opaco.

"A abundante pesca e os bosques de amoreiras nos forneciam bom alimento. As aves marinhas deixavam-nos o presente de seus ovos, e as abundantes renas seu leite substancioso.

"Éramos como uma família de duas dezenas e meia entre homens e mulheres, mais seis crianças de diversas idades. Os antepassados a quem não conheci, porque já eram falecidos, não conheceram sua origem porque foram encontrados ambos adormecidos na mesma caverna da costa onde algum barco naufragado deve tê-los deixado quando perdeu toda a esperança de salvá-los com vida. As tempestades eram ali muito bravias e continuamente as chalupas chocavam-se com os escarpados e afundavam no mar. Eles sabiam apenas que seus pais se perderam no mar viajando para Ascusai, para onde eles iam com suas mães e uma criada. O menino maiorzinho, de dez anos, recordava alguma coisa referente à família. Era quanto se sabia da origem dessa reduzida tribo que aumentara pelos enlaçamentos e uniões que a Mãe Natureza abençoava. Nosso nome, como raça, provém dos nomes que os dois abandonados diziam ser os seus nomes: Thoe era o varão e Theka a menina. Assim, éramos ensinados desde criança a dizer: 'Pai Thoe, Mãe The-

ka, velai por estes vossos filhos e dai-nos o sustento diário, e fazei que os animais da terra e das águas do mar respeitem nossas vidas.'

"O pai Thoe e a mãe Theka estavam sobre um altar de pedra à sombra de um carvalho. Um gênio os havia lavrado em carne como a nossa, e ele mesmo os transformou em pedra para que não pudessem morrer jamais.

"Que o gênio que me deu o sonho anunciador esteja com os que deixo atrás de mim nesta bela terra cheia de grãos bons e frutos deliciosos, com mar tranqüilo e manso, com fogo nos céus e fogo na terra.

"Bendigamos o ar, a luz, a água e a terra."

"Malkuth Kheter Netzha Trakys Akyluts."

Moisés e o ex-pontífice Membra puderam decifrar a estranha e velhíssima escritura feita com sinais que algo se assemelhavam à mais antiga escrita dos templos, e puderam fazê-lo ajudados pela intuição e também pelos comentários e sugestões dos primeiros leitores que, nos longos séculos transcorridos, foram acrescentando, com o fim de dar à própria arcaica escritura o sentido mais ou menos razoável e lógico que podia ter.

A única coisa indubitável e clara que se deduzia da dita escritura era que os fundadores tolstecas da Atlântida virgem e deserta vinham das regiões geladas do norte e que, no correr dos séculos e dos tempos, indivíduos de outras correntes humanas se misturaram a eles até formar uma raça branco-avermelhada como era a maioria da população atlante, conforme o mencionam numerosas escrituras antigas encontradas nos arquivos dos templos egípcios.

Analisando os sinais e o modo como estavam dispostos, nossos intérpretes tiraram a conclusão de que as duas primeiras assinaturas significavam *"Rei Soberano"*, a primeira e *"Coroa de honra"*, a segunda.

As outras três assinaturas tinham debaixo uma vara vertical que, na linguagem esotérica e simbólica, significa: coluna forte, que não se dobra.

Bem compreenderá o nosso amado leitor que somente o gênio investigador de Moisés, seu amor à verdade e à firmeza de suas grandes idéias pôde fazer frente a tão lento e delicado trabalho.

Através desta mesma ordem de investigação, que era meditação profunda e estudo intenso, ele foi averiguando tudo quanto necessitava saber para abrir com serena tranqüilidade sua escola de Divina Sabedoria de portas abertas.

Moisés chegava extremamente cansado, mas satisfeito e jubiloso diante dessa clara e inegável conclusão:

A raça de Abraão tinha sua origem num náufrago emigrado da Atlântida, Sem, lugar-tenente de Nohepastro, rei atlante; e de Eufêmia, filha de um rei dos Samoiedos, desterrado voluntário para evitar lutas entre povos vizinhos.

A raça tolsteca da qual descendiam os primitivos povoadores dos vales do Nilo: Thot, Kermes, Flan, Bethemis, e seus companheiros Carnain, Papiros,

Elotos, Pitson, Pihabirit, Gionzebes, Butbatis, Ben-Nilo e Bijpeset; eram também originários da Atlântida, fugitivos e perseguidos pela fúria dos elementos, os mares transbordados em incontível invasão. Alguns deles, como Bethemis e Elotos, também descendiam de dinastias reais.

Se as origens, segundo a carne e o sangue, têm algum valor, a raça de Abraão não era nada inferior à raça tolsteca e menos ainda para Moisés, que pusera seu ideal infinitamente acima da carne e do sangue, poeira e cinza.

— Ó psique!... divina psique! — exclamou com entusiasmo. — Eu te levantarei acima de todos os lodaçais e fumaradas humanas! Não haverá nada mais, além de Deus e Tu! Deus e Tu, multiplicado até o infinito, em milhões de milhões de centelhas que os séculos convertem em chama viva de luz inextinguível que volta a refundir-se na divina luz, inextinguível e eterna!...

O velho Membra e Thimétis, testemunhas desta cena, se sobressaltaram de pavor diante da exaltação de Moisés, que viram envolto num halo resplandecente e cálido que parecia querer levantá-lo da terra.

Cada qual, sem prévio aviso, tomou-lhe uma das mãos tal como se quisessem retê-lo. Esse contato desvaneceu a manifestação extraterrestre, uma levitação, sem dúvida, que pôde produzir-se dada a intensa força espiritual que levava em si a espontânea exclamação brotada daquele espírito de luz de inconcebíveis energias e que, esquecido de seu envoltório de carne, flutuava por momentos entre o céu e a terra.

— Meu filho — disse o ancião —, tua missão é grande e gloriosa, e exigirá muito tempo para ser realizada. Estás ainda no começo da enorme cadeia de sacrifícios e renúncias que ela exigirá de ti. Se, pela leitura de uma antiga escritura te exaltas assim, tua mãe e eu não poderemos ausentar-nos nunca do teu lado nas horas de estudo e de meditação. Meus anos já são muitos, e ela, bem o vês, não é fisicamente forte.

A carinhosa mãe apertou-se ao peito do filho e, entre chorosa e feliz, disse:

— Ele e eu viveremos enquanto as pegadas de teus pés deixarem marcas sobre as pedras!...

— Vós me seguireis até os confins do mundo, porque pressinto que esta minha vida será como o delíquio da ave errante arrastada pelo furacão!... Até onde? Não o sei e tenho até medo de sabê-lo neste momento.

— Filho!... Ísis é nossa mãe eterna, e é piedade e ternura, é amor infinito, e ela me prometeu agasalhar-te sob seu manto desde que vieste a este mundo. Serás o que o eterno poder quer que sejas: o *porta-voz* da eterna vontade para a humanidade terrestre.

A voz do faraó foi ouvida por trás da cortina da porta.

— Pode entrar um profano em vosso santo conclave?

— Passai, faraó — disseram os três ao mesmo tempo, e eles lançaram uma exclamação de assombro quando o viram coberto com a ampla vestimenta talar de cor violeta escura, usada pelos sacerdotes submetidos à penitência voluntária de expiação por delitos ou faltas graves. O faraó deitou o capuz para as costas e sua arrogante cabeça raspada ficou a descoberto.

— Amenhepat, meu irmão, por que fizeste isto? Para te associares aos nossos ideais de fraternidade e redenção humanas não era necessária a prática externa do que se leva no íntimo da alma — disse a princesa real, passando o braço pelas costas do faraó. — Não é verdade que é desnecessário? — perguntou ela a seus dois companheiros de conclave, usando a frase do faraó.

— Deixa-o fazer! — disse bondosamente o ancião. — Quando se iniciam estes caminhos, a psique padece muito pelo tempo perdido e seu afã de apressar a carreira a obriga a ajudar-se com formas externas, que lhe dão a ilusão de aproximar-se mais do final feliz. Não é assim, Moisés? Não o sentes assim, faraó?

— É assim... É assim... — responderam ambos.

— Agora compreendo — acrescentou o faraó — por que, na alcova-dormitório que foi de meu avô Seti, encontrei há alguns anos esta vestimenta, de onde suponho que ele a usava encerrado em sua alcova para pedir à divindade a indulgência e o perdão de seus erros, cometidos quando fazia tremer o povo e seus servidores com seus decretos às vezes injustos como todo soberano.

— Como todo soberano que não chegou à convicção de que é somente um representante da suprema potência perante o povo que governa — afirmou Moisés.

— Falaste bem, Osarsip, e se alguma coisa me diz respeito do que disseste, esta convicção chegou até o meu mundo interior, e tão imperiosamente que me obriga a realizar com pressa as obras que projetamos.

A princesa real não estava totalmente tranqüila, porque, embora o ex-pontífice Membra não ostentasse nenhum vestígio do seu antigo cargo e seu cabelo aparecesse de acordo com o uso comum, ela temia que o faraó o reconhecesse, não obstante terem transcorrido mais de dez anos sem vê-lo.

— Patriarca Eleazar — disse amavelmente —, o faraó e Osarsip têm muitos negócios a tratar, nos quais vós e eu tomaremos parte mais adiante. Deixemo-los a sós, pois também eu tenho algumas consultas a vos fazer.

Membra e Moisés compreenderam e, com discretas despedidas, a princesa e o ancião se retiraram.

— Tua mãe é uma iluminada dos deuses, Osarsip. Sempre a discrição está em toda ela. É admirável.

— Querias que eles se retirassem, faraó?

— Sim, Osarsip, porque a confiança que me inspiraste eu ainda não posso tê-la nesse patriarca Eleazar, embora eu julgue havê-lo visto antes em alguma parte. Está ele inteirado do que tu e eu pensamos fazer?

— Da reconstrução dos templos já está inteirado todo o Egito, faraó, e de que os templos voltarão a ser "escolas de ciência divina e humana", creio que também. Não estás convencido ainda de que o soberano de um grande povo sempre está vigiado por todos os que são capazes de ver?

— Sim, é verdade, e às vezes aquele que menos sabe é o próprio soberano.

— O patriarca Eleazar possui o mais completo arquivo que há no Egito, e esse é o motivo por que o encontraste em íntima conversação com minha mãe e eu. Quando chegaste, que julgas estávamos fazendo com este pergaminho que parece a pele de uma múmia milenar?

— Tu dirás... Que representam, se parecem formigas dissecadas? — observou o faraó contemplando a estranha e incompreensível escritura. — Conseguistes descobrir o que diz?

— Vencendo muitas dificuldades, conseguimos interpretá-la. Ela relata as origens da raça tolsteca fundadora da civilização da Atlântida, que deve fazer algo como uns cinco mil anos que está adormecida sob as águas do mar.

— Sempre tu o mesmo homem enamorado do passado. Que tem que haver essa raça com o que nós queremos fazer?

— Muito, faraó!... Muito tem que haver para a minha escola de portas abertas. Nossa humanidade atual sempre anda buscando motivos de divisão e separação. E eu sigo completamente um axioma-lei de um iluminado profeta da terra onde nasce o sol, o Dekan,* que se chamava Krisna, e que dizia a seus discípulos:

" *'Não cometerás jamais o delito do separatismo, porque todos somos UNO no infinito seio de Atman.'* Desta forma, um dos ensinamentos de nossa escola será a de provar aos alunos que nenhuma raça é de origem inferior; e que, se há inferioridade em algumas, é por causa da ignorância, da inconsciência e também da malícia dos dirigentes dos povos, interessados em mantê-los enganados para seu próprio proveito e conveniência material.

"Dize-me, faraó, não é verdade que todos os soberanos de povos se julgam, eles e seus povos, superiores em muito aos demais? Tu mesmo, não estás convencido que o nosso Egito é o maior país do mundo?"

— Porque o é, Osarsip, e ninguém pode negá-lo. Podes acaso negar isto?

— Ouve-me, faraó: o amor à terra em que nascemos põe às vezes uma venda em nossa mente, e essa venda é ordinariamente mais espessa e resistente naqueles que governam e são como senhores absolutos dessa terra. Hoje, por

---

* A Índia atual.

enquanto, nosso Egito é grande, é forte, é rico, e houve um tempo em que foi também o mestre civilizador e educador da humanidade.

— E não o é hoje, Osarsip? Não o é?

— Deixou de ser educador e civilizador quando se entregou a degolar, a matar, a envenenar seres humanos porque um faraó justo criou uma escola de ciência divina e humana, e quis fazer compreender aos povos que o eterno poder não reside nas estátuas ou nas imagens dos milhares de deuses adorados por eles, e que, se essas imagens representam seres vivos, são instrumentos auxiliares, mensageiros do eterno poder junto aos seres encarnados que caminham pela Terra. Então, faraó, o nosso Egito se pôs no mesmo nível dessas raças, nações ou povos que se entregam a matar, a queimar, a envenenar os que pensam de diferente maneira que eles. Podemos dizer que, nessa época triste, o nosso Egito foi um educador e civilizador de povos?

— Osarsip!... Eu vinha contente e feliz encontrar-me contigo, e tuas amargas verdades vestiram de luto meu coração como de luto está vestido o meu corpo. Tens toda a razão! Mas, eu te digo que deste luto do meu coração surgirá a ressurreição e a vida para o nosso Egito como para mim mesmo! O Egito e eu ressuscitaremos, Osarsip. Serás o excelso mago que nos tirará de uma tumba e nos dirá: "Sede vivos com uma vida nova, verdadeira e eterna!"

— Assim seja, por toda a eternidade! — respondeu Moisés estreitando efusivamente as mãos do faraó.

A Assembléia

Solitário, sentado num dos terraços do castelo do lago Merik, Moisés, noite após noite, contemplava a luz serena e radiante que lentamente se aproximava do desejado plenilúnio designado para a assembléia de hierofantes que decidiria sobre o seu sonho idealista: a escola de Divina Sabedoria de portas abertas.

Cada noite, ele anotava um número mais ao programa que apresentaria, e às vezes apagava tudo o que escrevera na noite anterior para reiniciar com uma nova idéia, que talvez também fosse apagada na noite seguinte.

Eram muitas as suas incertezas, as suas perguntas, esboçadas na penumbra da meditação e apagadas na claridade de seus lógicos raciocínios.

Oh, que árduo e pesado é para o gênio criador de grandes ideais, entre um medíocre mundo de mentes escassas de luz divina, e escassas, ainda, de espírito de sacrifício e dessa decidida vontade capaz de realizá-los! E Moisés encontrava-se numa situação semelhante.

Depois de várias noites de dolorosas e árduas preocupações, quando já era passada a meia-noite, viu subir a escadaria uma pessoa de alta estatura, com a túnica branca dos hierofantes e com a cabeça coberta por um capuz.

— Deve ser o patriarca Eleazar — pensou.

A pessoa já estava a seu lado e respondeu ao seu pensamento:

— Não é o patriarca Eleazar, mas Jetro, teu tio e companheiro de ideais. Não, não vim na caravana, que ainda está na metade do caminho. Acaso necessita a psique de caravana, de camelos ou de mulas para apresentar-se no lugar onde o dever a chama?

— Sim, é verdade, tio Jetro, e como te agradeço por teres vindo em espírito para fortalecer o meu, já que às vezes ele voa como uma águia e às vezes se achata na terra como uma mísera minhoca moribunda.

— Eu sei, eu sei, e por isso a lei divina me trouxe diante de ti porque, chegada a hora do tempo, não podemos nem devemos aceitar o fracasso.

"Somos dois os missionários espirituais desta noite: eu junto de ti e o pontífice Ptamer junto do faraó, que o sentirá em sonhos. Ele foi seu mestre na infância e foi quem o consagrou herdeiro do trono do Egito, embora às ocultas de sua mãe, a regente, que, rebelde aos costumes dos antepassados, queria suprimir essa cerimônia com fins sinistros que não devo mencionar agora.

"Rememorando tal ocorrência, que ficou somente entre os dois, o faraó não poderá duvidar de onde lhe vem a lição. As preocupações e dificuldades do faraó trouxeram-te esse acúmulo de dúvidas, perguntas e incertezas, fazendo-te ver montanhas e barreiras onde tudo é planície, e mares turbulentos onde há uma fonte de águas claras refletindo as estrelas.

"Ouve-me: procurareis que a assembléia se realize ao aproximar-se a meia-noite, hora em que teus companheiros do deserto estarão dormindo em sono profundo.

"Todos nos prepararemos para um feliz desprendimento na forma como sabemos fazê-lo. Trataremos de estar presentes, o patriarca Isesi, Ohad, Carmi, Laio, Hur, Caleb e eu. Ainda não sei se nós sete poderemos fazer-nos visíveis materializados, mas estou certo de que os que tiverem a faculdade da clarividência nos perceberão perfeitamente. Pelo que poderá ocorrer, deixai livres e desocupadas sete poltronas da cripta, e oxalá nos permita a lei divina anular todas as deficiências que a nossa grosseira indumentária de carne nos ofereça como impedimento. — Aquele hierofante alto pareceu redobrar sua estatura ao pôr-se novamente de pé e, aproximando-se de Moisés até tomar-lhe a cabeça com ambas as mãos, acrescentou com paternal carinho:

"Meu filho! Apesar da fortaleza de teu espírito, a negra falange das trevas te faz duvidar e vacilar até chegar a temer o fracasso, que está tão longe de ti como o deserto que acabo de deixar, e que, apesar disso, não serviu de impedimento para que eu esteja ao teu lado neste instante. Anota nesta noite os pontos mais importantes do teu programa, e o que esta noite escreveres não o apagues, porque isso será o que deve ser."

A real e materializada aparição desvaneceu-se na suave claridade lunar que fazia da noite dia, tão intenso era o brilho da lua em sua marcha serena pelo espaço azul.

Moisés caiu de joelhos sobre as brancas lousas do pavimento, e as mudas ameias coroadas de pequenos maços de palmas e flores ouviram esta intensa prece de ação de graças:

— Graças mil te dou, poder eterno que sustentas os mundos!... Como um pássaro ferido de morte revoava a psique por abismos de dúvidas e de receios, e bastou o teu alento soberano para aquietar meus terrores e soltar novamente minhas asas por tua infinita imensidão! — Passo a passo, com enlevos de êxtase ante a inefável beleza daquela noite de comunhão divina com o infinito, Moisés buscou a quietude de sua alcova e do seu divã de repouso, onde sua matéria recobrou as energias perdidas na luta com a valente legião das trevas.

Moisés delineou o programa que devia ser implantado em sua escola de divina sabedoria de portas abertas:

Ponto 1º. Entre todos os sacerdotes ou hierofantes, escolher-se-ão três que receberão as solicitações de ingresso e tomarão as devidas informações dos aspirantes. As condições exigidas seriam as seguintes: honestidade de vida, amor ao trabalho e ao estudo, desejo de saber quanto diz respeito ao supremo poder criador e à alma humana, à cosmogonia ou ao estudo do universo.

Ponto 2º. Leis imutáveis que regem toda alma ou psique emanada do eterno poder: lei da evolução, lei de afinidade, das alianças, dos mundos e das almas.

Ponto 3º. História da humanidade neste planeta.

Para os que aspirassem a conhecimentos mais elevados, ou seja, preparação para a iniciação, o regulamento deverá ser estudado na assembléia e escolher os hierofantes que estariam encarregados do cultivo mental, espiritual e de educação física, necessários para que os aspirantes se pusessem na condição de "aspirante à iniciação" ou conhecimento dos mistérios divinos e das secretas leis deles emanadas.

O plenilúnio esperado chegou e, com ele, a noite fixada para a assembléia que poderia dar a Moisés a satisfação de seu grande ideal: a formação e educação de uma parte da humanidade para torná-la capaz de aceitar e praticar a forma de vida de acordo com a lei divina.

Os cinqüenta e sete hierofantes dos templos que seriam reconstruídos, dois hierofantes do templo de Mênfis, companheiros íntimos que foram de Membra, e o faraó com Moisés, o patriarca Eleazar e a princesa real, estavam sentados nas poltronas da cripta do templo de On, e todos vestiam as túnicas roxas da penitência com o capuz caído sobre o rosto, de tal forma que as pessoas não podiam ser conhecidas. Somente o faraó e Moisés eram jovens de trinta anos, e a princesa real de quarenta e sete anos. Os demais formavam uma longa escala desde os sessenta e quatro anos até os noventa e dois. Somente vendo-os caminhar poder-se-ia discernir quais eram os anciãos e quais os jovens. No entanto, todos estavam sentados e nenhum poderia abandonar seu lugar até o término das deliberações. Viam-se no grande círculo violeta escuro sete lugares vazios que todos sabiam que seriam ocupados, invisível ou visivelmente, segundo a lei permitisse ou não o que todos esperavam.

Foram de antemão acesos todos os candelabros da cripta, e um silêncio de profunda meditação preparava as almas para se encontrarem com a lógica verdade do infinito.

Nesse momento, o faraó levantou seu capuz e se pôs de pé.

— Que a eterna vontade do infinito reine absoluta nesta assembléia — disse com voz alta e clara.

— Assim seja — responderam todas as vozes juntas.

Ato seguido, o próprio faraó fez a leitura do programa básico da "escola de Divina Sabedoria" que devia ser inaugurada para a educação do povo.

As sete poltronas vazias ocupavam um lugar que intencionalmente foi deixado em penumbra bem acentuada, a fim de que a luz demasiado viva não impedisse que fosse ocupada pelos que somente em espírito poderiam assisti-las.

As sete poltronas foram sendo ocupadas lentamente, uma depois da outra. Contudo, seus ocupantes não vestiam mantos cor de violeta mas vestes de um amarelo cor de palha de trigo, com o capuz cobrindo-lhes parte do rosto.

Ao ver isso, Moisés pensou:

"— Meus sete do deserto são antulianos."

Como se este pensamento tivesse em si mesmo força de transformação, todos os presentes apareceram à sua vista interior vestidos de amarelo cor de palha de trigo.

Moisés modificou seu pensamento:

" — Todos os que me rodeiam são antulianos!"

55

Então uma voragem de energia, de força e de luz se apoderou dele e, pondo-se de pé, deitou para as costas seu capuz e, desdobrado na distante personalidade de Antúlio, fez uma magnífica exposição do que era o divino ideal de abrir uma escola de Divina Sabedoria para ensinar à humanidade o conhecimento de Deus, dos mundos criados por Ele e da alma humana, radiante centelha de luz nascida de seu amor soberano e destinada a voltar à sua origem divina depois de um longo caminho de renúncias, de sacrifícios e de esforços que serão gloriosas conquistas. E terminou com estas palavras:

— Na infinita grandeza do poder eterno, não há lugar para o egoísmo, e todas as centelhas de luz nascidas d'Ele chegarão, pela unificação com Ele, a ser criadoras de mundos como Ele.

Uns momentos de silêncio bastaram para aquietar o torvelinho, a explosão de energias, de luz e de febris aspirações na alma genial de Moisés e, como se fosse outra pessoa completamente distinta, falou de novo.

— Nosso faraó, aqui presente, nervo executor da grande obra idealista projetada, quis, e seu querer é uma ordem para todos nós, que seja eu o dirigente dela, e eu aceitei, pelo menos até que a vejamos solidamente instituída realizando prodígios de educação popular.

"Pude comprovar, por permissão da lei divina, que todos os que estão aqui reunidos pertenceram à escola antuliana, civilizadora da humanidade atlante da derradeira etapa. Como antulianos, estamos bem compenetrados de que a virtude máxima exigida pelo mestre aos aspirantes a entrar em seu místico 'Hortus Conclusus' era o desinteresse. Começando por mim, que serei o primeiro a desnudar a alma perante esta assembléia, convido-vos a todos a fazer o mesmo. Esta é a única forma de estarmos certos do êxito final.

"A grande pergunta feita ao eu interior de cada um de nós é esta: 'Qual é a nossa posição interior e exterior nestes momentos solenes da abertura de uma escola superior de Divina Sabedoria e qual o motivo que nos impulsiona?'

"Com a vossa permissão, faraó, desnudo-me eu em primeiro lugar, na qualidade de dirigente."

— De pontífice máximo — corrigiu o faraó.

— Está bem. Como quiserdes. Minha posição interior e exterior é esta: quero a escola de divina sabedoria de portas abertas porque estou convencido de que a eterna potência varreu já várias civilizações da face da Terra, e tenho em minhas mãos as escrituras que provam três dessas catástrofes: a Civilização Lemuriana, a Civilização Atlante e a Civilização Sumeriana, que alcançou também a Hélade pré-histórica.

"Essas três civilizações tinham caído no abismo de todas as degenerações, até o extremo de empregar para o vício, a depravação e o crime as elevadas capacidades mentais que um metódico desenvolvimento oferece ao ser humano que, através delas, pode chegar a ser um arcanjo de luz, de paz e de amor para a humanidade no meio da qual vive.

"A justiça divina foi colmada perante esse enlouquecido cinismo, as forças negativas romperam todo o equilíbrio e as grandes catástrofes foram inevitáveis.

"Nossa humanidade atual caminha para esse mesmo fim, e eu quero evitá-lo formando uma porção de humanidade que seja capaz de manter o equilíbrio de tal forma que a legião branca seja mais forte que a legião das trevas. Quero colaborar com o supremo poder, que é harmonia, ordem e amor, para que nossa atual civilização não seja varrida da face da Terra. Essa é minha disposição interior. Agora a minha posição exterior perante o magno projeto é esta: para mim, eu nada necessito nem nada quero nem desejo, não busco nem peço. Tenho a quase infinita satisfação de pôr à disposição desta grande obra todo o dote concedido por minha mãe na qualidade de herança que ela me antecipa para este fim.

"É quanto tenho que manifestar a esta assembléia, que decidirá se há em meu mundo interior o absoluto desinteresse exigido pelo mestre Antúlio como único meio de esperar com certeza o êxito."

Moisés ocupou novamente sua poltrona diante de uma tempestade de vozes que diziam num clamor unânime:

— Mestre Antúlio!... Só tu!... Só tu!... Mestre Antúlio! Novamente nos leva à montanha santa!... Mestre Antúlio, és outra vez o nosso guia condutor!

O faraó aproximou-se para perguntar:

— Posso perdoar-te por não me teres revelado antes este formidável segredo?

— Sim, faraó, podes perdoar-me — respondeu Moisés, e sua voz tremia pela emoção. — O divino narciso, flor da imortalidade, teria perdido todo o seu perfume se eu mesmo tivesse dito: Sou aquele que foi o vosso mestre. A divina potência quis que descobrísseis isso sem que eu nada fizesse nesse sentido.

O faraó abraçou-o extremamente emocionado, e os participantes da assembléia, um por um, foram se aproximando para dar-lhe o beijo fraternal, ao mesmo tempo que repetiam a frase da saudação antuliana: *Pax tibi*.

Era, pois, Antúlio, o pontífice máximo que inaugurava a escola de Divina Sabedoria de portas abertas.

Quando cada um revelou sua posição interior e exterior perante a assembléia, pôde-se ver que aqueles setenta espíritos estavam absolutamente desnudos de qualquer interesse, e apenas animados por um mesmo nobre, puro e santo anelo: formar uma humanidade capaz de manter o equilíbrio perfeito indispensável para evitar que outro grande cataclismo varresse da face da Terra a presente civilização.

Quando o último de todos eles fez as devidas declarações, Moisés, com a voz trêmula de emoção e os olhos cristalizados de pranto, repetiu aquelas palavras:

— Eterna potência criadora! Que tuas legiões angélicas me acompanhem a dizer: Graças te dou porque todos os que me rodeiam são antulianos!

A assembléia estava terminada e todos puderam ver que novamente se encontravam na cripta sete poltronas vazias.

Os Mistérios Divinos

Uma semana depois, Moisés reunia novamente seus companheiros de ideais, e desta vez o *gênio gigante* não falava de portas abertas, mas de portas hermeticamente fechadas.

— Que ocorre, Osarsip — perguntou o faraó. — Já te arrependeste das portas abertas e, agora, as fechas com dupla chave?

— Não, faraó, eu não me arrependo nunca do que resolvo acompanhado pela razão e a lógica. Ouve-me, pois: neste momento estamos sós, tu e eu. Dentro de uma hora ou duas, estarão na cripta do templo de On todos os nossos companheiros. Mas antes quero ter um diálogo íntimo contigo.

— Aqui me tens disposto a ouvir-te — respondeu o faraó.

— Nestes dias repassei velhíssimas escrituras em busca de quantos raios de luz possam ser necessários para nossos fins. Estou de posse de uma escritura em dois idiomas, se é que se pode chamar assim às escrituras deste gênero; o velho idioma dos tolstecas e, junto a esta, a mesma escritura que usavam há dois séculos os sacerdotes magos de Siracusa.

"Nesta escritura, fala-se muito dos métodos usados pelo profeta médico Antúlio da derradeira época atlante. Interessou-me conhecê-la a fundo e em dois dias, estudando-a, consegui interpretá-la.

"Dizem que ele teve em sua escola de mística elevada, '*Hortus Conclusus*', um grupo de cinco estudantes que seguiam por afinidade ao mais idoso deles a quem chamavam Hardamas. Esses cinco alunos resistiam entrar nas classes ou lições denominadas pelo mestre 'Os Mistérios Divinos'. Sendo a entrada livre e à vontade dos alunos, porque o mestre não os forçava de forma alguma, causava estranheza aos demais este fato. Assim, alguém perguntou a razão e foi respondido: "Hardamas não entra e nós não entramos sem ele."

"— E por que Hardamas não entra?

"— Porque não pode compreender e, não compreendendo, faz esforços inúteis e teme ficar louco. Quando puder compreender, entrará e nós entraremos com ele.

"Esse Hardamas, faraó, és tu, o aluno que tinha o nº 42 e havia ingressado há quatro anos."

— E que fez o mestre Antúlio com ele?

— Esperou pacientemente que ele pudesse compreender. O mestre foi envenenado e morreu sem que Hardamas tivesse podido ouvir a aula sobre os mistérios divinos.

"Compreendes agora, faraó, o que significa quando ontem eu falara em escolas de portas abertas, e hoje falo de portas fechadas?"

— Queres dizer que no eterno poder há mistérios tão tenebrosos como um abismo para certas mentalidades, e que não é possível nem justo nem sequer razoável pretender introduzir com verruma e escopro o que certas mentes não podem assimilar.

— Justamente, faraó. Agora está bem. Retrocedamos. Poderá Hardamas, na época atual, ouvir lições sobre os mistérios divinos?

"Na realidade, não deveriam chamá-los mistérios mas leis, no meu parecer."

— Dize-me, podes compreender esse algo supremo, infinito e eterno, sem limite algum, sem medida, sem formas, e dando vida a tudo quanto existe e vive ao teu redor?

— Chamando-o de energia, luz, força, harmonia e amor, posso compreender e assimilá-lo, faraó, porque todas essas grandes capacidades ou qualidades eu as encontro nesse algo que me faz viver, pensar e querer ou não querer.

"O que compreendo muito claramente é que nem a todos os que chegarem à nossa escola podemos exigir que aprofundem as escavações em terrenos tão abstratos. Daí minha nova idéia de que nem a todos podemos falar desse eterno poder, que até hoje, para a nossa humanidade, está em grande parte representado pelo sol que nos dá calor e vida e que fecunda e anima tudo quanto tem vida ao nosso redor."

— Osarsip!, digo que acabas de fazer o prodígio máximo da tua magia ressuscitando esse Hardamas, que volta depois de séculos para dizer-te: Mestre, que tua escola seja de portas abertas para todos, mas com um departamento fechado onde somente tu e uns poucos como tu podem entrar. Osarsip!, volto a observar o que muitas vezes terei que dizer-te nesta vida: Tu sempre tens

59

razão. Nem todos voam à tua altura. Viste algum pássaro alcançar a águia quando voa dominando as alturas? Nem por sonhos!

— A grande lei da evolução é a única que pode resolver o problema, faraó, mas também ficará por detrás da porta fechada para muitos que não chegam a compreender esse algo supremo, divino e eterno que não começou nunca porque sempre existiu.

— Tu o compreendes, Osarsip?

— Faraó!... Enrolemos o pergaminho e inclinemo-nos até aproximar nosso rosto do pó de que somos feitos. Na nossa Terra, só nos é permitido amar ao que é vida, luz de nossos incertos caminhos e descanso nas horas pesadas de viajantes eternos...

Moisés e o faraó guardaram longo silêncio porque ambos caíram de joelhos ante a porta fechada do *Hortus Conclusus* eterno, aonde nenhum espírito encarnado na Terra pôde penetrar até hoje.

Mais adiante... quem sabe!...

Foram chegando os hierofantes que formariam o professorado de portas abertas. Quando chegou o último, Moisés levantou-se e fechou a entrada da cripta. Era o anoitecer, e a essa hora os pedreiros, serralheiros, carpinteiros e decoradores haviam saído, ficando tudo em profundo silêncio.

—Irmãos que sonhais ao meu lado com uma humanidade melhor: dentro de dez dias teremos a escola preparada neste antigo santuário onde soprou, há séculos, o alento soberano da Divina Sabedoria.

"Tudo quanto fizermos deve ser perfeitamente bem-feito, sob o império da razão e da mais austera lógica. Procedereis corretamente fazendo-me as advertências que julgardes necessárias a tudo quanto vou propor.

"Primeiro: Devemos designar os irmãos que formarão a comissão encarregada de aceitar os que solicitarem ingresso. Cada comissão estará formada por sete membros.

"Segundo: Devemos designar os que atuarão como hierofantes mestres de ciências humanas e de convivência justa e pacífica entre os humanos.

"Terceiro: Devemos designar os hierofantes professores de cosmogonia ou ciência do universo que nos rodeia, e de teologia mística ou ciência divina do Deus criador de mundos e de almas.

"O faraó aqui presente é, no momento, o nosso notário-mor.

"Estais de acordo com o que acabo de anunciar?"

Em profundo silêncio, todos se puseram de pé. A seguir, a comissão encarregada dos ingressos foi constituída de conformidade com todos. A princesa real a presidia.

O professorado de ciências humanas também ficou constituído por sete hierofantes de menos idade e de saúde mais vigorosa pela razão de que seria maior o número de alunos.

Para professores de cosmogonia e de teologia mística seriam designados os hierofantes mais evoluídos, situação facilmente comprovada pelo mais puro e elevado desinteresse com que houvessem agido em toda a sua vida. Ao chegar a esta última designação, a assembléia se prolongou quase até a meianoite.

Moisés recebeu nessa noite a maior recompensa de sua vida, pois resultou das detidas a minuciosas declarações que todos aqueles hierofantes, fiéis guardiães de seus respectivos templos, tinham renunciado a todas as lisonjas e promessas de reis e príncipes de diferentes países do mundo pela única satisfação de serem fiéis guardiães das Sagradas Escrituras, nas quais haviam aprendido as ciências divinas de Deus, criador de mundos e de almas.

Quando Moisés, extremamente comovido, fez a grande pergunta:

— Que poderosa energia vos deu força para renunciar às tentadoras promessas de reis e príncipes, que asseguravam vosso bem-estar permanente em vez da pobreza, da solidão e do abandono dos templos desertos e em ruínas?

— Responderei por todos — disse o mais velho dos sacerdotes do templo de On.

— É justo — disseram os demais —, porque ele ouviu nossas confidências, e seus noventa e dois anos estão cheios até transbordar de nossas secretas dores.

— Um dos mais velhos axiomas, leis de nossos heróicos antepassados, diz assim:

" 'A voz do Eterno se faz ouvir na hora das núpcias com seus escolhidos. Aquele que entra em intimidade comigo, rompe todos os vínculos com o mundo.'

"Dessa voz recebemos força para todas as renúncias já feitas, e até para as que deveremos fazer no futuro."

— Mestre!... — perguntou o faraó, aproximando-se — ainda esperais renunciar a mais coisas além das que já renunciastes?

— Sim, faraó, porque a amorosa psique se enamora tão poderosamente do divino ideal que ocupa toda a sua eterna vida em renunciar a tudo, até chegar a possuí-la completamente e para sempre.

— Osarsip! — falou alto o faraó —, este ancião deve ser o único que pode e deve explicar o teu "Livro dos Princípios" aos poucos alunos que aparecerem dispostos a uma renúncia tão radical.

Neste solene momento ocorreu o que ninguém esperava: uma névoa luminosa e azulada envolveu tudo e tudo transformou.

O ancião apareceu como um humilde jovem num calabouço da já desaparecida cidade de Sankara, capital que foi do antigo Egito, quando Senkaré ocupava o trono dos faraós. Um dos hierofantes era o guarda que o tirava de lá e o conduzia perante o faraó, que era o mesmo Ramsés II dessa época. Esse hierofante interpretou seus misteriosos sonhos e ele o fez vice-rei de todo o Egito.

O ancião de baixa estatura, aquele de noventa e dois anos, era o mesmo José, filho de Jacó, bisneto de Abraão, que tivera a coragem de renunciar à sua pátria, a seu pai, a tudo quanto amava para aproximar-se do Infinito mediante o mais absoluto desinteresse de tudo o que o mundo amava. Tinha rompido para sempre os vínculos com o mundo, e o eterno poder dava-lhe em compensação cem vezes de tudo quanto havia renunciado por Ele. Chegado à existência de Kleber de Sais, mergulhado na pobreza e na profunda desolação já mencionada, tinha-se negado a aceitar propostas bem vantajosas de reis asiáticos e pontífices de grandes templos dos países da outra margem do Mar Grande. Que significava para ele tudo isso, se sentia dentro de si mesmo o eterno poder ilimitado e infinito cuja voz sem ruído lhe havia dito:

"Entraste na intimidade comigo e nunca mais voltarás ao mundo nem ele se lembrará de ti."

Ele foi o fundador do templo de On, com um belo grupo de trinta e sete hierofantes fugitivos de outros templos, nos quais já havia sido perdido o antigo esplendor espiritual para transformar-se em templos-palácios de deuses propiciadores dos vícios nefandos em que caíra a humanidade. Ele estava chegando ao umbral da centena de seus anos e recebera o aviso espiritual de que a lei preparava para ele uma matéria jovem para que pudesse acompanhar o escabroso caminho do guia desta humanidade. E Kleber de Sais renunciava também ao descanso merecido para continuar sem descanso uma nova existência terrestre quando chegasse a hora.

Em conseqüência, foi designado nessa noite para reitor máximo do *"Hortus Conclusus"* ou "Jardim Fechado" da nova escola onde os hierofantes designados e escolhidos por ele, atuariam como professores dos alunos que estivessem capacitados a ingressar nesses claustros onde ressoaria, sem dúvida, a voz sem ruído do Infinito.

O faraó parecia um enamorado do branco ancião, e repetia a sugestão feita antes a Moisés:

— Só ele poderá explicar o teu "Livro dos Princípios", e eu quero estar presente a essa explicação. — Sentado num tamborete diante do ancião, o faraó disse:

— Não é verdade, venerável Kleber de Sais, que quando eu te perguntar na aula o que é Deus, como é Deus, dar-me-ás a mais clara e explícita resposta para arrancar de um puxão este espinho do meu coração? Porque tu o conheces como a palma destas brancas mãos tão transparentes como os nenúfares do Nilo. — O faraó, como um garoto indiscreto, acariciava, brincando, as rugosas mãos do velhinho que sorria, ao mesmo tempo que o observava com a ternura de um pai que se alegra com o amor mimoso do filho.

— Faraó, meu querido menino — disse finalmente. — Por que esperas tão grandes coisas de mim, quando sou tão pobre que nem mesmo cabelos tenho para dar-te? Contar-te-ei uma passagem dos tempos remotos, e que é conhecida por quase todos os que estão aqui presentes.

Todos formaram um círculo ao redor dos personagens centrais desta emotiva cena, nunca vista na cripta de um velho templo como o templo de On. Mas era esse um momento excepcional e único!

"Houve em épocas atrás uma grande Fraternidade de Iniciados na ciência divina, e um deles tinha sem dúvida em sua psique o espinho que dizes ter em teu coração, faraó, e, como tu, queria a todo custo tirá-lo, pois se sentia grandemente atormentado. Em suas horas de insônia e solidão, escreveu um salmo-diálogo com a eterna luz, da qual queria arrancar o segredo que queres arrancar de meus velhos e longos anos. A Luz é mais velha que eu, pois é eterna, e ela lhe deu a resposta que procurava. — O faraó fez-se todo ouvidos para escutar a resposta:

"Dize-me teu segredo, luz da alvorada, luz do meio-dia, luz do entardecer!, pois se apenas um alento de vida palpita no meu ser, ouvirás como um eco distante, gemido ou clamor, que te diz: Maga. Dize-me ao ouvido com tua voz sem ruído: como é Deus?

" — Como tu, quando vibras como eu!"

O faraó olhou para todos e seus olhos inquiridores encontraram finalmente os de Moisés.

— Que dizes a isto? — perguntou.

— A única coisa que posso dizer, faraó, é que, quando fores para o teu povo o que a luz é para todos os seres, haverás tirado esse espinho que te fere a alma.

— Quero começar a sê-lo se todos vós estiverdes comigo.

Todos se aproximaram, emocionados.

— Somos um feixe de junquilhos amarrados ao teu redor, faraó — disse o ancião Kleber, que ainda permanecia a seu lado.

— Quando iniciaremos as aulas? — voltou o faraó a perguntar.

— Quando determinares — disse Moisés.

— Onde serão dadas?

— Onde quiseres — respondeu.

— Somente nesta cripta pode ser ouvida a voz suprema — disse com solene atitude. — Proponho que o "*Hortus Conclusus*" seja o único dono deste sagrado recinto. Rogo que sejais vós, mestre Kleber, quem explicará o "Livro dos Princípios" que Osarsip arrancou dos penhascos do deserto.

— Faraó! — disse o ancião. — O "Livro dos Princípios" consta apenas de dez breves capítulos escritos em hieróglifos clássicos do templo, mas cada pensamento seu exige pelo menos o tempo de uma lua. Quanto tempo necessitarei para explicar todo o livro, se já devo ter os dias de minha vida contados a curto prazo? Não vos parece mais seguro e conveniente que o próprio autor do livro seja quem o explique na tua presença?

— É verdade! Tens razão! Seria o mais justo e conveniente! — ouviram-se muitas vozes ao mesmo tempo.

O ancião Kleber aproximou-se do ouvido do faraó para dizer:

— É o mestre Antúlio novamente na vida física, e eu, embora muito velho, só fui um dos alunos do *"Hortus Conclusus"* do mestre Antúlio. Ele é uma vibração da Luz, faraó, e ele sabe como é Deus.

Dez dias depois, na hora do ocaso, abria-se a cripta com Moisés, a princesa real, o faraó e todos os hierofantes colaboradores na grande obra educadora de povos que se iniciava.

Iniciava-se o *"Hortus Conclusus"* do templo de On com a explicação do "Livro dos Princípios" dada por Moisés.

A Inauguração

Como tudo chega na vida, chegou também com esplendores de epopéia a inauguração da escola de Moisés, na sala central do antigo templo de On.

A primeira pessoa a se apresentar na segunda hora da manhã foi a princesa real, com sua nora Estrela e um seleto grupo de vinte e sete jovens, todas com menos de vinte anos de idade.

Atrás delas apareceu Numbik, seguido de um pequeno batalhão de mancebos que já haviam celebrado esponsais com as donzelas trazidas pela princesa real, e deviam unir-se em matrimônio três luas depois conforme era o costume.

Apenas tiveram tempo de sentar-se nas poltronas que estavam preparadas quando ouviram o toque de clarim da guarda e da escolta do faraó, que se apresentou vestido com toda a gala, junto com a florida juventude que o acompanhava e que era a mais seleta e escolhida do país. Ramsés II era adepto da grandeza e do fausto em todos os aspectos da vida social.

Logo apareceu o grande sacerdote Ismael com um cortejo de sacerdotes e levitas e, atrás dele, o scheiff de uma tribo árabe com um grupo de jovens galhardos, amorenados pelo sol do vizinho deserto da Arábia e com a vistosa indumentária própria de seus costumes e de sua raça.

A todos esses foram se juntando pessoas isoladas ou em grupos de quatro, cinco, dez. Nos portos egípcios havia marinheiros de todas as raças e regiões do mundo, e parecia que um toque de clarim de comando houvera soado em todos os pontos cardeais. Gregos, trácios, fenícios estavam ali representados.

— Que ocorre aqui? — perguntou o faraó a si mesmo.

A princesa real, que estava a seu lado e que havia recuperado sua hierarquia maternal junto dele, captou a pergunta mental e, aproximando-se do seu ouvido, respondeu:

— Tudo isto que vemos é o amor dos que estavam desterrados na escravidão há dez anos, o que, ao saber da volta do teu superintendente vice-rei e da abertura de uma escola para todos, comparecem para ocupar um lugar nas aulas. Vês algum mal nisto?

— Não. De nenhum modo. Apenas assombra-me ver no nosso Egito tanto entusiasmo em aprender. Que significa isto?

— Que nosso Egito quer voltar aos gloriosos tempos passados.

— Confirma-se perante mim, cada vez mais, a idéia de que a presença de Osarsip no Egito é, sob todos aspectos, necessária.

— Ele não pensa desse modo, mas sei que tem grande vontade de colaborar contigo em tudo quanto queiras fazer em benefício do país. Esta escola o reterá, com toda a certeza, durante uma longa temporada.

— Mas..., e depois?

— Meu querido, há dez anos foste viver em Tebas, e eu estive na Mauritânia. Nem tu nem eu deixamos de amar o Egito e de fazer por ele quanto pudemos. Creio igualmente que, se meu filho se ausentar daqui, não esquecerá tudo isto. Não é próprio dele iniciar uma grande obra e abandoná-la depois.

— É verdade! Ele continuará o que hoje iniciamos.

Este breve diálogo foi interrompido pelo aparecimento de Moisés com um grupo de dez hierofantes, professores de ciências humanas.

O faraó iniciou com fortes palmas uma tempestade de aplausos e vivas que, por um momento, deixaram Moisés paralisado.

— Na presença do nosso faraó, não vejo com muito agrado esta demonstração, pois foi ele quem fez tudo.

— Cada qual com a sua parte — respondeu o faraó, ao mesmo tempo que o chefe da escolta lhe apresentava sobre um almofadão de púrpura a Cruz

Ansata,* símbolo da eternidade, e a capa branca de brocado com a touca bordada de ouro, distintivos usados pelos pontífices máximos dos templos egípcios. Ao dizer "cada qual com a sua parte", o faraó cobria Moisés com a capa e lhe punha no pescoço a corrente de ouro com o grande símbolo sagrado, cerimônia singela e breve, que ocasionou uma nova ovação como talvez jamais tenha sido ouvida no templo de On.

Moisés parecia emocionado, e sua mãe e sua esposa tratavam de ocultar um pranto silencioso. Na grandiosidade austera do velho templo que aquela florescente juventude visitava pela primeira vez, tudo parecia solene, evocador, quase pavoroso. Até então o haviam considerado um venerável montão de ruínas, um imenso escombro, algo assim como um gigante insepulto. Que vento de ressurreição e de nova vida aparecia como uma névoa dourada, como perfumada de rosas?

A voz de Moisés, como um toque de clarim de triunfo, respondeu a essas mudas perguntas:

— Honoráveis damas e cavalheiros egípcios! Nobres cidadãos dos países amigos! Não a mim, mas ao nosso faraó corresponderam vossas orações, porquanto ele respondeu ao mandato da divindade que decreta a volta do Egito ao posto avançado ocupado em passadas épocas como civilizador de povos, como educador de humanidades.

"Nenhuma ação maior pode realizar a criatura humana que seja mais importante do que a de responder voluntariamente ao desígnio divino manifestado, ora nos acontecimentos ocorridos no nosso caminho, ora nas vozes internas sentidas às vezes no mais profundo do nosso eu mais íntimo.

"Desígnio divino e eterno manifestado, como o vemos, no qual vós e nós nos tenhamos posto de acordo para abrir esta escola de divina sabedoria de portas abertas. Que voz de mando sentiu o nosso faraó, que voz de mando senti eu e que vós sentistes para desta forma encherdes a grande sala central deste velho santuário dos mandamentos divinos para todas as criaturas que quiserem ouvi-los e obedecê-los? Esta grande pergunta, brotada do fundo da minha consciência, é e será respondida por toda a eternidade e individualmente pelos que intervieram neste fato grandioso e solene de abrir um templo-escola de portas abertas, numa época de duro egoísmo, quando o separatismo avança na frente de todas as ideologias, separando tudo, dividindo tudo e partindo tudo como se fosse um grande coração despedaçado em fiapos sangrentos palpitantes e vivos.

---

* Símbolo formado por um "TAU" (T) encimado por uma ansa ou asa. Sinal, entre os egípcios, da ressurreição futura (N.T.)

"Se tudo é um só no infinito seio do eterno e único poder indestrutível, indefinível e invisível, que são e por que existem as divisões e os separatismos?

"Uma única coisa vos quer pedir aquele que foi, por mandato divino, vosso superintendente vice-rei há dez anos, e é que seja despertada a vossa consciência nestes momentos para que o tribunal de ingressos aqui presente não se veja no caso de negar a entrada a nenhum daqueles que se acham sob esta nave sagrada e consagrada por milhões de pensamentos de todos os seres que foram purificados neste crisol divino.

"Como o conhecereis?, estais perguntando e eu vos respondo: Houve um soberano mais iluminado que todos os bons soberanos e que compôs uma breve estrofe porque era um poeta do céu, ao mesmo tempo que um profeta do eterno, e eu a tomo como um divino sinal de aceitação também divina de todo aquele que seja capaz de repeti-la sentindo no seu eu mais íntimo que encerra todo um poema da mais perfeita realidade.

"Eis aqui a estrofe concebida e repetida por todos os que abraçaram o ideal do faraó Amenófis IV, de gloriosa memória:

'Graças, Senhor, porque amanhece o dia
E novamente resplandeces no sol!
Por tudo quanto é vida ao meu redor
Eu te dou graças, Senhor!'

"Será entregue um bilhetinho com esta estrofe sagrada a cada um de vós na saída deste consagrado lugar de estudo e oração, para que, a partir de amanhã, possais vir escrever vossos nomes nos livros que guardarão a vossa lembrança e obediência ao desígnio divino.

"Que toda a luz, a felicidade e o bem que esperais vos seja concedido."

A ovação que seguiu a estas palavras de Moisés não é para ser descrita mas para que mentalmente seja vista e sentida pelo leitor, que mais ou menos concebe e percebe a irradiação de um grande amor e gênio criador, o de Moisés, e a maior ou menor sensibilidade de um núcleo de seres de boa vontade que as recebe.

O faraó abraçou Moisés e algumas de suas lágrimas caíram sobre aquele peito de diamante que suportaria o peso de tantas vontades. As mulheres se ajoelharam ante a princesa real, somente por sabê-la mãe de tal filho...

Todos, finalmente, beijaram ocultamente o bilhetinho da estrofe sagrada que significava a cédula de aceitação na escola para todo aquele que pudesse repeti-la sentindo que encerrava toda a verdade e toda a força de uma invariável convicção: o poder supremo que dá vida e amor a tudo quanto existe, ou seja, a unidade divina, ideal supremo e único de Moisés, o grande clarividente do Sinai.

Moisés Tecia a sua Rede

Enquanto o faraó atendia as embaixadas especiais chegadas em virtude de negócios internacionais, e o tribunal de ingressos e demais professores preparavam e começavam suas lições, Moisés dedicou alguns dias estudando a fundo suas responsabilidades e sua situação perante os acontecimentos mais recentes.

O ex-pontífice Membra, ou seja, o patriarca Eleazar, e o grande sacerdote Ismael, chefe espiritual da sinagoga israelita, formavam com Moisés o triângulo supremo do movimento idealista que se realizava e que só os três conheciam a fundo. Os outros hierofantes e componentes em geral só chegaram a esta conclusão:

"O superintendente vice-rei obteve do faraó a devida autorização para intentar novamente a conquista do Egito para o ideal de Anek-Aton, o que significa nada menos que fazer do nosso país o mestre de todos os povos civilizados."

Este já era um grande pensamento que andava muito próximo da realidade.

Contudo, Moisés corria muito mais e chegava aonde só ele sabia que podia chegar...

Sentia-se inebriado de divindade..., senhor da divindade, e queria levá-la como uma tocha acesa diante da humanidade da Terra e de outras humanidades que começavam a povoar os globos vizinhos do nosso sistema planetário, e talvez também de outros mundos..., de todos os mundos!

Não era o universo um imenso coração infinito?... Não eram as almas de todos os mundos fibras, fios, malhas, gotas, ou centelhas desse grande e infinito coração que percebe até o mais débil pulsar de cada uma delas? Quem era ele, ou quem era alguém para pretender separar o que era um só, assim como ninguém era capaz de partir em pedaços o coração de um homem senhor de si mesmo? Não era isso dar-lhe a morte? Não era louca insensatez pretender ferir de morte o grande coração infinito, senhor absoluto de tudo quanto é vida no vasto universo? Que significa a gota separada do seu manancial? Que representa a centelha separada da fogueira central?... E cada fibra, fio ou nó de uma malha, que são e de que servem sem a vida que lhe deu a vida?

"Ó Vida que dás a vida a quanto é vida, luz e calor! Que fará a fibra que foi arrancada; que fará a gota sem o seu manancial?..."

Moisés, mergulhado nessas meditações, tomou novamente seu manuscrito inicial e secreto, o "Livro dos Princípios", redigido vertiginosamente numa noite de apocalipse, e voltou a comparar com o que foi escrito lá, na cripta do templo do deserto, e as duas escrituras resultaram exatamente iguais no seu profundo sentido, não obstante quando expressado, às vezes, com diferentes figuras:

"Um vazio infinito, azul e cálido no qual eu era apenas um ponto perceptível.

"É o abismo sem limites nem medidas, sem princípio nem fim, infinita esfera girando sobre si mesma e sempre em eterno movimento e sempre no mesmo lugar: o vazio. É a Vida, a eterna Vida que dá vida a tudo quanto é vida na infinita esfera.

"Se isto representa uma iniludível verdade, que loucura é maior que a de arrancar da eterna esfera viva o que nela vive, é e será por toda a eternidade?"

Assim pensou Moisés na leitura das primeiras frases do seu "Livro dos Princípios".

— Logo, não foi só para a humanidade que nasceu junto ao Nilo a quem devo iluminar com esta tocha divina, que a suprema potência acendeu no meu eu mais íntimo com tão viva labareda que se engrandece cada vez mais à medida que avança o tempo da minha vida na Terra.

Como se uma voz íntima respondesse a esse pensamento, apareceu-lhe esta idéia clara e viva como a luz do candelabro que tinha na sua mesa de trabalho:

" — Quando o bom semeador sai a semear seu campo, não em um dia nem em dez consegue semear tudo por causa da sua grande extensão, mas sua perseverança triunfa de todo cansaço e fadiga, e cada dia avança mais semeando até que todo o vasto solar recebeu sua semente. Moisés, Moisés! És o semeador eterno, e o que inicias hoje, teus irmãos de evolução o farão em outros mundos, até não ficar uma única aresta da ilimitada esfera divina sem a semente que foi semeada no teu coração e na tua mente, pois para isso chegaste a esta vida carnal."

Moisés compreendeu que estava no primeiro dia da grande semeadura e que os que se inscreveram na escola inaugurada seriam os primeiros grupos da sua plantação universal.

Todo o universo era o infinito coração de seus primeiros pensamentos. Os seres vivos de todo o universo não eram senão fibras, malhas, gotas, centelhas. Esse grande todo vivo e eterno mandava-os para ele, para que fizesse compreender e sentir essa suprema realidade de tudo quanto tem vida no vasto campo que tinha diante de si para semear.

Moisés apoiou a cabeça entre as mãos numa atitude de angústia suprema...

— Senhor!... Senhor!... Se sou apenas uma fibra, um centelha, um pequeno nó da tua rede infinita de vida, como pões sobre meus ombros uma carga tão pesada, se sabes com certeza que cairei vencido por ela?

Moisés mergulhou na profundidade pavorosa da sua incerteza. Então, teve a impressão de ouvir uma voz forte vinda de muito longe e prestou atenção. Essa voz repetiu pela segunda vez:

" — Moisés!... Moisés, foste filho dos prodígios de amor da suprema potência e agora te acovarda o peso da carga e temes o fracasso quando a eterna lei demarcou diante de ti o doze sagrado dos triunfos! Sou o mais jovem dos anacoretas koptos do Sinai, que desde a tua chegada a este mundo te chamam e te esperam. Éramos doze e agora só ficamos cinco, porque sete já voaram para a luz deixando-nos suas múmias como triste recordação. Perguntas-me quem sou? Thilo, chama de fogo, como denominam a mim, em razão das forças elétricas de que a eterna Lei quis dotar-me, e tantas e tão poderosas forças conseguimos acumular nesta árida montanha que às vezes a sentimos estremecer e tremer como se quisesse desmoronar. Mas isso não se dará porque está escrito que aqui será purificada, como ouro no crisol, a fé do povo que arrastarás atrás de ti para dar às humanidades a maior de todas as verdades: a *Unidade Divina* que acaba para sempre com a nefanda idolatria que multiplicou os deuses como as areias dos desertos!"

— Como? — pensou Moisés. — Anacoretas koptos no Sinai?

" — Ninguém sabe disto!... Nem sequer Jetro, a quem ajudamos em todas as suas obras de misericórdia e de justiça" — respondeu a voz.

Como compreendesse que Moisés duvidava, temendo um engano das inteligências das trevas, uma rajada de furacão apagou o candelabro deixando-o na mais completa escuridão.

Um relâmpago rompeu as trevas com sua claridade de chama viva e Moisés viu a silhueta negra do monte Sinai e, numa caverna que se abria para o oriente, a trinta côvados de altura, cinco solitários anciãos mergulhados em profunda meditação, semelhantes a estátuas de pedra cinzenta, mas em cuja fronte refulgia uma luz.

Os cinco levantaram os olhos do solo e o abraçaram com um olhar interrogante, como perguntando: "Acreditas agora?"

— Agora sim! — clamou o vidente e, caindo de joelhos, cobriu o rosto com ambas as mãos, porque o vivo resplendor causava-lhe dano.

Quando, passada a emoção, conseguiu serenar-se, seu mundo interior começou de novo suas profundas meditações.

Moisés compreendeu por que fora levado para Madian, atravessando o deserto, e por que seu tio Jetro vivia há muitos anos na vizinhança do pavoroso Sinai. Era o penhasco de Sindi, da pré-história, e Moisés recordou as velhíssimas escrituras chamadas do patriarca Aldis, onde estavam descritas passagens emotivas e dolorosas em alto grau, ocorridas quando Abel passou pela Terra e visitou aquele penhasco, presídio dos delinqüentes incorrigíveis, que a grande aliança das Nações Unidas não condenava à morte, mas à redenção pelo arrependimento depois de um severo corretivo.

E via com satisfação restabelecer-se o fio da história do trágico penhasco de Sindi, que nas antigas escrituras ficara interrompido ao eclipsar-se nas sombras do silêncio a grande fraternidade kobda, civilizadora de três continentes.

Um grupo de kobdas ficara oculto no penhasco de Sindi e, seguramente, em todos os séculos transcorridos teriam continuado morrendo, renascendo e voltando a morrer tal como os da escola antuliana o haviam feito no Monte das Abelhas, na Ática pré-histórica.

— Ah! As legiões da luz não se apagam jamais — pensou Moisés —, porque a eterna potência não se deixa vencer pelos homens pigmeus de carne, ainda quando sejam reis e faraós! Será acaso Madian, o deserto, Horeb, o Sinai, o cenário onde se realizará o estupendo drama da comunhão do Eterno invisível com o povo escolhido por Ele para reconhecê-lo como um só ante a face de todos os mundos?

Todo o plano da sua grande obra idealista se esboçou em sua mente nessa noite de profundas meditações. Como procede o engenheiro construtor de uma cidade, Moisés construiu também o itinerário que seguiria, as barreiras que deveria derrubar, as batalhas com a ignorância, a inconsciência, o fanatismo dos pigmeus da carne, que tudo medem e ajustam à sua ruindade e mediocridade.

Um discreto chamado à porta o tirou de suas meditações.

— Entre — disse em voz alta.

Apresentou-se Fredek de Port-Ofir, príncipe da Mauritânia, como recordará o leitor, seguido do príncipe soberano da Bética, aquele que tanto havia amado a rainha Epúvia, mãe de Thimétis.

— Perdoai-nos, príncipe real, se o viemos visitar sem aviso prévio — foi a primeira coisa que disse o gentil mauritano.

— Causais-me uma agradável surpresa pois, na verdade, nem por sonhos passou-me pela idéia que viríeis visitar-me.

— Estávamos em confidência e vimos luz neste aposento, o que nos deu motivo para pensar que não dormíeis. Desejando falar a sós, pareceu-nos oportuno o momento — acrescentou o príncipe da Bética.

— Proporcionais-me a oportunidade de pôr-me à vossa disposição.

— Queríamos pedir-vos uma explicação desse versículo que foi distribuído aos presentes na inauguração da escola — disse Fredek. — Queremos compreendê-lo e senti-lo; e, não o tendo conseguido com nossas luzes, comparecemos à fonte da luz para poder ver... — acrescentou o da Bética.

Fez-se para Moisés a luz referente a uma circunstância de que teve aviso:

apareceram na pilastra de água da entrada ao templo de On dois bilhetinhos daqueles que tinham sido distribuídos.

Sorridente e satisfeito, perguntou:

— Acaso eram vossos aqueles bilhetinhos que flutuavam na água da pilastra-lavatório?

— Justamente, príncipe real. Não o compreendendo nem entendendo o seu conteúdo, pareceu-nos mais leal devolvê-los. Como ali é costume deixar anonimamente as devoluções...

— Quanto me alegra que tenhais tido ambos esse nobre gesto de lealdade e sinceridade para comigo, e mais ainda para com esse algo grande, Eterno e invisível que tratarei de vos fazer compreender!

"A nobreza e sinceridade correspondem em justiça, sinceridade e nobreza por igual e, assim, falar-vos-ei da mesma forma como procedestes comigo. Entendi, através de referências de minha mãe, que pertenceis a escolas secretas de altos conhecimentos em vossos países, o que significa para mim que sois iniciados nas ciências ocultas."

Ambos os interlocutores se entreolharam e, ao mesmo tempo, responderam:

— Assim é a verdade, príncipe.

— Então, tende a bondade de me explicar como e por que a estrofe do faraó Amenófis IV vos resulta incompreendida e não sentida.

O príncipe Arfasol, da Bética, falou em primeiro lugar:

— Eu fui iniciado em ciências ocultas sob os carvalhos do bosque sagrado dos druidas, para quem todo fogo é o reflexo do poder supremo reconcentrado no sol, sua personalidade viva.

"A estrofe de Amenófis IV diz:

'Graças, Senhor, porque amanhece o dia
e novamente resplandeces no sol!'

"Entendo que aparecem aqui duas entidades, ou seja, o Senhor, a quem se rendem graças porque novamente aparece no sol. Quem é o Senhor e que é o sol?"

— Bem, príncipe da Bética! Compreendo onde se assenta a vossa dúvida. Agora vos rogo, príncipe de Port-Ofir, que vos expliqueis e logo darei a ambos a explicação que julgo razoável e justa.

— Fui iniciado no templo dos filhos do Sol, que se denominam descendentes dos sacerdotes tolstecas atlantes que se chamavam profetas brancos, e cujas escrituras sagradas chegam até as leis de Anfião, o rei Santo, e de Antúlio, o filósofo e médico de Manha-Ethel. Minha dúvida se parece como uma gota de água a outra gota à dúvida que acaba de anunciar o príncipe da Bética.

"A princesa real, vossa mãe, fez-me compreender vossa oculta ciência, que não atribui ao Sol outro privilégio senão o de ser centro de energia de um sistema planetário do qual forma parte a Terra que habitamos. A estrofe de Amenófis IV parece dar-lhe categoria de representação viva do supremo poder.

— Eu vos compreendo a ambos e bendigo a hora em que vos pusestes a meu lado, porque homens que raciocinam e pensam é o que ando buscando para levar a cabo uma obra idealista, imensa no seu significado e nas suas conseqüências.

"Se eu pudesse contar com um milheiro de pessoas como vós, seria certo o êxito. Mas apenas consegui setenta, e alguns tão idosos que seus dias estão contados. À sinceridade e confiança respondo igualmente com plena confiança e sinceridade. Dar-vos-ei uma das cópias que tirei da minha noite de apocalipse, que eu chamei de 'Livro dos Princípios', porque é o relato fiel da maior e mais magnífica visão que tive em meus trinta anos de vida física. Sobre ele tive várias consultas com hierofantes de profunda visão espiritual e de longo alcance em suas clarividências internas. Todos eles me fizeram ver os relatos de suas íntimas soluções espirituais e concepções mentais, idênticos ao meu 'Livro dos Princípios', embora escrito às vezes com outras figuras hieroglíficas mas que têm idêntico significado."

Falando assim, Moisés tirou de uma gaveta de sua mesa-escritório um pequeno livreto de pergaminho de lhes disse:

— Esta é uma das minhas cópias e vô-la entrego nesta noite para que a estudeis com toda a calma e serenidade. Creio que aqui encontrareis a resposta mais clara às vossas dúvidas e incompreensões.

"Como humanos, tanto Amenófis IV como vossos mestres iniciadores e eu mesmo, não podemos pensar nem remotamente em que possuímos a verdade absoluta, e talvez passaremos muitos séculos ainda sem chegar a essa altura gloriosa. Entretanto, é justo, justíssimo, que demos um passinho atrás do outro na subida da encosta, pensando que um dia chegaremos a desposarnos com essa grande Deusa-Mãe e Pai que nos gerou em distantes épocas passadas e em outras distantes futuras nos espera para o eterno abraço sem término nem fim."

Mudando de tema, Moisés acrescentou:

"No final deste breve relato escrito, como vedes, em hieróglifos dos templos, está a chave que vos servirá para compreender a escritura. Os iniciados têm proibição severa de fazer esta classe de relatos em língua vulgar ou popular para evitar, compreende-se bem, que más interpretações façam degenerar a verdade num embuste falso e com falta de razão e lógica.

"A leitura vos será fácil, pois com mui pequenas diferenças, as figuras têm o mesmo significado.

"Observai: a espada estendida, como esta que vedes gravada aqui e com o fio para cima, que significa?

"É um alerta para a defesa de um perigo que vos ameaça, e com a ponta para um ou outro dos pontos cardeais, indica de que lado deveis esperá-lo.

"Estas pedras que rolam do cume e vão cair num abismo é a descida da psique humana, desde sua alta origem aos mundos físicos para obter seu desenvolvimento, seu progresso, sua perfeição, exigida pela grande lei da evolução. Não é uma queda, mas uma descida de lei.

"Este lótus, plantado e florescido num córrego lamacento, estremece, seco e quase morre, murcho, porque um rebento surge na metade do seu talo; isso significa que o andrógino se torna duplo e os sexos se separam respondendo, no seu devido momento, ao pensamento do Eterno invisível.

"Um feixe de varinhas de vime ou bambu estendidas, separadas ou juntas, representam súditos rebeldes que se dão por vencidos.

"Um bambu quebrado é uma ilusão ou esperança perdida, como um vaso ou taça quebrada nos diz que não beberemos mais do licor que antes nos deleitava. Uma mecha ou tocha que ainda fumega nos dirá que há esperança de salvar um enfermo, um negócio ou uma empresa qualquer.

"Uma pena de ave que revoluteia ao nosso redor, ou cai a nossos pés, avisa-nos do perigo de uma mulher libertina abrigando maus desejos a respeito de nossa pessoa.

"Uma ave em vôo indica-nos uma viagem por água, como um camelo indica uma viagem por terra.

"E assim sucessivamente e, com a ajuda da fina intuição que se desperta em todo bom intérprete de hieróglifos sagrados, pode-se chegar até obter o conteúdo completo e perfeito de uma extensa escritura.

"Advirto-vos, finalmente, para terminar, que tudo quanto se refere às coisas divinas se obtém com tanta maior facilidade quanto seja a amorosa consagração que lhe dediquemos, e a maior pureza de vida, de pensamentos e sentimentos dos quais estamos animados. Convém ainda ao leitor de escrituras hieroglíficas sagradas ter uma breve concentração mental de evocação aos planos espirituais elevados, para que a união da nossa inteligência encarnada receba toda a luz e claridade mental que certamente lhe darão as puras inteligências que a lei dispôs para tudo o que signifique a divulgação e conhecimento da Verdade nos planos físicos.

"Se conheceis algo como iniciados, do que são as hierarquias de inteligências desencarnadas, percebereis a capacidade e elevada atuação da legião dos arcanjos. Uma porção desta legião é a encarregada pela lei dos mundos purificados para colaborar com aqueles encarnados que se consagram nestas missões celestiais, até no meio das cruéis realidades negativas dos planos físicos onde habitam."

— Compreendeis, príncipe real, a eterna grandeza desse poder supremo que, sendo imaterial e invisível, dita leis e cria a matéria como eu uma figurinha qualquer? — perguntou o príncipe de Port-Ofir.

— Que profunda pergunta é a vossa! Algo disso encontrareis nesta cópia de meu "Livro dos Princípios", ao qual não deveis julgar que eu lhe dê um valor absoluto, pois já o disse ali mesmo: "O que eu vi!"

"Li em escrituras muito antigas que Krisna, em seus apocalipses nas torres do silêncio, e o mestre Antúlio em seu '*Hortus Conclusus*', perceberam algo muito semelhante ao que eu vi. Adquirir este conhecimento depois da minha visão foi, na verdade, de grande calma e tranqüilidade para mim, que às vezes cheguei a me julgar vítima de enganosas alucinações.

"Também cheguei a pensar que o que pode ver uma inteligência encarnada talvez seja muito inferior à verdade absoluta, só percebida pelas inteligências que fizeram o grande percurso e que já podem descer à vida carnal.

"A infinita esfera da minha visão apocalíptica está formada de milhares de esferas concêntricas de luz, de energia, de calor e vida, algo parecido com a formação do arco-íris. Quem de nós pode medir a força mental que nasce constantemente de tão estupenda potencialidade? Como iniciados, sabeis que, quanto mais evoluídas são as mentes, maior poder e força retêm e emitem.

"Um anacoreta pensador e clarividente, que viveu longa vida no Decan e que se chamou Vihasa-Dumi, esclarecia que o eterno poder, Deus ou grande Atman, é a união íntima indissolúvel de todas as inteligências purificadas, o qual fica convertido num único imenso pensamento, numa única eterna idéia para todos os mundos e para tudo quanto é vida neles. Esse pensamento ou idéia é a lei que dirige, governa e orienta tudo quanto vive.

"Meu 'Livro dos Princípios' chama de vazio o infinito campo azulado no qual a eterna esfera vive sua eterna vida, mas esse vazio de corpos visíveis está intensamente povoado de centelhas vivas, de energias latentes, embora invisíveis por sua própria natureza imponderável e etérea.

"Assim como a luz e a energia solar se irradiam e vibram sobre as pradarias fecundas e os desertos estéreis, sobre os animais benéficos e as feras mais ferozes, sobre os passarinhos que cantam e as vorazes aves de rapina, da mesma maneira o infinito e eterno Sol de justiça e de amor se derrama e verte em tudo e em todo instante sobre o justo e o perverso, sobre o campo verde e o seco, sobre os jardins em flor e os pântanos lamacentos e putrefatos."

— Pode-se saber, príncipe real, por que o eterno poder obsequia por igual ao inútil, estéril e mau, como ao útil, fecundo e bom?

— Sim, Fredek, e perdoai-me se vos chamo pelo vosso nome como aprendi de minha mãe. Isso pode ser explicado conforme eu o compreendo.

"Nas espécies inferiores ao reino humano, o mal ou o bem não são razoáveis, previstos ou pensados, porque são unicamente instinto obedecendo às necessidades iniludíveis a todo ser orgânico. Nesse caso, não se pode chamar mal.

"Chegados ao reino humano, dotado de inteligência que pensa e raciocina, de um livre-arbítrio que escolhe o bom ou o mau e que, além do mais, leva gravado a fogo no seu eu mais íntimo pela eterna lei: 'aquele que não quer para si não deve fazê-lo ao semelhante', o próprio delinqüente se encerra duramente como num invólucro de granito numa negação absoluta a toda vibração e influência divina, e fica assim isolado como uma pedra na imensidão, até que, por uma circunstância especial, se infiltra nele um levíssimo resplendor da eterna e divina luz, que verte sua claridade sobre quanto existe, mas que não força nunca a ser devidamente recebida ou rechaçada. Essa é a compreensão e claridade que neste profundo problema das forças divinas com relação ao reino humano me foi dado perceber. Mas vos rogo recordar sempre que a verdade absoluta não pode ainda ser obtida pela mente humana no atual estado de evolução. Julgo, sim, e quase me atreveria a assegurar que as inteligências chegadas através da conquista aos mundos purificados conhecem todo o profundo segredo que o infinito e Eterno invisível guarda."

— Que vos parece ser necessário fazer, tanto o príncipe de Port-Ofir como eu, para compensar a nobreza e confiança que tivestes conosco? — perguntou extremamente comovido Arfasol da Bética.

— Sois vós e não eu quem deve decidir o que é justo, meus amigos.

— Por minha parte já está decidido: se nos aceitais como alunos de vossa escola, eu peço para mim um lugar, ainda que seja o último — disse Fredek, imediatamente.

— E eu, por minha parte, repito essas palavras — acrescentou Arfasol.

Moisés guardou uns momentos de silêncio porque pareceu perceber uma voz íntima a dizer:

" — Não alunos, mas irmãos e companheiros de trabalho, porque são dois kobdas da pré-história que foram fiéis aos derradeiros anos dessa gloriosa civilização." — Como se voltasse ou despertasse de um sonho, Moisés abriu os braços e com a voz trêmula pela emoção, disse, abraçando ao mesmo tempo os dois:

— Não como alunos, mas como companheiros de meus ideais, eu vos quero ter a meu lado em todos os meus trabalhos de ordem espiritual. Talvez a lei divina vos tenha enviado a mim para substituir os dois mais velhos dos setenta que me acompanham. Na próxima reunião da cripta, vos apresentarei a todos eles.

A maga divina da intuição poderá fazer sentir ao leitor a impressão e a profunda emoção que passou, como uma asa de seda, acariciando as almas dos três personagens dessa cena só conhecida por eles mesmos.

A rede de Moisés estava, pois, estendida pelo grande Egito do Nilo, pelo vizinho Negeb da Arábia poderosa daquele tempo, pela Bética, do outro lado do mar, e pela Mauritânia dos filhos do Sol. A história nem sempre fiel e exata em seus relatos o chamou sempre de "O profeta de Israel", quando, fazendo-lhe plena justiça, deveria chamá-lo "O legislador da humanidade".

Um Povo Para um Ideal

— Meu filho — disse um dia a Moisés o ex-pontífice Membra convertido em patriarca Eleazar. — Prestei-me a ser teu íntimo colaborador sem antes haver perguntado: o que desejas fazer? De antemão afirmo que tenho a certeza de que não pensarás em fazer coisa alguma que não seja o melhor, o maior e o mais justo que um homem pode realizar.

— Bom pai, eu quero formar um povo para o meu ideal. Amenófis IV ou Anek-Aton não chegou ao êxito porque suas ânsias divinas o levaram a antecipar a hora e porque, antes de formar um povo, deu às massas um divino licor demasiado forte para sua capacidade de assimilação.

"Hoje, creio que é chegado o momento de criar o povo que há de assimilar o ideal que anima a minha vida: *a unidade divina*, em contraposição a todo o longo catálogo de deuses e deusas que até hoje não desempenharam outra missão além da de propiciar todos os baixos sentimentos e ruins paixões dos humanos, em tal forma que vamos a caminho do abismo de todas as degenerações. A Trácia, com seus grandes templos e seus sacerdotes sábios, foi escola da verdade e do bem. A Hélade, com seus sacerdotes poetas e suas virgens puras, cantando trovas divinas e cultivando o mirto e a oliveira, passaram há tempos para dar lugar à influência de mulheres violentas, sedutoras e levianas e a magos carregados de rudes superstições. Deixaremos, bom pai, que o nosso Egito se converta também em campo aberto a todas as invenções da ignorância, do fanatismo e do crime?

"Eu quero criar um povo para o meu ideal, e esse povo será chamado *'povo de Deus'*."

— Está bem, filho, está bem. Teu pensamento é grande e divino, e és digno dele. Se mediste tuas forças, se conheces o caminho que hás de percorrer, se contas com as mentes que te servirão de base e alicerce, adiante, que o êxito será teu; mas me atrevo a antecipar-te que te custará toda uma vida de sacrifícios heróicos, porque a criatura humana é mutável como o vento, e renega num momento o que aceitou e quis durante longo tempo.

"Quantas ilusões serão despedaçadas como pradarias em flor pisoteadas por búfalos enfurecidos contra ti! Quantas mudanças de cores terá teu horizonte, meu filho, quando te lançares na luta para forjar porções de almas na medida de teus grandes anseios!

"Não quero nem devo desanimar-te, e minhas palavras só tendem a prevenir para que bem protegido pela fortaleza divina, possas ser o que seguramente quer de ti a eterna lei: O criador de um povo para o teu ideal.

"Tenho anunciados ainda vinte e dois anos de existência nesta vida terrena, e todos eles eu os consagrarei em colaborar contigo, se tiveres em mim a necessária confiança para esta árdua tarefa. Não penses em mim como teu pontífice iniciador. Agora não sou senão um companheiro totalmente entregue ao ideal que sonhas e pelo qual tudo sacrificas.

"Dize-me, pois, qual é a tarefa imediata que me designas."

— Quando vejo a grandeza da tua humildade, bom pai, encho-me de fervor e entusiasmo, pois me recordas a frase dos antigos profetas:

" 'O eterno poder se entrega ao que se humilha até nada querer para si mesmo.'

"Se o eterno poder se entrega à tua humildade, que força será maior que a tua? Serás o grande sacerdote do povo que criarei para o meu ideal. Aceitas?

— Aceito-o, porque és o criador desse povo. Serei, pois, o grande sacerdote do teu povo.

— A primeira tarefa será a de organizar a liturgia, a forma de oração, ou seja, de união e culto que o povo de Deus deve saber render ao seu Deus. Isso farás de acordo com o ancião Ismael, que entrou com todo o entusiasmo no campo idealista que é o vosso campo e o meu. Compreendeis o que quero dizer?

— Completamente, meu filho...

Este diálogo foi interrompido por Aarão, o filho de Jacobed, que anos antes fora irmão de infância e da primeira escola de Moisés.

— Perdoai por vos interromper — disse —, mas acaba de ocorrer-me algo tão inexplicável e estupendo que não vi outro caminho senão vir até vós. Minha esposa Mirina acaba de dirigir-me uma dissertação como não o haveria feito melhor uma pitonisa do templo de Delfos ou de Minerva. Isto é inaudito nela. Temo tratar-se de um desequilíbrio mental.

— Que assunto tratou na sua dissertação? — perguntou Moisés quase sorridente, visto como o alarme de Aarão lhe parecia injustificado.

— Fez-me primeiro um relato pré-histórico, no qual ela foi escolhida por Abel, o filho de Adamu e Évana, para formar o conselho feminino de uma jovem rainha do país do Irã; e com outras mulheres kobdas organizaram a educação da juventude feminina desse país, que veio a dar um resultado maravilhoso. Disse que hoje deve fazê-lo também entre o elemento israelita do vale de Gesen, a fim de colaborar na grande missão idealista que tu realizarás, Moisés, pois chegaste a este mundo com a finalidade de transformar esta humanidade. Por esta ordem de idéias, acaba de encher-me a cabeça de conclusões não más, porém que me assustam, porque jamais vi nela coisa semelhante. Minha mãe, que ouviu, foi quem me recomendou vir até vós, pois ela me disse:

" — Aqui há algo que nem tu nem eu podemos definir com acerto. Ponhamos isto ao conhecimento de Moisés que ele resolverá o problema."

— Vejamos, pai Eleazar — disse Moisés —, se coincidimos em nossos pensamentos.

— Creio que sim — respondeu o ancião. E, dirigindo-se a Aarão, perguntou: — Teve ela alguma leve perturbação nestes dias?

— Justamente — respondeu o interpelado —, e isso aumenta minhas preocupações. Ela passou dois dias sem atender às suas tarefas ordinárias como auxiliar de minha mãe no governo desta casa; dizia sentir-se muito cansada e com desejos de estar a sós e em silêncio. Seus filhos e eu atendemos à sua vontade, crendo que alguma indisposição a afligia.

— Esses casos sucedem, não com freqüência, mas em momentos culminantes e graves, não é verdade, Moisés?

— É verdade, pai Eleazar, e isto me confirma e fortalece intensamente, pois me permite entrever a proteção divina na obra que iniciamos. — Moisés, tomando a mão de Aarão, disse com a segurança de um clarividente: — Não te acovardes pelo que vou dizer: tua esposa Mirina já não está mais nesse corpo de mulher. A psique grandemente evoluída da matriarca Balbina da pré-história tomou posse dela. Juntos examinamos as escrituras da época dos kobdas, onde aparece com grandes detalhes o reinado da filha da rainha Shiva do país de Nummaqui junto ao lago Uran. Para essa jovem, chamada Hélia, que foi ocupar o lugar de sua mãe, Abel escolheu uma kobda de grande prudência e prestígio, por seus antepassados e por sua evolução, para que ao lado da jovem rainha a ajudasse a desempenhar suas tarefas quando a anciã rainha-mãe deixou a matéria. Não te recordas disto?

— Sim, sim, está num dos rolos com fitas azuis na antiga prateleira dos arquivos de tua mãe, a princesa real. As chamadas escrituras do patriarca Aldis.

— Justamente — afirmou o ancião que ouvia em silêncio. — Também eu tenho uma das primeiras cópias de um velhíssimo original que tinham encontrado ao remover escombros do primeiro templo de Sais.

"A eterna lei teve a bondade de tornar-nos participantes de seus vastos programas a realizar nesta hora crucial da humanidade.

"Deves estar tranqüilo, meu filho, e transmitir essa tranqüilidade a teus filhos, que até hoje só se preocuparam em estudar as leis da navegação, as rotas marítimas e o manejo hábil de grandes barcos para serem peritos capitães no mar. Já é hora de começarem também a conhecer outro aspecto que tem a vida e que é, certamente, o mais difícil de percorrer com acerto."

— Eles já estão filiados à escola do templo de On — afirmou Aarão — e têm grande entusiasmo e fervor, no que tem muita parte o grande carinho que professam à princesa real e a Moisés.

— Por enquanto, não julgo necessário dizer-lhes algo a respeito do que sucedeu à sua mãe — disse Moisés. — Entre minha mãe e eu creio que poderemos fazê-lo com melhores perspectivas de aceitação.

— Bem pensado — respondeu Aarão que, embora aceitando e conhecendo a grande verdade oculta da transmigração das almas em casos determinados e muito especiais, um íntimo pesar muito profundo e muito calado queixava-se no seu eu mais íntimo. Ele já não tinha sua amada e meiga Mirina, mãe de seus filhos e fiel companheira durante dezesseis anos de sua vida.

— Esta é uma forma de morrer — disse com voz entrecortada por um soluço contido desde longo tempo e não podendo por mais tempo fazer calar seu coração, abraçou-se a Moisés, e seus soluços encontraram consolo e descanso no peito de diamante de seu grande irmão de infância e dos primeiros passos no caminho de suas vidas unidas.

Quando Aarão pôde serenar-se, voltou-se para o ex-pontífice Membra e lhe disse:

— Pai santo, creio que será conveniente a intercessão da princesa real neste caso, e que tenha a seu lado a que foi minha esposa.

— Fica em paz, meu filho, pois uma longa experiência me ensinou a agir com acerto em circunstâncias como esta. Também a que foi minha esposa foi tomada em posse completa por uma entidade adiantada da remota pré-história, e foi necessário enviá-la ao outro lado do mar, onde devia desempenhar uma difícil missão. Agradecida e muito consciente, ela voltou para mim vinte anos depois de se haver separado. Tinha cumprido sua missão e foi uma irmã a meu lado até que deixou finalmente este mundo há onze anos.

"As renúncias heróicas e os grandes saltos sobre abismos são características muito próprias das almas que na verdade se entregam ao eterno poder como instrumentos incondicionais de sua vontade soberana."

À vista disso, a que foi esposa de Aarão foi chamada Maria daí em diante, e colaborou com Moisés, Aarão e outros dirigentes do povo que foi chamado: "Povo escolhido de Deus."

De Volta ao Passado

O aparecimento inesperado da matriarca Balbina da pré-história trouxe como conseqüência um ressurgimento para as mais belas qualidades que haviam adornado as vidas de determinados personagens das civilizações desaparecidas.

Parece que as almas afins tiveram pressa de se aproximar para formar fileiras no novo movimento de busca da Verdade, da Justiça e do Amor, entre aquela porção de humanidade. As almas esperavam sem dúvida esse momento para voar para a fonte das águas vivas como aves sedentas desde longo tempo e cansadas de uma busca estéril.

Maria, na época, era uma mulher de trinta anos e, passados três dias da mudança de personalidade, dias que passou em silenciosa meditação, pediu para ter uma confidência com Aarão, Moisés e com o grande sacerdote Ismael.

Quando esteve reunida com eles, fez uma breve invocação à divindade para que os presentes se unissem a ela e disse:

— Creio que nenhuma surpresa vos deve causar o fato de eu me encontrar no vosso meio, se, como creio, estais convencidos plenamente de que as almas voluntariamente entregues ao divino serviço vão repetindo as jornadas que se assemelham umas às outras como as páginas de um mesmo livro que, juntos, vamos escrevendo. Bendita seja mil vezes a bondade divina que nos permite continuar unidos naquilo que, juntos, iniciamos em remotas idades!

"Homem-luz da pré-história! — exclamou com profunda emoção. — Balbina de Soldan volta a colocar-se às tuas ordens para colaborar novamente na missão que trazes na época presente. Kobda Abelino, kobda Muref, que me destes vosso apoio e fortaleza no distante passado, ficai novamente comigo para que, unidos, possamos corresponder ao mandato divino que se faz sentir em nós com tão vigoroso empuxo.

Ao pronunciar estas palavras, Maria foi estreitando as mãos de Moisés, de Aarão e do ancião Ismael.

81

— Irmã da Aliança — disse Moisés —, tua clara visão do passado desperta indeléveis lembranças nas almas de origem divina e de eternos destinos. Devo dar-te graças porque tua clarividência do passado vem reafirmar minhas convicções do presente... Sei muito bem que longas épocas se sucederam em nossas vidas sucessivas, e que nossas rotas foram marcadas unidas e juntas devem continuar.

"Penso que tua missão na época presente deve ter preferências entre o elemento feminino, que tão esquecido e descuidado está na atualidade. A alma da mulher não é de diferente essência que a do homem e, na nossa humanidade atual, apenas se a tem em conta para ser escrava ou serva e trazer numerosa prole ao amo que quer elementos varões para guerras de conquista. Balbina de Soldan de ontem, Maria de Gesen da época atual, toma a teu cargo a elevação moral e social da mulher, sua dignificação como filha, esposa e futuras mães da humanidade, e terás realizado a metade da obra de que a divina lei me encarregou. Novamente os kobdas Muref e Abelino estão ao teu lado para secundar tua obra em favor da mulher esquecida e abandonada.

"Deixo-vos, neste instante, os três reunidos porque outros deveres exigem a minha atenção. Sabei que deixo completamente sob a vossa direção e governo tudo quanto diz respeito à missão que deveis desempenhar."

— Eu reclamo a colaboração da princesa real — manifestou Maria —, e creio que não devemos prescindir dela num caso de transcendência como este.

Thimétis compareceu ao chamado que fora feito do templo do castelo no qual se realizava a reunião, e ficou combinado que seriam visitados os lares dando-se preferência aos mais humildes e mais maltratados naquele país e naquela época, o que significava uma tarefa penosa e extremamente delicada.

As mulheres da classe média e da alta sociedade eram livres e já estavam filiadas à escola do templo de On. A intervenção do faraó atraía as classes elevadas; mas nos lares humildes, onde a mulher não passava de uma desprezível serva ou escrava, apresentaria outro aspecto para quem quisesse arrancá-las de sua penosa situação.

Foi preciso um decreto em forma de rogo da própria princesa real para que nenhum marido, amo ou senhor pudesse impedir que, um dia por semana, comparecessem as mulheres dependentes de seu mando às salas das Casas da Vida, como eram designados os sanatórios, a fim de receber as instruções e os meios necessários para ajudar-se mutuamente e capacitar-se para atender, ao mesmo tempo, àqueles que estivessem a seus cuidados.

Um grupo numeroso de mulheres da alta sociedade e da classe média se ofereceu à princesa real para ajudá-la nessa tarefa.

— Volta o passado dos kobdas civilizadores dos povos — disse Moisés, quando sua mãe lhe comunicou os resultados da semeadura maravilhosa do bem, da justiça e da verdade que se realizava entre o elemento feminino esquecido e tão lastimosamente descuidado naquela época.

O otimismo que deu alento aos que secundavam Moisés eclipsava-se em intervalos como esse esquivo sol de inverno que se esconde, às vezes, atrás de grandes nuvens espessas.

O comparecimento de mulheres nos lugares a elas reservados diminuía em vez de aumentar.

Foi, pois, necessário que a abnegação e o esforço dos missionários do ideal chegasse ao máximo que pode dar o amor desinteressado dos que compreendem em benefício dos que não chegaram à compreensão.

Damas de altas posições, e às vezes acompanhadas da princesa real, se apresentaram aos amos ou governantes de grande número de mulheres, servas ou escravas, às vezes de maridos despóticos, propondo-lhes a remuneração em dinheiro pelas horas que aquelas faltassem às suas tarefas.

Isto deu lugar a que fosse despertado em alguns o desejo e o hábito de explorar as ricas mulheres, que dessa forma se esforçavam para levantar de seu ínfimo nível as infelizes vítimas do egoísmo dos homens.

Chegado o caso até o faraó, foi levado o assunto às reuniões dos Setenta, e Ramsés, senhor absoluto de quanto se relacionava com seu povo, já queria decretar prisões e castigos para todos os que desse modo burlavam suas nobres resoluções.

Eles compreenderam até que ponto chegava o atraso da humanidade, pois era evidente que todos compreendiam o bem que se buscava para os menos favorecidos da vida, pois os que tudo vêem através do cristal do seu egoísmo refinado, também dos nobres atos dos poucos capazes de fazê-los, se empenham cegamente em tirar proveito material. Entre os Setenta despertou-se tal indignação em alguns que julgaram conveniente e justa a idéia do faraó: o castigo.

Moisés interveio com uma idéia conciliatória e correta ao mesmo tempo.

— Faraó — disse —, mais de uma vez me chamaste de mago, e é verdade que a lei divina me dotou de certas faculdades suprafísicas que já experimentei com êxito alguns anos atrás. Minha mãe, desde a Mauritânia, e eu, desde o deserto, conseguimos evitar grandes males provocados pelo abuso de autoridade no templo e nas escolas filosóficas e religiosas da Trácia e da Ática.

"Minha mãe, aqui presente, pode dar fé do que eu digo.

"Os que agem tão egoisticamente são seres cheios de superstições, e temem mais as forças invisíveis que as de ordem material, às vezes fáceis de burlar.

"Proponho, pois, que as damas desta cruzada heróica de elevação moral da mulher tomem nota do nome e do lugar onde vive e pernoita o homem que tem autoridade sobre elas. Eu me encarrego de tudo o mais."

— Está bem!... Compreendido, Osarsip. Agora sim, que te puseste bem em harmonia com o que a divindade quer de ti. — E o faraó, ao dizer isto, demonstrou íntima satisfação.

Todos haviam compreendido a intenção de Moisés, pois todos eles conheciam e praticavam trabalhos mentais em benefício de determinados elementos ou porções de humanidades. Todos prometeram sua colaboração mental a Moisés para realizar a intervenção de mago, segundo desejava e pensava o faraó.

Digo que, se todos os espiritualistas fossem capazes de cultivar detidamente suas faculdades mentais e empregá-las em benefício da humanidade, bem outro seria o panorama mundial que contemplaríamos nestes momentos e em todos os anos de nossas vidas sucessivas.

As conhecidas e deturpadas pragas com que se disse que Moisés açoitou o país dos faraós tiveram esse princípio e esse fim, ou seja, dobrar as vontades injustas e prepotentes da maioria dos amos e donos de vidas e propriedades de seus indefesos semelhantes. Como fica maravilhosa a história vista através do plano sutil e límpido dos prismas luminosos da eterna luz, cujos arquivos invulneráveis não falseiam jamais a verdade!

Os trabalhos mentais de Moisés, com a poderosa colaboração de seus Setenta, deram finalmente resultado e as aulas para mulheres de humilde condição começaram novamente a ter concorrência. Conhecidas em particular a situação íntima daquela numerosa multidão de mulheres, chegou-se a pensar em remediá-las, a princípio com grande prudência e discrição e depois pagando o resgate das escravas maltratadas, que eram em maior número. Chegou-se até a descobrir que muitas daquelas infelizes tinham sido roubadas e não compradas. Então Ramsés interveio com um de seus decretos como chicote de aço, decretando prisão para todos os que retinham escravos que não fossem comprados.

Caíram sob este decreto cerca de quatrocentos elementos de média e alta posição social, e até dois dentre os que formavam o conselho administrativo do erário público, ou seja, uma categoria igual ao que hoje se chama de ministro da fazenda.

Ramsés disse em particular a Moisés:

— Vês o que é a humanidade? Se eu não estivesse a teu lado, agora cairias como outro Anek-Aton, porque a maldade posta assim a descoberto não suporta que o descobridor continue com vida.

Moisés respondeu, também em particular, para que tudo ficasse entre os dois:

— Este grave mal não teria sido descoberto sem os trabalhos de mago, como tu dizes, que tivemos de fazer, eu junto com os Setenta. Mas prometeme, faraó, que não exercerás teu poder de tirar a vida a esses presos que estão retidos nos presídios de Ramesés.

"Um tempo de reclusão deve servir-lhes de corretivo, é o que eu acho necessário, porém nada mais."

— Passadas três luas e de acordo com o seu comportamento, serão postos em liberdade mediante a promessa de não mais cometerem tão feio delito. Não sei, Moisés... Às vezes a tua presença me faz esquecer toda idéia de castigo. Noutras vezes, até me vem a idéia de acabar com a escravidão no Egito. Não seria isso uma auréola colocada sobre o país do Nilo?

— E também uma auréola sobre a tua cabeça, faraó. Soser, teu distante antepassado, promoveu essa anulação, mas o egoísmo humano voltou a triunfar na terceira geração depois de Soser. Assim pude comprovar nas escrituras daquele tempo.

Estavam conversando sobre este assunto numa salinha do palácio da princesa em Mênfis, quando apareceu Numbik anunciando que acabava de desembarcar uma vintena de viajantes procedentes de Jandak, próximo da quarta catarata, e pediam uma entrevista com o filho da princesa real.

O faraó quis retirar-se, mas Moisés rogou-lhe que permanecesse ao seu lado.

— Faraó, por favor, nossos interesses pelo grande ideal são comuns. Eu não posso separar-me nem tu podes fazê-lo. Não entramos juntos nisto?

— Sim, é verdade. Então?

— Que passem ao salão de despachos desta mesma casa.

— Até a quarta catarata chegou a tua obra, Osarsip. Estou certo de que estes viajantes comparecem pela novidade.

— Já é tempo suficiente de o saberem, pois hoje já faz quatro anos que cheguei aos teus domínios, faraó, sem pensar nem sequer remotamente nos ventos que haviam de soprar.

Passaram ambos por um corredor interno ao salão onde os viajantes esperavam.

Não foi pequena a impressão que o faraó recebeu ao se encontrar naquele salão, uma vez que Moisés o apresentou aos recém-chegados como Ramsés II do Egito. O mais velho dos viajantes se aproximou dele e, em dialeto berbere, disse:

— Senhor, das montanhas de Gondar que rodeiam o mar Azul (o lago Tana de hoje), chegou a notícia de que sois um soberano justo, forte e amante da verdade, digno irmão da augusta filha de Ramsés I, que fez uma gloriosa regência na Mauritânia de meus antepassados.

"Trago comigo a filha do nosso soberano assassinado na lua passada e pedimos à vossa augusta irmã, a princesa real, que a ampare e proteja porque sua vida está em perigo.

Dizendo assim, aproximou-se deles um vulto encapuzado de azul-escuro. Removido o capuz, apareceu perante o faraó e Moisés uma jovem de não menos de dezesseis anos, de cabeleira escura e face pálida assemelhando a cera, onde brilhavam, lânguidos e atônitos, uns suaves olhos negros que estavam a ponto de chorar.

Moisés apressou-se em aproximar uma poltrona e fazê-la sentar. O ancião descobriu outro vulto e apareceu uma mulher de idade madura que foi apresentada como aia da mocinha. Os demais eram homens da confiança do soberano assassinado. O ancião que presidia essa embaixada era o patriarca dos solitários koptos da montanha de Akasun.

O faraó deu ao ancião a segurança de que seriam protegidos, não somente a jovem mas todos eles, e que, se julgasse conveniente interviria para que aquele distante país voltasse à tranqüilidade.

Em seguida esses homens começaram a transladar de seu grande barco ancorado no cais todo um carregamento de cofres de madeira e sacos de pele de foca e de búfalo.

— Faraó — disse o ancião quando os homens entravam com tamanho carregamento —, eu creio que será permitido a esta jovem resguardar sob vossa tutela os tesouros de sua família e as escrituras de seus arquivos. Abandonar tudo lá houvera sido o mesmo que perdê-lo para sempre.

Moisés não ouvia nada, mas pensava, recordava e criava novos e novos programas que se juntavam ao seu ideal supremo.

Aquele patriarca dos koptos da montanha de Gondar seria, com toda a certeza, um vestígio, um ramo perdido dos kobdas de Abel, que foi esconder-se nas partes remotas do continente para salvar suas vidas da crueldade dos invasores quando da devastação de Neghadá.

— Eis — disse ele — que se abre outra visão para o glorioso passado que há tanto venho buscando e do qual espero fazer surgir um florescente e belo porvir.

A Montanha de Gondar

Sabemos que, através das épocas e dos séculos, tudo se transforma, tudo muda, modifica-se e, às vezes, se torna em cinzas, escombros, areias, até desaparecer por completo da superfície da Terra. Este é o caminho andado por tudo quanto existe. Assim o que foi chamado país de Artinon na pré-história, onde floresceu a civilização kobda, glorioso começo da nossa civilização adâmica, mais tarde se chamou país de Kush, depois Etiópia e atualmente Abissínia.

As exigências de historiador ou relator da vida de Moisés obriga-me, amável leitor, a levar-te até esse país que tão ligado esteve sempre às correntes idealistas nas quais se desenrolaram três vidas messiânicas do nosso guia condutor: a de Abel, a de Moisés e a de Jhasua. A Luz Eterna, essa divina maga da verdade absoluta, vai referir-nos, com sua simplicidade costumeira, quanto necessitamos saber para chegar à perfeita compreensão da vida de Moisés.

Era a montanha de Gondar um soberbo labirinto de altíssimos montes, de exuberante fertilidade alguns e de uma variada riqueza mineral outros. Muitos séculos atrás, quando a Lemúria foi submersa sob os desmoronamentos produzidos em parte por seus numerosos vulcões, os fugitivos do cataclismo que puderam escapar com vida se dispersaram para diferentes paragens da Terra. Em *Cumes e Planícies* aparece o relato referente aos fugitivos lêmures que se estabeleceram ao sudoeste do continente africano, chamado então "Terra Negra". No correr do séculos, tribos nativas foram se unindo à tribo dos gigantes, como os chamavam, e aprendendo deles a arte de extrair e polir o ouro e as pedras preciosas, da mesma maneira que a caça aos grandes animais, de que estava povoado o continente. Por diversas causas houve em todos os tempos emigrações de pequenas porções de humanidade, famílias que então eram chamadas tribos, que em busca de melhores condições de vida, se afastavam até encontrá-las.

Foi assim que duas famílias cujos chefes eram irmãos se internaram para o oeste, até o lugar onde viam mergulhar o sol no ocaso. A mulher de um deles tivera um misterioso sonho com um personagem todo luz e amor que lhe disse:

"— Se caminhardes cem dias até onde se esconde o sol, encontrareis quanto é necessário para viver vossa vida com paz e felicidade."

Como o sonho se repetisse várias vezes, a jovem esposa, que se chamava Emira, convenceu por fim seu companheiro e este a seu irmão de caminharem até esse lugar. Seus pais haviam falecido e apenas tinham como família dois filhos, um varão e uma mulher cada um. Uns quantos companheiros e amigos se uniram a eles e empreenderam a marcha, pernoitando sob tendas durante a noite, defendendo-se com tochas das feras, até chegar à montanha que eles chamaram Gondara, que fora o nome da amada mãe de ambos, última pessoa que partira da Terra.

Essa paragem os encantou a ponto de produzir-lhes uma espécie de fascinação. Aquele mar azul, no qual se refletia o céu e a montanha e que aparecia povoado de peixes grandes e pequenos assegurava-lhes, na verdade, uma vida serena e alimentação segura.

Até aqui nos conduzimos pelos traços magníficos da luz em seus espelhos eternos.

Voltemos agora, querido leitor, aos viajantes que chegaram a Mênfis e que foram instalados amavelmente no próprio palácio da princesa, onde compareciam várias vezes por semana o faraó, Thimétis e Moisés, levados pelas necessidades do trabalho que estavam realizando.

De todo o carregamento que eles trouxeram, a Moisés interessaram em particular as escrituras, pois sua intuição fê-lo compreender que havia algo nos acontecimentos ocorridos naquele distante país. Interessava-lhe conhecer a ideologia seguida por aqueles fugitivos.

Thimétis, por sua parte, conquistara a confiança e o carinho da pobre jovem que a maldade dos homens deixara sozinha no mundo. Através dela e de sua aia, sabia até que grau chegavam seus conhecimentos de ordem religiosa que, se não eram perfeitos, quase ultrapassavam a maioria do povo no próprio Egito, considerado como o melhor.

Finalmente, chegou a saber que em Gondar existia, no monte mais oculto e mais elevado, uma congregação de solitários que eram chamados koptos, e que desempenhavam as funções de mestres médicos e salvadores de todas as situações difíceis pelas quais passavam os habitantes daquela bela paragem da Terra.

As escrituras que a jovem entregou à princesa acabaram de contar toda a história desse afastado povo que vivia desconhecido do resto do mundo, porque para nada haviam necessitado do mundo, pois ali tinham quanto lhes era necessário para sua vida sem maiores exigências.

O ancião patriarca de Gondar, Geridano, disse ao faraó e a Moisés:

— Até hoje este povo viveu como vivem os pássaros, as abelhas e as gazelas, até que chegaram dois estrangeiros que, com os progressos e adiantamentos do mundo, conquistaram a vontade e a confiança do grande chefe, que se entregou a eles sem suspeitar que lhe traziam a morte e a infelicidade.

— O velho santuário de Atkasun, em suas distantes origens, havia-se formado de fugitivos lêmures e de fugitivos atlantes que, morrendo e renascendo no longo correr dos séculos, tinham visto de longe morrer e renascer também povos e civilizações até haver-lhes chegado a notícia, através de um habitante de Madian, que conhecia e amava Jetro, o tio de Moisés, que na capital do Egito, o país dos faraós, poderia encontrar apoio, amparo e justiça para aquele povo ameaçado por vis usurpadores do bem alheio.

— Eis aqui o caminho — disse Moisés — que a eterna lei abre a esse povo e a esta filha de um rei assassinado para unir-se ao ideal divino de justiça que nós meditamos.

"Os kobdas pré-históricos vivem ainda no Monte Sinai e na montanha de Gondar. A lâmpada eterna continua iluminando as trevas, que nada sabem nem querem saber desta luz eterna que as ilumina.

Moisés, com os olhos cristalizados de pranto, acrescentou:

"Graças, Senhor invisível e eterno! Graças porque jamais esqueceste a humanidade da Terra!

Alguma velha crônica da época quando Israel atravessava o deserto fala como de passagem de uma mulher da Etiópia relacionada com a vida de Moisés.

Penso que em quase todas as antigas escrituras fragmentadas, restauradas parcialmente, bem ou mal interpretadas, aparece sempre alguma verdade como para impulsionar o bom pesquisador a buscar até encontrar o tesouro oculto por trás daquela fenda por onde filtra um raio de luz.

Enquanto a órfã Ebiné ia se consolando junto à princesa real e a Estrela, mulher de Moisés, este se entregava completamente, junto com o faraó e o ex-pontífice Membra, a esclarecer os obscuros relatos que formavam o rolo de escrituras referentes ao povo da montanha Gondar.

Era aquilo uma confusa mistura onde aparecia vestígios da língua tolsteca, da escrita mauritana e até dos velhíssimos símbolos figurados por meio de animais, tal como o faziam os escribas lêmures.

Vendo que não lhes era possível formar um único parágrafo devidamente coordenado e que pudesse significar uma história, decidiram chamar o velho patriarca condutor da jovem, Geridano, que havia resolvido permanecer em Mênfis até que o faraó resolvesse a forma de proteção que prestaria ao seu povo.

O ancião expressou-se assim:

— Os povoadores da montanha de Gondar formaram seus costumes e sua vida com base em antiqüíssimas tradições de pais e filhos durante os séculos que foram necessários para chegar aos três mil habitantes atuais. O bem predominou neles graças ao isolamento que a própria conformação do lugar lhes impôs.

"Eles sabem que descendem de fugitivos lêmures e atlantes, e conservam tradições de seus gênios divinos que os protegem. Um pastor privilegiado conquistou o amor de uma princesa, filha de um poderoso rei da Lemúria, cuja morte trouxe o desmembramento do seu reino, pois a filha princesa herdeira tornou-se pastora ao lado de seu pastor amado e foram criadores de um novo povo de proscritos ao redor de uma montanha misteriosa que tinha a forma de uma enorme cruz de pedra. O gênio que anteriormente foi pastor chamava-se Numu, filho do grande deus Sol e sua pastora, gênio ou divindade feminina, mãe e rainha Vésper. Como protetor para os grandes perigos, eles invocavam uma divindade denominada por eles 'Pai Juno, o Forte', que, segundo eles, era como um açoite para os perversos e esmigalhava num abrir e fechar de olhos os homens maus e os animais ferozes."

O velho patriarca decifrou para eles o significado de todos aqueles sinais e figuras, que pareciam uma tábua de figuras de xadrez ao redor de um grande carro ou bloco de granito com forma de uma cruz rústica.

O roubo e a deslealdade eram para eles os crimes ou delitos maiores. A fidelidade conjugal e a submissão e amor aos genitores eram suas virtudes especiais. A isso se reduzia sua ideologia, seu culto e sua moral.

Para Moisés, conhecedor a fundo da história do passado, tudo aquilo era de uma claridade maravilhosa.

No fundo de sua consciência, tornou-se realidade a idéia de que aquele pequeno povo era reminiscência da obra civilizadora de Numu, o pastor de Mir-Tain-Mari, e de Vesperina, a princesa que se tornou pastora. Mencionava também aquela aparência de escritura outro gênio divino, a quem chamavam "Rei de Ouro" e que apareceu algumas vezes nas noites de lua cheia, na parte mais alta da montanha de Gondar, para anunciar-lhes um transbordamento do Mar Azul, a fim de que todos abrissem as comportas de seus canais e pudessem aproveitar a água que fertilizaria suas semeaduras. Diziam que a montanha de Gondar era a mesma montanha santa que da Atlântida o Rei de Ouro havia transladado para junto do Mar Azul em benefício desse povo.

Nesse Rei de Ouro, proveniente da Atlântida, Moisés encontrava reflexos do Anfião histórico e real que fora o gênio civilizador da primeira jornada atlante, que ele conhecia através das antigas escrituras daquelas épocas distantes.

— Teu rebanho cresce, Osarsip — disse o faraó —, pois este povo ignorado e escondido nas montanhas do país de Kush será, sem dúvida, outra porção de humanidade para o teu grande ideal.

"Que te parece se mando uns dez mil homens, dos mais aguerridos e fortes, para que expulsem os invasores e transformem em egípcias as montanhas de Gondar?

— A idéia é boa desde que teus dez mil homens fortes não provoquem desastres em tão longínquas paragens. Eu acrescentaria à tua idéia que esses dez mil fossem sob as ordens do patriarca Geridano e que sejam os solitários, seus companheiros, que imporão ali a ordem, protegidos e amparados pelo teu poder e soberba.

"São eles um resto ou lembrança dos kobdas pré-históricos que fizeram a civilização dos três continentes, e não seria um milagre que esses solitários, com a tua proteção, pudessem realizar a evolução do distante país de Kush."

Aqui temos, amado leitor, uma das grandes obras de Moisés que a nossa humanidade desconhece por completo. Esta é a origem da entrada da Etiópia no concerto da civilização egípcia, que durante tantos séculos fez do Egito o educador da humanidade antiga.

Foi como um ressurgimento dos kobdas de Abel, de Bohindra e de Adonai a chegada da Etiópia com seus solitários e povos de Gondar. Dali saiu aquela dinastia de faraós justos, de homens sábios, à qual pertenceu vários séculos depois a rainha de Sabá, amada de Salomão. Foi o filho de ambos o primeiro faraó da dinastia dos Sabacon, fundada e iniciada por ele, que séculos depois foi asfixiada pelo feroz egoísmo e incompreensão humana, cuja vítima principal foi novamente o justo Anek-Aton, último faraó dessa dinastia de soberanos grandes e justos. Nessa nova jornada terrestre ele foi conhecido por Taharkin II, que, fugitivo dos invasores assírios em Tebas, e não querendo a matança e destruição de milhares de vidas, refugiou-se na montanha de Gondar, no velho santuário de Atkasun, e ordenou que o povo se entregasse sem lutar. Estes fatos ocorreram sete séculos depois de Moisés e, se são mencionados aqui, são como um marco da força que teve o "Não matarás", mandamento que ele trouxe das alturas do Sinai.

Taharkin II, da dinastia Sabacon, era uma reencarnação de Hur, o primeiro companheiro da infância do gênio gigante, que tanto o havia admirado em sua atuação de Amenófis IV que, no êxito do deserto, vê morrer defendendo o grande ideal, como veremos com dolorosos detalhes quando chegar o momento de relatar essa grande Via Dolorosa que foi para Moisés.

Os grandes soberanos, reis e condutores e educadores de povos, de porções de humanidades grandes ou pequenas, devemos buscá-los sempre entre os que foram discípulos e seguidores do grande ungido da eterna lei para encaminhar a humanidade terrestre. Com toda a certeza, os encontraremos ali.

Os flâmines-lêmures, os homens de fogo de Juno e Numu, os profetas brancos de Anfião, os dáctilos de Antúlio, os kobdas de Abel, os peregrinos mendicantes de Buda, os monges das torres de silêncio de Krisna e os essênios de Moisés são os mesmos peregrinos eternos do ideal supremo, incansáveis em sonhar com uma humanidade melhor, incansáveis também em morrer e renascer mil vezes até ver cumprida a obra que não é de um século nem de dez, mas de longas idades..., tão longas e distantes umas das outras que os que vivem na carne em uma, nada sabem absolutamente, nem recordam, das que os precederam entre o horror e o terror de crudelíssimas lutas.

O arquivista espiritual que vê reviver na eterna luz a estupenda passagem da qual ele mesmo formou parte em mais de dez ou cem oportunidades, sente-se pequenino como um grão de areia perdido no imenso mar do infinito e apenas vê, grande e forte, o divino condutor desse êxodo gigantesco.

Por isto, amável leitor, não devemos assombrar-nos e, menos ainda, escandalizar-nos de que a mediocridade humana tenha sido e seja tão incompreensiva do que foram as grandes e excelsas vidas realizadas na Terra pelo nosso Moisés, condutor desde Juno a Jhasua de Nazareth. Contudo, devemos render plenamente nosso agradecimento à eterna lei que designou essa mesma legião de seus amadores para que, ao finalizar o ciclo ainda obscuro para esta humanidade, se veja ela iluminada pela verdade divina ao começar um novo ciclo de evolução. Se fomos capazes de seguir o Cristo em suas vidas de martírio, sacrificado na Terra, hoje a eterna lei nos dá a compensação de descerrar os grandes cortinados que O ocultaram durante milhões de séculos, para que a humanidade terrestre O veja e O conheça tal como é e como será na infinita Eternidade que ainda não conseguimos medir nem compreender.

Que o leitor destes relatos perdoe esta longa digressão a que me levou o próprio assunto que venho tratando.

Voltemos, pois, a Moisés que, das solidões do deserto de Madian, voltou ao esplendoroso Egito de Ramsés II para realizar a grande obra idealista de que a eterna lei o havia encarregado nessa etapa de seu glorioso messianismo.

DE MÊNFIS A GONDAR

Da observação que deve fazer todo historiador no bom desejo de ser um magnífico mensageiro da verdade, chegamos à conclusão de que existem determinadas épocas, países e costumes que lhe dão uma característica particular destacando-se dos demais.

Isso ocorreu com o país do Nilo, não somente no tempo de Moisés, mas muitíssimo antes e também depois.

Se o antigo Egito mereceu o nome de exemplo de países cultos, foi sempre graças aos seus colégios sacerdotais de sábios, homens consagrados exclusivamente ao cultivo das mais elevadas faculdades da mente.

Foi como o resplendor vivíssimo de Neghadá durante mil e trezentos anos, estendido quase ao mesmo tempo às pradarias do Eufrates, aos povos do mar

Cáspio e aos países dos gelos eternos, que realiza o prodígio de fazer compreender os grandes benefícios da paz ou do amor fraterno ou ajuda mútua.

Foi desde essa época distante que as mentes mais adiantadas começaram a realizar trabalhos especiais em benefício da humanidade.

Nosso personagem central, ou seja, Moisés, foi um dos homens que mais fervorosamente cultivaram a grande potencialidade mental que existe como adormecida em quase todos os seres.

Despertada mais vivamente nele através do patriarca Geridano, com quem mantinha longas conversações durante os serões na biblioteca do castelo do lago Merik, em conjunto com ele, fizeram exercícios mentais que os levaram, noite após noite, durante o sono, de Mênfis a Gondar, tal como reza a epígrafe deste capítulo.

Quando, passadas cinco luas, o ancião pensava já em regressar, chegou uma embaixada de Gondar com a notícia de que um grupo de homens jovens prendera os assassinos do grande chefe e os retinha cativos, até que uma autoridade competente resolvesse o que devia ser feito com eles.

Ao ouvir mencionar isto pelos que chegavam com as notícias, os raros fenômenos ocorridos e que puderam surpreendê-los em seus esconderijos de modo inesperado, o patriarca e Moisés, e com eles todos os que estavam inteirados dos acontecimentos e lugares onde se desenvolveram, chegaram à convicção de que tudo fora fruto dos trabalhos mentais realizados em Mênfis para que aquele distante país voltasse à normalidade sem sacrificar vidas nem causar destruições de forma alguma.

Inteirado da ocorrência, o faraó preparou a partida de um esquadrão de lanceiros voluntários, que se estabeleceria permanentemente em Gondar com suas mulheres e filhos, como escolta guardiã dos pacíficos habitantes daquele afastado povo. O esquadrão de lanceiros voluntários iria em bons cavalos, enquanto as mulheres e os filhos embarcariam no grande barco que trouxera o patriarca, a filha do chefe morto, sua aia e demais acompanhantes. A jovem e sua aia pediram para ficar junto da princesa real até nova disposição. Elas eram alunas da escola do templo de On, e sentiam-se fortemente ligadas a todas as companheiras de aula.

O patriarca Geridano manifestou o desejo de conseguir a redenção dos que tinham causado tantos males a seu povo.

Numa íntima confidência com Moisés, falou assim:

— Somente a ti, meu filho, posso revelar o meu segredo. Tenho o dobro da tua idade mas, sabendo o que és, estou certo de que me compreenderás. Houve na distante época gloriosa dos kobdas, como forte instituição filantrópica e educadora, homens como os que mencionam as escrituras que eu conservo e as que me fizeste conhecer aqui.

"Houve um caudilho do país de Arab, onde tudo é céu ardente, areais ressequidos e montanhas que formam aterrorizadores labirintos de pedra. Chamava-se Beni-Abad, e este quis descansar retirado em Neghadá, entre os kobdas do Santuário, deixando seu filho mais velho como chefe do país. Este causou desastres tão intoleráveis que o pai deixou seu retiro e se constituiu em severo juiz desse mau filho que, dessa maneira abusou da sua confiança e do seu amor. Destituiu-o e deixou-o preso por longo tempo no penhasco de Sindi, que hoje conhecemos como Monte Sinai.

"Eu fui esse mau filho que causou tão enormes desastres e, sempre que se cruzam em meu caminho seres que fazem maldades a seus povos, peço à eterna potência que me dê a capacidade de redimi-los como os kobdas foram capazes de redimir a mim."

O valente patriarca Geridano demonstrou, na verdade, ter o espírito de sacrifício que enobreceu e dignificou a Diza-Abad, pois não houve forma de retê-lo em Mênfis em face da sua avançada idade, e retornou a Gondar com a anuência do faraó de que tentaria a redenção dos invasores.

Levava a escolta de quatrocentos lanceiros voluntários sob suas ordens e com a instrução de serem fiéis defensores dos solitários de Atkasun e do pacífico povo que vivia ao pé do seu santuário.

— Um aviso teu — disse à jovem Ebiné — de que desejas voltar a Gondar, será como uma ordem do rei teu pai; mas deixo-te alegre e tranqüila sob a proteção da princesa real que será na verdade como se a tua mãe tivesse voltado do sepulcro.

— Meu filho — disse ao despedir-se de Moisés —, espero-te no Monte Sinai, aonde sei que chegarás um dia para receber das mãos dos santos que lá vivem e morrem, para tornar a renascer e a morrer, a grande lei que o Altíssimo dará à humanidade por teu intermédio. Esta é a escritura que gravo, não em pergaminho, mas na tua mente no instante em que te digo: 'Até logo'. O patriarca Geridano estreitou-o num forte abraço e subiu a prancha do grande barco que já soltava as amarras.

Como continuaram sendo agitados lenços no barco e no cais, Moisés e Geridano pensaram na despedida de Abel e Adonai, no grande cais de pedra de Neghadá, há já vários milênios.

Os tempos, como os acontecimentos humanos que ocorreram neles, se parecem, embora os separe uma imensidão de séculos.

Moisés ficou pensativo e até um tanto entristecido. Era verdadeira sua clarividência passada que lhe fizera sentir a voz de Thilo vinda do Sinai. Era verdade que lá, ocultos e desconhecidos, viviam kobdas como os de Gondar no santuário de Atkasun.

— Em quantos outros lugares terão ficado ocultos, sem que ninguém o saiba? — perguntou a si mesmo enquanto voltava passo a passo, desde o cais ao palácio da princesa onde deixara, momentos antes, sua mãe com sua esposa e Ebiné.

A pergunta que fez a si mesmo continuava vibrando em sua mente, que se entregou por completo a essa incógnita.

A sonda de sua mente, como um gancho de diamante, extraiu do fundo do seu eu esta resposta:

"— Sabe Deus e sabes tu neste momento. Recorda. Existem kobdas no Monte Hor, no Monte Nebo, na montanha de Gondar, numa caverna dos Atlas Mauritanos e no Monte Sinai. Cinco agrupamentos ocultos que formam os cinco raios mais potentes da Estrela de Cinco Pontas que, desde os céus superiores, resplandece para todos os messias que estão atualmente em missão."

Moisés apoiou-se na base do obelisco de mármore azulado que havia na avenida de palmeiras que dava entrada para o palácio da princesa.

A voz dessa resposta havia-o sacudido fortemente até fazê-lo tremer. Era forte, mas às vezes a voz interior é mais vibrante do que consegue resistir o sistema nervoso dos seres altamente sensibilizados pela freqüência das meditações profundas.

A partir desse momento, Moisés resolveu buscar a aliança espiritual dessa Estrela de Cinco Pontas que existia como uma lâmpada eterna sobre a face da Terra a fim de obter dela toda a luz e a fortaleza necessárias para sua grande e árdua missão a realizar.

Quando ele revelou este segredo na reunião dos Setenta, o príncipe Fredek pediu a palavra e manifestou quanto sabia dos anacoretas do Monte Negro, chamado assim porque é um monte de basalto que desaparece à primeira vista dentro do labirinto da enorme cordilheira dos Montes Altos. Um dos solitários era irmão do escriba-mor do templo do Sol da Mauritânia, e por intermédio dele conhecia o segredo do qual se havia servido para enviar contínuos socorros em provisões comestíveis e roupas para os solitários, pois chegou a saber das extremadas privações em que viviam, principalmente nos cruéis invernos da região, quando as hortaliças e até as ervas silvestres desaparecem.

A princesa real queixou-se amargamente de que, sendo regente daquele país, não a tivessem inteirado do segredo para favorecê-los no quanto houvesse sido possível.

— Perdoai-me, alteza real, mas a pessoa que me confiou o segredo exigiu a promessa de guardá-lo. Agora que eu já o vejo descoberto, permito-me falar para o caso de os dirigentes deste grande movimento idealista precisarem se comunicar com esses anacoretas mauritanos.

— Efetivamente — disse Moisés —, vamos necessitar deles, como de outros que estão em igual situação espiritual que eles.

— Eles preferem não criar vínculos com o mundo exterior — acrescentou Fredek —, e se eu pude enviar-lhes socorros materiais foi completamente anônimo valendo-me do escriba mencionado ao qual remetia minhas doações para os anacoretas do Monte Negro sem revelar o autor do envio.

— Deve ser assim — afirmou um dos anciãos sacerdotes do templo de On. — Todo vínculo ou relação com o mundo exterior leva vibrações, fluidos ou emanações tão pesadas e, às vezes, carregadas de forças adversas, que os anacoretas desejarão vivamente evitar, pois às vezes até crises nervosas chegam a produzir. Quando se vive na ante-sala dos céus superiores, os sons, pensamentos, desejos e até palavras do mundo profano causam dores conhecidas somente pelos que as sentem em seu próprio ser.

— Verdadeiramente — afirmou outro ancião hierofante do templo de Dendera —, nós o sentimos fortemente em nosso isolamento, que não é tão absoluto como o das montanhas, quanto mais devem sofrê-lo aqueles que levam toda uma vida naquelas imensas solidões.

Ali foram escolhidas cinco pessoas entre as de menos idade para que, em nome do faraó, de Moisés e da princesa real, fossem entrevistar-se com os solitários de forma a ficar unidos a essa entidade espiritual que se iniciava com uma escola de portas abertas onde se ensinaria, além das ciências humanas, o conhecimento da suprema potência e sua relação com as almas encarnadas na Terra.

Fredek de Port-Ofir deveria visitar os anacoretas do Monte Negro, visto conhecer um intermediário no escriba-mor do templo do Sol.

Os outros quatro enviados escolheriam o lugar no qual tinham algumas possibilidades ou relações que pudessem facilitar-lhes a tarefa.

Moisés expôs o programa a realizar, ou seja, a criação de um povo para o seu ideal: a Unidade Divina. O pergaminho era firmado pelo faraó, pela princesa real e por todos os que formavam o conselho espiritual dos Setenta.

Esse povo deveria contar com um lugar onde estabelecer-se, visto como não podiam pretender que velhos povos, educados sob outros princípios, se conformassem com as novas formas de vida que seriam implantadas. As maiores massas de seres reunidos em suas populosas capitais viviam, de boa ou má vontade, conforme os costumes nos quais tinham nascido e vivido durante toda uma vida.

Criar um povo para um ideal!

Havia somente setenta seres que julgavam isso possível e sonhavam com realizá-lo. Buscavam aquela lâmpada acesa entre as trevas da humanidade, aquela Estrela de Cinco Pontas, que vivia de sacrifícios, amor e esperança. Não seria esse o caminho mais seguro para conseguir o êxito?

Os enviados levariam, além do programa de Moisés com a anuência do faraó e da princesa real, o ouro necessário para socorrer a precária situação dos solitários e todas as escrituras que significavam anúncios, profecias, vaticínios ou clarividências obtidas, relacionadas com a grande obra a realizar.

Se os solitários quisessem fazer parte da legião de seres que abraçaram o novo ideal, os enviados iam autorizados a conduzi-los ao antigo templo de On, já restaurado e habilitado como sede central da nova ideologia.

Uns tardaram quatro luas, outros cinco, mas todos voltaram acompanhados de alguns dos solitários, pois outros quiseram ficar em seus ocultos abrigos, como os do Monte Hor, onde ficaram três, do Monte Nebo, onde ficaram quatro, e do Monte Sinai, onde todos quiseram ficar aguardando o grande enviado que devia subir até ali à espera do mandato do supremo poder.

No Monte Atkasun, em Gondar, ficou o ancião Geridano com mais dois solitários, e os outros chegaram até o Egito para formar, não só setenta firmes filiados, mas cento e quarenta e sete mestres de vida espiritual formados no mais duro sacrifício, no amor desinteressado em absoluto e nessa longa esperança do verdadeiro espiritualista que diz:

"Se é eterna a alma que vive em mim, eterna deve ser a minha esperança de uma vida melhor."

As Mulheres Mosaístas

São na verdade lamentáveis os equívocos nos quais incorreram em geral os relatores, cronistas ou biógrafos do homem genial que o Egito conheceu como Osarsip, mas que os povos que seguiram seu ideal o conhecem mais por Moisés, abreviação de Aton-Moses, que ele quis adotar quando foi consagrado hierofante do templo de Mênfis.

Uma das muitas deficiências que se lhe atribuem consiste em afirmar que Moisés teve aversão às mulheres, e os dogmáticos atribuem isso ao fato legendário de que Eva (chamada indevidamente a primeira mulher deste mundo) foi a causadora de que Adão (também primeiro homem, segundo a antiga lenda) se revelasse contra o mandato de Jehová.

Já está suficientemente provado pela ciência arqueológica, pela geologia, pela história, que vão desvendando as pedras dos templos das diferentes e numerosas capitais do mundo, e principalmente pela lógica e o sentido que aquilo que foi tomado como história real, nas primitivas escrituras sagradas de remotos tempos, eram símbolos figurativos da verdade oculta pela tremenda severidade das leis dos templos, que castigavam até com reclusão perpétua uma revelação imprudente. É muito natural e justo que assim fosse feito. Se até agora, depois de transcorridos vinte séculos da era cristã, ainda não é prudente nem discreto falar perante o vulgo profano de certas verdades que lhe resultam difíceis de compreender e assimilar, que seria naquele distante passado?

Se na Idade Média e nos séculos anteriores funcionaram tão abundantemente as forcas e as fogueiras, pendurando hereges e queimando vivos feiticeiros e magos, porque tiveram a audácia de pretender ensinar em público verdades que deviam viver ocultas na cripta dos templos, ou nos corredores secretos de pirâmides construídas por civilizações fugitivas de outros continentes invadidos pelas águas que transbordaram dos grandes oceanos que repartiram entre si a nossa pequena esfera terráquea, compreende-se claramente que nem Moisés nem nenhum dos mais esclarecidos iniciados de seu tempo puderam permitir fazer as diversas revelações que se perderiam entre as areias da ignorância absoluta da cosmogonia real, senhora verdadeira e única da verdade tal como ela é.

No que diz respeito a que Moisés tenha sido inimigo da mulher, é a lógica pura que nos faz a defesa dele.

Não podemos supor, nem por um momento, que isso fosse real, sabendo o valor que havia para um iniciado da estatura de Moisés, a psique humana..., a divina psique filha de Deus, saída d'Ele como uma centelha e destinada a voltar a Ele engrandecida por seu próprio esforço, com méritos adquiridos pela grande lei da evolução. Que ela estivesse num corpo de mulher ou de varão é secundário, comparado com o valor da alma humana de divina origem e eterno destino.

Começando por sua nobre mãe a princesa real, e por aquela orquídea de seu primeiro amor chamada Merik, que passou por sua vida como uma extensão do céu acariciando-o um instante e se diluindo como um perfume; pela pobrezinha Estrela, ou Séfora, como é mencionada nas Escrituras, nada, absolutamente, se encontra na vida de Moisés que possa ser qualificado de aversão à mulher.

Quando chegarmos aos dias movimentados e variadíssimos de preparar as famílias, tendas e organizar de maneira perfeita a forma na qual devia realizar-se a imponente emigração, vemos as mulheres como abelhinhas brincalhonas e rumorosas de um imenso enxame chegar-se ao que consideram ainda como o superintendente vice-rei do Egito para expor-lhe, com uma sinceridade comovedora, a situação de cada uma.

Em quem, a não ser nele e em sua excelsa mãe podiam confiar?

A rainha, apesar de ser boa esposa e boa mãe, mantivera-se sempre retirada das coisas públicas, não lhes permitindo acreditar nem esperar que, nesse caso, pudesse solucionar seus problemas íntimos, de tal forma que o faraó, sua mãe e os Setenta começassem a meditar e convencer-se de que Moisés estava efetivamente designado pela suprema vontade para ser o sábio e prudente condutor de um povo ao superior ideal que ele forjara.

Ele era, na verdade, o único homem que pôde e quis levar tal idéia à realidade.

Necessitaremos longas e profundas meditações para chegar a compreender a têmpera da alma que necessitou ter esse escolhido condutor de um povo, para suportar sobre sua matéria, provida de um sistema nervoso, de um sistema circulatório, de um sistema digestivo, de todas, enfim, as diversas e delicadas funções orgânicas que desempenha todo organismo físico desta Terra.

Ele comparecia, invariavelmente, três vezes por semana a Gesen e a outros bairros suburbanos de Mênfis em busca dos problemas, dores e necessidades dos seres que formariam a grande caravana.

Moisés deveria conhecer intimamente a todos. Quando retornava à sua alcova no castelo do lago Merik, ou no palácio da princesa, fechava a porta e, sozinho, ante a divindade, perante o Deus único invisível que sua alma sentia vivendo em si mesma, caía às vezes em tão desesperadas angústias que mais de uma vez o encontrou sua mãe (única pessoa que podia entrar em sua alcova) estirado como um corpo morto sobre a tapeçaria do pavimento.

— Senhor, Senhor!... — exclamava o clarividente Moisés —, bem o vês, não tenho forças bastante para levar sobre meus ombros a enorme montanha das dores de um povo. Sou um ser de carne e sangue, Senhor dos céus, tu o sabes, porque vens seguindo meus passos desde a infância. A matéria da qual tua lei me formou não é tão forte para suportar as dores de seiscentas mil almas encerradas em corpos mil vezes mais débeis que este meu.

"Senhor, Senhor!... Eterno justo e bom. Se tu que és meu pai não tens piedade de mim, aonde acudirei para encontrá-la?

"Há criminosos que a justiça não condenou porque ignora, pedindo para seguir atrás de ti, Senhor, porque de ti esperam a piedade que não encontrarão nos homens. Há prostitutas desenganadas e aborrecidas daqueles que, com milhares de falsos amores, as arrastaram à desonra, e se acolhem à tua piedade e ao teu perdão, porque bem sabem que o mundo não se apieda nem perdoa, e que só em ti, Senhor, encontrarão a paz numa vida melhor. Há mulheres repudiadas por seus maridos porque são adúlteras incorrigíveis, e maridos enganados por suas mulheres que se sentiram atraídas por um estrangeiro resplandecente de ouro.

"Todos sofrem as conseqüências de seus dolorosos extravios, e todos se voltam a ti, Senhor, o único que tens piedade de quem pecou e quer redimir-se. Senhor!... Há ódios aos montões e egoísmos profundos como cem abismos abertos a meus pés. Devo deixá-los precipitar-se neles, por falta de mãos piedosas que se estendam para salvá-los?"

Assim eram as meditações solitárias de Moisés quando voltava para sua alcova e percorria com a memória quanto havia recolhido no vaso puríssimo de sua mente que tudo compreendia, porque era ele... o único homem que podia compreender, perdoar, tolerar e dar novas direções àquelas árvores que os ventos da vida tinham derrubado, cujos troncos os cataclismos humanos haviam retorcido, que os gelos de impiedosos invernos haviam secado parcialmente e muito custava fazê-los voltar à vida.

Seu livro branco das anotações de nomes e famílias, de problemas a solucionar, a ordenar novamente toda uma porção de humanidade desordenada, desfeita quase em sua maior parte, ia se enchendo a cada dia e ainda restava muito mais por anotar. Ninguém podia ficar esquecido! Por própria vontade, carregava com todos eles, e jamais seria desleal para o Pai único que os confiava a ele.

Nos cinco anos transcorridos desde que Moisés pisou novamente a terra do Egito, ocorreram muitos acontecimentos, em parte absolutamente ignorados, em parte silenciados e sepultados voluntariamente no esquecimento.

Ele travava amizade ou relações com vários dos capitães dos grandes barcos de guerra da soberba esquadra que se movimentava nos portos do país do Nilo, barcos que, não sendo destinados à guerra, viajavam em florescente comércio com todo o mundo civilizado de então. Cada um daqueles capitães era um álbum fechado com dupla chave, mas aberto para Moisés, o filho da princesa real, a regente da Mauritânia, a soberana da Bética, já que o príncipe soberano Arfasol delegara a ela seu título nobiliárquico de séculos, e todos os seus direitos àquele vasto e rico domínio na margem oposta do Mar Grande. Um enorme e belo barco com pavilhão amarelo e branco e de pomposo nome no alto estilete da proa, "Princesa Real", encontrava-se ancorado no porto de Pelusium, o mais próximo de Ramesés, que era na época o centro de todas as grandes atividades internacionais do Egito de Ramsés II.

Era como um símbolo de declaração perante todas as nações de que no Egito residia naquela época a soberania da Bética na pessoa da ilustre irmã do faraó, à qual a ignorância e a superstição atribuíam qualidades e poderes fantásticos, vindo somar-se àquelas errôneas crenças o fato de o soberano da Bética haver delegado a ela seus poderes e direitos. Grande parte das grandezas e magnificências de Ramsés II foram atribuídas à sua influência, e o mundo civilizado da época, todo voltado aos milhares de cultos idólatras de deuses e deusas que desde a Trácia e a Ática, em decadência espiritual e moral, se derramavam como um vírus venenoso por todas as partes, até quis colocar Thimétis em seu volumoso catálogo de divindades.

Podemos pensar que a divina lei quis tirar maior bem do mal reinante, porque não foi Bética a única soberania presenteada a Thimétis, que nada buscava nem queria para si.

O fato é que numa noite, quando o plenilúnio brilhava sobre o Mar Grande, como um milheiro de luminárias acesas sobre ele, Moisés, cansado e fatigado em extremo de suas tarefas em Gesen e Ramesés, buscou o silencioso camarote que o "Princesa Real", ancorado no porto, lhe oferecia sempre que ele corria por esses lugares. O capitão era um dos mais hábeis marujos de seu tempo, homem maduro de cinqüenta anos, que começara por ser grumete, um maca-quinho que se equilibrava nas cordas, velas e enxárcias, e, nessa época, era a suprema autoridade nesse barco.

O que o príncipe Arfasol da Bética lhe haveria dito de Thimétis e Moisés, o leitor pode adivinhar se se aprofundar no sentir do capitão e encontrar ali duas imagens como num alto relevo: Moisés e sua mãe. Tinha adoração por eles.

— Que par mais estupendo! — pensou o nobre marujo. — Mereciam ser donos de todo o mundo. Que reis ou que soberanos se ocupam como eles da dor e da miséria dos homens e mulheres que se arrastam como larvas pelos lodaçais e pântanos?

Porque o capitão Asaf de Cados, sentado às vezes em seu alto posto, com a lente de longa vista tinha observado o filho da princesa real acompanhando sua mãe que, em sua gôndola pequenina com pavilhão amarelo e branco e cortinas violeta, percorria os canais do Delta para recolher os escravos fugi-tivos, as crianças lançadas à água, os anciãos ulcerados de lepra, os tubercu-losos dos quais todos fugiam.

O marujo observava; e sua poderosa lente continuava revelando segredos que talvez ninguém mais senão ele conhecia, e seu diálogo consigo mesmo continuava sem interrupção:

— Não estão eles abarrotados de poderes e riquezas? Para que hão de necessitar dessa imundície de muladar que se empenham em recolher? Ela é quase a soberana da Mauritânia, com cem barcos comerciando e percorrendo todos os mares, com caravanas que vão desde o País do Sol até as desembocaduras do Níger; irmã do faraó, que tem adoração por ela; e ele, seu filho, que hoje levanta toda a ralé do Egito despossuída e a torna capaz de engrandecer, com seu esforço livre e voluntário, o país mais rico e mais forte do mundo.

"Alguma coisa..., alguma coisa deve esconder-se por trás do que fazem estes dois personagens que agora são meus chefes supremos. Observa, Asaf, observa e saberás."

O atento e nobre marujo continuava suas observações. Até que nessa noite, quando a lua cheia brilhava como um milheiro de luminárias sobre o mar, teve a idéia de oferecer-se uma ceia, como um alívio para suas canseiras, quando viu Moisés subir para seu camarote reservado no "Princesa Real".

— Permitir-me-á vossa alteza mandar servi-lo em seu próprio camarote para maior intimidade em seu descanso?

— Sim, homem, sim, onde tu queiras, já que te empenhas em obsequiar-me tão gentilmente.

Foi isto para o capitão Asaf o correspondente a abrir-se o céu e despejar como flores todas as estrelas a seus pés.

Nessa noite ele soube o que tanto lhe interessava no seu eu mais íntimo; conheceu os grandes projetos de Moisés: criar um povo para um ideal. E esse povo estaria formado de tão variados elementos, discordes uns dos outros, de educação e raças diferentes que às vezes se encontrariam divididos por ódios profundos. Ela era como uma mulher, como um lírio branco das montanhas, e ele era um príncipe real nascido em berço de ouro e quase irmão do faraó!

— Céus! — dizia o marujo agarrando a cabeça com ambas as mãos —, não sois feliz, alteza, com quanto tendes? Que ides buscando no meio do lodaçal e da imundície, quando tudo é flor de ouro e felicidade no vosso caminho?... Perdoai, alteza, o meu atrevimento, mas não chego a compreender isto que estais fazendo. Será que sois ambos deuses descidos à Terra para conduzir os homens aos caminhos de luz e de beleza no qual andais?

"Tende piedade deste rude marujo que só sabe subjugar as tormentas e saltar sobre elas como um hábil cavalo sobre um precipício, porque não posso duvidar que deveis sofrer um engano entre essa turba de miseráveis que sonhais transformar da noite para o dia."

Moisés quase sentiu complacência ao ouvi-lo para chegar a compreender o grau de evolução espiritual que o capitão Asaf tinha, pois, segundo isso, seria a facilidade de compreensão do ideal sublime sustentado por ele.

— Bem, Asaf, eu te ouvi e compreendi. Sei que me compreenderás se tiveres a vontade e a paciência de me esperar amanhã ao cair da tarde quando creio poder terminar minhas tarefas por estes lados. Agradar-me-á vir dar-te minhas respostas com meu álbum de anotações, que explicam mais claro do que eu as razões que impulsionam a minha mãe e a mim.

— Está bem, alteza, eu vos esperarei ansioso por ouvir vossas respostas. E se separaram.

Ao cair a tarde do dia seguinte, Moisés subia a prancha do "Princesa Real" e o capitão Asaf o esperava no fim dela.

Não estava só, mas com duas jovens tão semelhantes uma da outra que se compreendia à primeira vista seu parentesco íntimo. Eram irmãs gêmeas.

— Elas não têm mãe e vivem aqui no barco comigo. São minhas duas filhas, a única coisa que possuo neste mundo. O príncipe real, filho da princesa proprietária deste barco — acrescentou, apresentando Moisés.

As duas jovens fizeram uma grande reverência e esperaram que Moisés lhes mandasse levantar a cabeça inclinada.

— Levantai-vos, eu vos rogo — disse imediatamente Moisés. — Vosso pai está ainda muito apegado à formas do cerimonial palaciano. Não deveis olhar para mim como para um pássaro raro, mas simplesmente como a um homem que aspira conduzir todos os seres humanos pelo caminho da paz e da verdadeira felicidade.

Quando as duas irmãs levantaram o rosto, pareciam iluminadas por uma alegria indefinível. Ambas sorriam, observando Moisés com seus grandes olhos castanhos cheios de luz.

— Não sois para nós um pássaro raro — disse uma delas —, nós vos conhecemos desde que o "Princesa Real" ancorou no porto.

— É verdade — acrescentou a outra —, porque, com as lentes que nos deu nosso pai para observar todas as coisas sem descer do barco, nós vos vimos muitas vezes acompanhando vossa mãe e, às vezes, sozinho.

— Eu ignorava, capitão, que tinhas a bordo tão excelentes vigias. Tampouco me pareceis pessoas estranhas. Creio ter visto ambas antes em alguma parte.

— Talvez em sonho, alteza! — disse o capitão sorridente —, porque elas já vos disseram: não lhes é permitido descer do barco por nenhuma razão do mundo.

— E quem o proíbe?

— Eu mesmo, alteza. Aqui elas têm tudo. Não necessitam de nada. Esta é a sua casa enquanto eu estiver no comando do "Princesa Real". Meu apartamento é grande o suficiente e sobra para os três.

— Mas dize-me, capitão, minha mãe sabe que estas duas jovens estão enclausuradas aqui? — perguntou novamente Moisés.

— Não, por que deverá ela saber coisa de tão pouca importância? Nada faltava a não ser importunar a soberana da Bética com semelhante notícia.

— Pois eu te dou a minha palavra que hoje ela saberá. De passagem, advirto-te para não julgares minha mãe como uma soberana do grande mundo. Já deverias havê-lo suposto vendo-a visitar até os lodaçais do nosso Delta.

— Elas podem ouvir o que dirá o vosso álbum de respostas, alteza?

— Não, pobres criaturas! Não vês que estou lendo em seus olhos que nada sabem das dores humanas?

Moisés as observou com tanta fixidez que ambas baixaram a vista. Ele, que involuntariamente se sentiu como iluminado por uma estranha luz, disse:

— Tu és Saravasti e tu és Nichdali! Como o nosso Divino Pai vos conserva tão belas!

O relâmpago apagou-se na mente de Moisés, e ele conseguiu ouvir que as jovens diziam:

— Não, alteza, eu sou Marina e ela é Clarissa.

O capitão ficara perplexo porque observou algo estranho em Moisés quando pronunciou esses nomes.

— Tendes belos nomes, e bem próprios da vossa terra! — acrescentou Moisés convencido de que dissera uma inconveniência por causa do novo aspecto que começava a apresentar-se diante dele em determinados momentos. Com prodigiosa facilidade voltava ao passado, digamo-lo assim, apresentando-lhe cenas, personagens, passagens e panoramas de um passado que às vezes ele mesmo não podia definir.

Contava somente trinta e cinco anos, e a lucidez de sua mente adquirira tão extraordinária potencialidade, que, por momentos, o passado era para ele uma grande tela pintada na parede, e em pessoas jamais vistas em sua presente vida, encontrava as que foram em distantes épocas companheiras, amigas, aliadas para uma obra de justiça e de amor em conjunto.

Quando o capitão ordenou às jovens para prepararem a ceia destinada ao príncipe real, conforme ele o chamava e ambos ficaram a sós, Asaf não pôde silenciar sua pergunta:

— Alteza real, posso saber o que vos ocorreu ao ver minhas filhas? Não éreis o mesmo, acreditai. Vossos olhos e vosso rosto estavam como adormecidos, e lhes destes uns nomes que não são os delas. Dir-se-ia que as conhecestes anteriormente. Como posso entender isto? Quase estou acreditando no que se diz em minha terra de vossa mãe e de vós, alteza, que sois um par de deuses vindos à Terra para levar os homens por caminhos de bem e de justiça.

O capitão ficou plantado firme diante de Moisés, que se deixou cair sorridente numa poltrona.

— Agora, sim, ficou complicada a minha situação, capitão. Como poderás entender quanto eu te disser sem me julgares um louco?

104

— Oh, não, Alteza, louco, jamais! Sábio e bom como um deus, isso sim, agora e sempre.

Asaf ajoelhou-se diante de Moisés porque acabava de se convencer de que naquele galhardo príncipe de trinta e cinco anos se escondia, pelo menos, um arcanjo do sétimo céu.

Com imenso amor, Moisés pôs suas mãos sobre os ombros do marujo ajoelhado e de cujos olhos corriam lágrimas de profunda emoção:

— Nanda! Patriarca Nanda! Eu estive assim um dia ajoelhado diante de ti rogando que me dissesses onde estava escondida minha mãe. Como não podias dizer-me, me aproximaste de tuas duas filhas Saravasti e Nichdali para que me fizessem esquecer o pesar de havê-la perdido.

"Elas me amaram com loucura de amor e me seguiram nas minhas caminhadas idealistas, e tu me acompanhaste durante anos, até que fui capaz de cumprir com encargos pesados a minha lei. Eu era então Krisna, neto do rei de Madura, destronado e cativo, e tu eras o patriarca dos anacoretas do Monte Meru. Naquele distante passado, te juntaste aos meus aliados e hoje o fazes também.

"Patriarca Nanda! És fiel e perseverante como foram os flâmines das Torres do Silêncio, os dáctilos do Monte das Abelhas e os kobdas de Neghadá nas desembocaduras do Nilo. Foi aqui mesmo onde ambos fomos iluminados!

As duas mocinhas voltavam com mesinhas rodantes cheias de manjares, doces, vinhos, frutas, e ficaram assombradas.

— Pai!... por que vos manténs assim ajoelhado diante do príncipe real? — perguntou a que chegou primeiro.

— Ofendeste-o em algo? — perguntou a outra.

— Porque estou mencionando meus pecados, que são muitos, minhas filhas, e ele os perdoa todos de uma vez — respondeu o capitão secando seus olhos que haviam chorado.

Três semanas depois, o "Princesa Real" soltava amarras, levantava âncoras e se dirigia rumo ao oriente, levando a bordo Thimétis, com a luzidia corte de honra formada pelas mulheres seguidoras de Moisés. Era soberana da Bética, chamado o país da alegria e do bom amor, que reclamava a sua presença com tão ressonante clamor que não foi possível retardar por mais tempo o ansiado acontecimento.

Devemos compreender que não era tão-somente isso o que punha ânsia nos olhos e aspirações no coração dos que levavam as diretrizes naquela viagem, ou seja, Moisés e sua mãe.

Eram acompanhados também, como é lógico e natural, por Arfasol da Bética, Fredek de Port-Ofir e alguns dos hierofantes mais jovens e fortes dos que formavam o grande colégio sagrado do templo de On recentemente restaurado e reorganizado.

A Bética daquele tempo ocupava a parte sudeste da formosa Ibéria, como era chamada então o que hoje conhecemos como Espanha. Sua grande capital, Bética, situava-se mais ou menos onde hoje está Almería, ou seja, nas próprias faldas da Serra Nevada, escabrosas montanhas ricas em minerais de grande valor. Os cavaleiros mauritanos que, formando legião escolhida e algo secreta, se denominavam iberianos, como o leitor recordará quando acompanhamos a princesa real em sua regência na Mauritânia, tinham seu santuário-mãe, digamo-lo assim, num dos mais altos e escondidos montes da Serra Nevada. Dali saíra, como águia branca de um oculto ninho, o audaz peregrino que, cruzando atrevidamente num vôo o mar azul, se havia assentado no País do Sol porque um aviso dos céus lhe dissera em sonhos:

"— Lá encontrarás a ponta do fio que há de levar-te até a desembocadura do rio sagrado que rega a terra que pertence aos nossos ancestrais e onde descansam suas matérias convertidas em pedra."

Esse peregrino fugitivo tinha-se chamado Cisne de Askersa, posteriormente Osíris, e esse foi o caminho seguido por ele.

Fredek de Port-Ofir e Arfasol da Bética estavam ligados por uma cadeia de diamantes, e Moisés e sua mãe eram o broche de ouro que a fechava.

Da Mauritânia tinham cruzado o mar alguns dos mais arrojados cavaleiros iberianos. Fredek recordou isso e mencionou à princesa real e a Moisés. Arfasol, originário daquela terra que era o velho domínio soberano herdado de seus ancestrais, ignorava por completo esse segredo, que antiqüíssimas escrituras já haviam revelado a Moisés e aos antigos hierofantes iniciados nos templos mais antigos do Egito.

Tal era o motivo, a causa motriz que inflava as velas do "Princesa Real" e punha fogo de energia em seus tripulantes, todos da escola de portas abertas de Moisés.

Arfasol, por sua parte, sabia que era intensamente amado em sua terra e que esse amor atrairia à causa de Moisés um regular contingente de seres desejosos de uma vida melhor. As correntes vandálicas dos normandos do norte mantinham algum temor nos habitantes pacíficos do meio-dia (dos trópicos). Em suma, a ele bastava e sobrava ver-se honrado pela confiança da grande mulher, a filha da rainha Epúvia, que deveria ter sido sua filha se lhe houvessem permitido viver o grande amor de sua juventude.

Mais lamentável é comprovar e continuar vendo repetidas vezes que a humanidade terrestre dá mais apreço e valor ao ouro, que deixará forçosamente ao morrer, que aos sublimes e divinos ideais, que serão seu galardão e sua glória na eternidade.

Entre as damas que compunham o cortejo de amor, mais que de honra da princesa real, encontrava-se Estrela ou Séfora, esposa de Moisés, com seu pequeno filho de cinco anos, a órfã Ebiné da Etiópia, Marina e Clarissa, filhas do capitão Asaf, enquanto Maria, ex-esposa de Aarão, ficava em Mênfis com os mestres de almas e professores da escola de Moisés.

Novo Krisna, novo Abel, sem dúvida Moisés teve o valioso apoio que para os grandes ideais traz sempre a mulher, cuja evolução o fez atravessar a muralha de ferro e dar os saltos sobre o abismo que a lei exige sempre dos que aspiram a luz dos píncaros azuis...

E uma tarde, entre os tépidos resplendores de um crepúsculo vespertino, Moisés, sobre a coberta do "Princesa Real", enquanto mantinha amena conversação com os hierofantes mais jovens que quiseram acompanhá-lo, teve uma bela visão mental. Sua mente audaz soltou a sonda dos encontros espirituais divinos, enquanto via sua mãe no outro extremo da coberta, rodeada por aquele florido vergel de jovens mocinhas enamoradas dela e do ideal que seguia, e ele mesmo entre um círculo íntimo de verdadeiros amigos, que também o amavam até o ponto de deixar tudo para segui-lo.

— Quem são — exclamou sua mente — os que assim nos amam e nos seguem? Quem são, os que deixam tudo quanto é amável ao coração e agradável aos sentidos para lançar-se na incerteza, seguindo a mim e à minha mãe?...

Sua mente, águia audaz do infinito, recolheu a resposta como um pedaço de gaze que seus irmãos do céu estendiam ante seu espírito perscrutador:

Viu Zurima, a amada do coração de Abel, que o aproximou de Abiné, a jovem da Etiópia, e disse: "É a minha Alvina, que chamaste de minha menina das rosas brancas." Viu em Marina e Clarissa as companheirinhas de infância de Abel: Hélia e Mabi. Viu nas jovens damas que rodeavam sua mãe, as kobdas do Monte Kason. Entre os sete hierofantes que o rodeavam, viu dois galhardos militares atlantes a conversarem junto dele sem perceber a descoberta que o grande clarividente fazia: Suadin, o chefe militar a quem foi entregue Sadia, e Ataulfo de Teoskândia, que um dia deixou a lança e a espada para vestir o hábito branco de ermitão da montanha sagrada.

NARCISOS E ROSEIRAS

A princesa real, aquela meiga e suave Thimétis que conhecemos, estava encantada com sua corte de amor.

Sua juventude já passara e recordava-a bem. Muitos abrolhos se haviam interposto entre as brancas roseiras de sua vida honesta e pura. Amou e foi amada. Todo o Olimpo de deuses imortais tinha descido para ela na pessoa de seu filho, desse grande filho às vezes incompreendido até por ela mesma, que não podia alcançá-lo quando, águia do pensamento, estendia o vôo na imensidão do infinito. Então, em recolhida meditação, ela perguntava a si mesma:

"— O que ele busca fora, no exterior, se tem tudo em si mesmo? Pobre filho meu! Vejo-o sofrer, vejo-o buscar com ânsias supremas e nunca deixa de buscar."

Numa noite serena de radiante lua brilhando como uma lâmpada sobre a quietude do mar, ela saiu de seu camarote no "Princesa Real" que, de vento em popa, avançava em sua rota para o oriente. Situado no centro da grande sala circular onde se abriam as portas de todos os camarotes ocupados pelo seu cortejo de jovens damas, sentia-se dona de todas elas, tal como uma mãe amorosa que quer tê-las todas ao alcance de sua vista.

— Falta Merik — pensou ela. — Oh! Era na verdade minha filha... E que filha! Mãe Ísis. Levaste-a ao teu céu de amor porque ela era um arcanjo de amor!

"O amor atrai o amor" — cantaram os poetas de todos os tempos. "O amor com amor se paga", cantaram também. Assim sucedeu naquela noite ao engastar algo como uma safira azul em meu relato.

Pouco depois de Thimétis estar sentada a sós na sala circular com toldos e cortinados descerrados para contemplar a beleza serena do azul estrelado, apareceram junto a ela as duas filhas do capitão, Marina e Clarissa.

— Proporcionais-me uma linda surpresa, pois julgava que dormíeis — disse ao vê-las. E, como se mantivessem de pé, convidou-as a sentar-se.

— Perdoai, alteza real, nosso atrevimento, mas vossa bondade é tanta e nós nos vemos tão sozinhas no mundo que não percebemos que o nosso coração tinha voado para vós como um passarinho inquieto que ainda não deixou o ninho.

— Não há nada que perdoar, filhinhas, pelo contrário, tenho de agradecer-vos porque começava a entristecer-me com uma velha lembrança que de tanto em tanto estremece meu coração quando me vejo só. Agradeço-vos por terem vindo.

— Oh, senhora! — exclamou Clarissa, que demonstrava ser mais tímida que a irmã. — Se vossa alteza, que é tão grande e tão querida, pode ficar triste, que será de nós que, sempre sozinhas com nosso pai nem sempre alegre, e em meio a esta multidão de marinheiros todos graves e rudes, que jamais nos dirigem a palavra?...

— Nosso pai proibiu, Clarissa!, e ele sabe o que faz. Que podem dizer-nos eles, além de cordas, paus, cargas, tonéis e, às vezes, ameaças de tormentas? — argüiu Marina. — Essa é a vida num barco.

— Está me parecendo, minhas jovens, que esta vida é demasiado dura para vossa pouca idade.

— Completamos quatorze e estamos próximas dos quinze — acrescentou Marina com uma alegria que transparecia em seus olhos como através de um cristal.

— E se eu insinuasse a vosso pai para vos deixar permanentemente a meu lado, ficaríeis contentes?

De um passo que foi como o vôo de uma mariposa, Marina ajoelhou-se diante da princesa real e, com as mãos cruzadas sobre o peito como em atitude de oração, disse:

— Ó santa princesa real do país do Nilo e de todos os Nilos do mundo! Adivinhais tudo porque todos os querubins do céu falam ao vosso ouvido...

— Marina!... — exclamou atônita a irmã —, creio que tomas demasiada confiança com sua alteza real... Recorda o que o pai nos recomendou.

— Que disse ele, se posso saber? — perguntou Thimétis esforçando-se em conter o riso perante os espontâneos ímpetos da garota.

— Que se vier a descobrir que molestamos vossa alteza, nos fecha no camarote e não sairemos mais até terminar a viagem.

— Está bem. Ouvi-me, minhas queridas, e guardai discreto silêncio até amanhã, pois a esta mesma hora teremos outra entrevista igual a esta. Falarei com vosso pai durante o dia e à noite sabereis o resultado.

— Clarissa!... Achas que poderemos dormir esta noite?... Eu vôo e não sou mariposa; eu canto e não sou uma calhandra...

— Marina!... Senhora, não a rechaceis, eu vos rogo. Ela está assim pela alegria que lhe causa só em pensar que viveremos com vossa alteza real. Meu pai não vos poderá negar nada.

— Não vos preocupeis, eu vos peço. Na vossa idade eu era uma garotinha aloucada que fazia mil travessuras até com as pessoas mais velhas.

O pensamento de Thimétis voou ao vale das tumbas reais, onde o velho Eleazar, pai de Amram, tinha sua cabana e ela se apresentou como uma aldeã, sendo a filha do faraó.

"Eu não quero dormir nem vós tampouco, pelo que vejo. Tratemos de conhecer-nos para chegar a amar-nos.

— Oh!, eu já vos amo, senhora, até mais além da outra margem do mar.

— Obrigada, obrigada!

— Se sois tão boa, senhora, quem pode escapar dos vossos laços de amor?

— Muito agradecida... Mil agradecimentos — repetiu Thimétis encantada por aquelas duas criaturas. — Ambas sois as mais jovens dentre as damas desta corte de amor formada pelo amor de todos os que me rodeiam.

— Faremos por merecer tanto como as mais idosas — voltou Marina a dizer. — Na Bética, tínhamos mestres que nos davam grandes lições. Mas aqui ninguém nos ensina nada.

— Quereis que eu seja a vossa mestra?

— Imediatamente, senhora. Agora mesmo vos escutamos.

— Clarissa, que me dizes deste estupendo prodígio. Eu não te disse que havia sonhado com um anjo que me dizia trovas e cantava versos?

— Esta sonha sempre com estrelas e querubins, mas até hoje nossa vida tem sido bem triste.

— Não o será mais porque, quando regressarmos ao Egito, eu vos levarei a uma escola no templo de On onde podeis adquirir os mais elevados conhecimentos que a mente humana pode adquirir.

A meiga mãe de Moisés, que tanto tinha chorado, desfolhou sua branca roseira de experiências, de amor, de tolerância e de suavidade divina sobre as almas virgens das duas filhas do capitão Asaf que dormia muito tranqüilo em seu camarote, sem imaginar sequer que suas duas mariposinhas inquietas já haviam procurado uma advogada que de antemão tinha ganho para elas todos os pleitos.

As magníficas clarividências que a lei concedia a Moisés foram convencendo-o, pouco a pouco, de que não estava sozinho na grande jornada. Ele acabou por saber plenamente que a eterna lei, com uma sabedoria infinita própria apenas dela, ia reunindo a seu redor quase todos os que em outras épocas o haviam secundado nos caminhos do triunfo e tinham também subido com ele os cumes de sacrifício e dor para onde o levara a lei de todos os redentores, de todos os heróis que sabem esquecer-se de si mesmos para dar-se inteiramente em benefício da humanidade.

Que encontraria na Bética, o chamado país da alegria, do bom amor?

Que encontraria na Ibéria legendária, sonhada e possuída muitos séculos atrás por aquele jovem soberano Iber que das embocaduras do Nilo fizera a mesma viagem que ele realizava, unido em núpcias sagradas com a "Menina das Rosas Brancas"?

O alento dos kobdas pré-históricos tinha soprado como brisa de primavera por aqueles vales e montanhas; e por onde eles passavam deixavam um rastro de Luz como um caminho semeado de estrelas.

"A Menina das Rosas Brancas" vinha no "Princesa Real". Sua clarividência lhe havia dito. Encontrar-se-ia acaso com o próprio Iber, novamente encarnado naquelas terras para continuar a obra de redenção humana iniciada séculos atrás? Em Iber esteve encarnada Milcha, a heróica, lá nos começos brumosos das origens da civilização adâmica. Antes..., muito antes, ele acompanhou o rei santo Anfião em seu solitário castelo de Port-Ofir... Moisés fazia correr os séculos como as pérolas de um colar... Menino ainda, lutara com os purpurados sacerdotes que aproximavam a taça de veneno dos lábios de Antúlio, o filósofo, cujas verdades açoitavam seus rostos manchados de lascívia, de hipocrisia e de engano.

— Mestre!... Ungido dos deuses! — exclamou de repente um dos jovens hierofantes que rodeavam Moisés. — Que vos ocorre? Pareceis próximo a desmaiar, pois vos tornastes pálido e vossos olhos estão brilhando de lágrimas.

— Nada..., não é nada! São as lembranças do passado. Vivo às vezes de recordações... que nem sempre são uma coroa de rosas. As recordações são também abrolhos, espinhos e, em certos momentos, são punhais que penetram na alma como um estilete agudo numa fruta madura.

"Ó amigos meus!... Sede piedosos com este Moisés que julgais um gigante de pedra. Lembrai que ele também tem um coração de carne, uma alma que quer voar para cumes distantes e uma lei mais forte que ele, atando-o à Terra, às criaturas, ao mundo. Acabo por convencer-me de que este Moisés é apenas um peregrino errante da vida que, à frente de uma grande caravana, deverá atravessar desertos ressequidos abrasados de sol, e ouvir insultos e maldições daqueles mesmos a quem busca e quer salvar.

O capitão Asaf tinha visto com sua lente a costa sombria da Bética, os altos montes de crista branca da Serra Nevada, e fizera desprender uma chalupa que se adiantara com o aviso de que levava a soberana da Bética.

O crepúsculo já fechava seus cortinados de ametista e ouro, e cem luminárias brilhavam na costa. Duas horas depois, o "Princesa Real" ancorava e os viajantes desciam pela prancha da embarcação entre uma chuva de flores, de aclamações, de toques de clarim de triunfo e marchas de harmoniosos acordes com que o país da alegria, do bom amor, recebia a grande mulher que fez brilhar o bem e a justiça na vizinha Mauritânia e que o faria da mesma forma no país que a elegera soberana. Todo um povo em busca de uma mulher. Thimétis chorava de emoção e se entregava sem defesa aos abraços e beijos de toda aquela multidão que a aclamava. Junto a ela, dois homens semi-ocultos nas penumbras do anoitecer e das multidões secavam também dissimuladamente o pranto: Arfasol da Bética e Fredek de Port-Ofir. O primeiro via nela a que devia ter sido a sua filha..., a única filha daquele amor que nem sequer morreria com ele. O segundo via nela a mulher desejada em sua primeira juventude, para a qual jamais pôde encontrar substituta pela simples razão de não haver duas Thimétis neste mundo.

Dois pensamentos fixos levavam Moisés ao país dos cravos e da franca alegria do bom amor: tomar a ponta do fio que conduziu o Cisne de Askersa,

111

o Osíris egípcio do país do Nilo, e comprovar se ainda existiam os anacoretas atlantes fugitivos da invasão das águas e que antigas escrituras e tradições diziam ter-se refugiado nas grutas e cavernas naturais da Serra Nevada.

Estas eram as duas poderosas razões que o fizeram abandonar por um tempo suas grandes tarefas de preparar a jornada que ele via como uma próxima realidade.

Arfasol da Bética e Fredek de Port-Ofir seriam os instrumentos fiéis e voluntários que para tal fim se haviam oferecido. Um por ser natural do país e senhor, digamo-lo assim, do campo a explorar; e o outro por estar fortemente ligado a essa secreta fraternidade de cavaleiros iberianos, cujos nobres fins e reta maneira de agir demonstravam grandes princípios e uma origem que talvez o levasse até os kobdas da esquecida civilização de Bohindra e Abel.

Antigas escrituras de diversas origens falavam de um jovem kobda rei a quem sua lei o levou para aquela terra que tomou seu nome: Ibéria. Ele se chamava Iber. Mas os séculos destruidores, tanto e em tão alto grau como a ignorância e a inconsciência humana, tinham apagado todo o vestígio como, da mesma forma, sucedia com muitos outros grandes acontecimentos que um silêncio abissal sepultou em suas silenciosas trevas.

Moisés tinha a convicção de que uma das faces da sua missão na Terra era a de descobrir a verdade, mesmo que ela estivesse escondida no fundo do mar; porque no mais secreto lugar de nosso eu mais íntimo, a lei divina parece comprazer-se em deixar-nos transparentar, ainda que seja no mais ínfimo resplendor desse algo, pouco ou muito do que o ser humano tem de anjo, de centelha ardente de Deus, embora revestido da pesada carne que o arrasta ao lamaçal enquanto, em negligente inércia, se intumescem as asas que lhe foram dadas para abarcar a imensidão.

Enquanto cobriam sua mãe de flores, de homenagens das quais participavam alegremente as jovens damas de sua corte de amor, Moisés apenas orientado no novo campo de ação, seguia acompanhado de Fredek e Arfasol, mais os dois hierofantes que sua clarividência lhe fez descobrir como seus muito antigos servidores: Godobaldo e Belmudo. Ele os havia descoberto com outras roupagens externas e internas: Suadin e Ataulfo; contudo, eram os mesmos por dentro. Moisés tinha visto muito bem. O eterno ideal havia-os ligado a ele num passado muito distante; entretanto, ele os sabia atados com ligaduras que jamais chegariam a romper-se.

Um dia, os cinco se internaram, pouco depois do amanhecer, pelos caminhos altos e escabrosos da montanha e levando o mesmo pensamento: encontrar pelo menos um vestígio daquele Iber da pré-história que alicerçou uma civilização fraternal como a fundada pelos kobdas nas desembocaduras do Nilo e nas pradarias do Eufrates.

Quando já se aproximava o meio-dia e nada tinham encontrado, sentados os cinco ao redor de uma grande pedra plana que lhes serviria de mesa, Moisés levantou-se de repente como se um raio houvesse caído a seus pés ou a terra se houvera aberto para tragá-los, e pronunciou, com uma voz metálica que fere e faz tremer, um terrível juramento:

— Juro por toda a majestade dos céus que deixar-me-ei morrer neste labirinto de rochas, mas não sairei daqui sem ter descoberto que as escrituras não mentem: o Cisne de Askersa tomou aqui a ponta de fio que o conduziu ao país do Nilo, e existe aqui alguma coisa dos mártires do ideal!

Como se esse solene juramento houvesse tido força de invocação, viram de repente um ancião anacoreta com um pequeno cântaro de barro na mão saindo para recolher água da vertente cristalina onde todos tinham bebido momentos antes, quando chegaram ali sedentos e cansados no corpo e desesperançados na alma, porque as montanhas ásperas e agrestes lhes negavam o segredo que escondiam.

Moisés caiu de joelhos sobre as duras pedras e começou a chorar como um menino. Ele era forte, mas seu sistema nervoso chegara ao máximo de tensão e já não podia mais.

A emoção dele transmitiu-se como por um fio aos cinco, até o ponto de o ancião anacoreta lhes dizer:

— Eu esperava desde há três dias algo que devia encontrar nesta montanha do meu retiro, mas nunca imaginei ver chorar assim tão galhardos e jovens visitantes. Quem sois e por que viestes?

— Somos homens buscadores da verdade, bom ancião, e nossas antigas escrituras nos dizem que nesta montanha está escondida a deusa que buscamos. Acaso vós a tendes cativa?

— Sim, meus amigos, porque ela é uma deusa que se deixa cativar por aqueles que em verdade a amam.

Como o convidaram a compartilhar do almoço, o ancião, que não aparentava mais de sessenta anos, deixou tranqüilamente seu pequeno cântaro sobre a pedra e sentou-se como se aqueles cinco homens fossem conhecidos e amigos de muitos anos.

— Cheguei a esta montanha quando tinha trinta e cinco anos — começou dizendo. — Agora tenho cinqüenta e nove e consegui habituar-me a esta vida solitária e sem outra luta que buscar diariamente o alimento necessário. Neste quarto de século, permaneci em solidão não absoluta, pois encontrei aqui seis companheiros, dos quais restam ainda dois muito idosos, dos quais cuido com esmero por medo da solidão absoluta. Neste quarto de século, dizia, destapou-se em meu interior um vaso que eu devia guardar muito fechado, com um extrato de essências muito particular. Leio, sem saber nem por que, os

113

pensamentos dos que se aproximam de mim. Não sei por que sinto a necessidade de confiar este meu grande segredo a vós.

— Alegra-me infinitamente a vossa confidência — disse em seguida Moisés. — Fazei o favor, bom amigo, de ler o meu pensamento e não tenhais nenhuma dúvida em dizer quanto percebeis nele.

Fez-se um silêncio profundo. Ali parecia não existir vestígio algum de vida. Eram todos hierofantes que sabiam construir abóbadas de silêncio com profundidades de abismo.

A voz serena do ancião, como um mar em calma, deixou-se ouvir como um suave eco da própria montanha cheia de germes de imperceptíveis vidas:

— Pensais neste momento se estará encarnado na minha matéria aquele jovem soberano pré-histórico chamado Iber e que, pela lei divina, foi governante de dois grandes países, Ethea e Nairi, nome que a humanidade atual esqueceu porque os séculos passaram sobre eles como o furacão sobre o deserto.

— É verdade — disse Moisés. — Buscando ter essa certeza, vieram estes cinco homens que aqui vedes.

— Meus companheiros e eu conhecemos toda essa longa história que provém dos jardins encantados da Atlântida e termina nas margens do Nilo. Temos o nosso santuário oculto entre estas montanhas, santuário que foi levantado pedra sobre pedra há séculos. O santuário kobda-iberiano é chamado e conhecido aqui e na vizinha Mauritânia onde temos uma escola de estudos esotéricos e quase militarizada para defesa em caso de absoluta necessidade.

— Eu pertenço a essa escola — disse em voz alta Fredek. — Sou cavaleiro iberiano, natural da Mauritânia, filho de uma esposa secundária do grande sfaz desaparecido há poucos anos.

— Já o sei, e todos estais pensando se eu saberei que este cavalheiro mais jovem que todos vós é Aton-Moses, filho da princesa real do Egito, e ungido nesta hora pela eterna potência, senhora dos mundos, para ditar a lei que marcará o caminho espiritual que ela quer para este e para todos os mundos de igual grau de evolução que a Terra.

— Tão afastado viveis do mundo, e conheceis o passado e o presente do mundo! — exclamou outro dos presentes.

— Efetivamente, amigos. O afastamento do mundo que tudo ignora porque não lhe interessa saber, não significa ignorância nem descuido nem inércia, mas muito ao contrário. O afastamento do mundo significa estudo, consagração a ideais muito mais elevados que este mundo ignora existir; significa suprema aspiração ao conhecimento do eterno poder, da divina energia, da inextinguível luz; significa, e não me tacheis de soberbo, significa possuir a Deus e ser possuído por Ele nessa união suprema e única que bem podemos qualificar de místico desposório, de boda eterna com a divindade. Esse é o conceito com que aqui observamos o retiro e a solidão no nosso santuário kobda-iberiano de Serra Nevada.

"Respondo, pois, às vossas perguntas mentais. Meu distante passado diz que sou Iber de Uran, mas hoje não sou senão Laurêncio de Arakova, aldeia insignificante da Ática, caminho para Delfos; que, fugitivo dos piratas do Mar Egeu que me roubaram do lar, fui favorecido por um solitário desta montanha, que me trouxe aqui como um passarinho assustado quando apenas tinha quatorze anos de vida física. Essa é toda a minha história."

Moisés e seus companheiros não saíam do seu assombro ouvindo aquela resposta que respondia fielmente ao que todos eles pensavam.

— Fomos guiados por um arcanjo de luz — disse Moisés. — Porque, vir desde as desembocaduras do Nilo, atravessando o mar de extremo em extremo em busca daquele Iber pré-histórico, e nos encontrarmos frente à frente com ele entre as rochas mudas da Serra Nevada... é quase um milagre, se o milagre pudesse existir entre as incalculáveis grandezas da majestade divina do Eterno invisível.

— A majestade divina — disse o anacoreta — jamais necessitou do milagre para manifestar seus poderes que aparecem latentes e vivos em tudo quanto nos rodeia. Mais ainda, na nossa vida de larvas que se arrastam pelas úmidas rochas encontramos prodígios do poder e da bondade divinos, do seu soberano amor envolvendo tudo em seus perfumes de céu e na luz que jamais se apaga.

"Mas não devo alterar vossos costumes. Estáveis para almoçar e já é passado o meio-dia. Fazei-o enquanto recolho os ovos de minhas galinholas e ordenho o leite de nossas cabras."

— Comei conosco, eu vos peço — disse Moisés — e vos acompanharemos a fazer a coleta mencionada.

— Obrigado, amigos, mas meus dois velhinhos esperam seu alimento...

— Vamos para junto deles — disseram todos, recolhendo rapidamente o que se via estendido sobre a grande pedra plana disposta como uma mesa.

O leitor, bem o imagina, recolhe também mentalmente seu equipamento de curioso interesse de saber e segue o anacoreta pelo ignorado caminho onde se internou acompanhado de seus visitantes.

Uma volta à direita de um monte cortado a pico, outra volta à esquerda, costeando o pequeno arroio que provinha da vertente, e estavam ante a fachada cinzenta, escura como a montanha, do que Laurêncio chamara santuário kobda-iberiano da Serra Nevada.

Dois brancos anciãos que pareciam os personagens de uma tela pintada a óleo numa muralha, foi o que perceberam ao entrar no que poderíamos chamar pórtico daquele antiqüíssimo templo escavado, em grande parte, na própria montanha.

115

Sem saber por que, sentiram todos a necessidade de ajoelhar-se ante eles que, por seus muitos anos, não podiam recebê-los de pé.

Fredek, Godobaldo e Belmudo não podiam conter o pranto, e lágrimas silenciosas corriam pela suas faces macilentas e pálidas.

A mente recordava. O coração recordava também. Desapareciam os séculos diante da força poderosa de lembranças tão intensamente evocadas, e o pangrave Aldis, o arquivista Suri, o kobda Heberi da época inesquecível de Abel e de Bohindra surgiam como visões nas trevas do passado perante o olhar cheio de amor e de boas-vindas que aparecia naqueles rostos venerandos.

Eram eles mesmos!... A mente os reconhecia! O coração os recordava nesse instante de iluminação divina!

Quando o eterno poder entreabre seu livro de folhas de prata com hieróglifos de estrelas, as almas fiéis se encontram, se reconhecem, se abraçam e voltam a se amar como se os séculos e as épocas fossem apagadas por um pincel mágico para ficar somente o hoje, resplandecente e vivo como um sol no zênite.

Visão do passado, desvario da recordação, intensidade de aspirações que não são da Terra, claridade de vida espiritual incompreendida pelos amigos do ouro e do desejo, do interesse e do cálculo!

Como pode compreender a criatura humana, enlouquecida por todas as formas do prazer, da inconsciência, da ignorância e do pessimismo negativo?... Como pode compreender e ler o que dizem as flores ao confundir seus perfumes, e as nuvens ao enredar os matizes de suas cores, e os beijos de luz das estrelas e a eterna harmonia de amor das esferas?...

Deixo o leitor meditar longamente sobre o que deve ter sentido Moisés, clarividente genial, e os que o acompanham nesse encontro sublime dos que se haviam amado ante o altar augusto da verdade buscada e sonhada há muitos séculos e da singela realidade transformada em vida nova entre o labirinto de rochas da Serra Nevada, testemunha muda do que fez e foi, num dia já perdido na noite dos tempos, a grande civilização kobda que floresceu como uma roseira milagrosa em três continentes.

O Santuário de Serra Nevada

Era seguramente o mais austero, o mais desnudo de todo o desnecessário, o mais áspero e o que menos falava aos sentidos de complacência e de suavidades.

Todo rochas cinzentas e geladas. Rochas ásperas e pontiagudas, cujo roçar machucava as mãos e assustava a vista, fazendo pensar imediatamente quão dura e amarga devia ser a vida sob aqueles tetos onde nem um musgo verde suavizava aquelas negruras de sepulcro.

Percorrer com o olhar tudo aquilo e voltar os olhos atônitos para os três personagens vivos que encontraram, foi a primeira manifestação externa dos recém-chegados.

— Assusta-vos a rusticidade do nosso santuário? — perguntou um dos anciãos enquanto o outro dava seu aprazível sorriso à certeza de achar bem razoável e lógico o estupor dos visitantes.

"Naturalmente — acrescentou —, todos eles viverão talvez em palácios suntuosos ou, pelo menos, em habitações construídas por homens dispostos a dar satisfações justas a seus semelhantes ansiosos de passar a vida da melhor maneira possível. Enquanto aqui ninguém cuidou desses detalhes, alheio completamente aos motivos que trouxeram para aqui os primeiros que vieram há pelo menos cinco ou seis mil anos."

— Conhecereis porventura essas velhas histórias — perguntou Moisés — que nós, homens dos palácios e dos templos suntuosos, andamos buscando com tanta ansiedade?

— Aqui é verdade que ninguém cuidou das decorações externas, e apenas de adornar com ouro e pedraria fina essa divina noiva que todos temos em nossa câmara secreta: a alma, cofre de luz onde a mente trabalha noite e dia.

"Se sois o que sois, sabeis tudo isto como a primeira estrela que nos traz a noite e a última a brilhar quando chega o sol."

— É assim, bom ancião, como o descreve a vossa bela figura — voltou a dizer Moisés, único dentre todos que parecia ter coragem para falar sob aquelas abóbadas de pedra, de silêncio absoluto e de plena certeza de que ali não tinha cabida nem sequer o mais leve alento do mundo de onde vinham.

Laurêncio de Arakova, o mais jovem dos três habitantes do santuário, indicou aos visitantes um estrado de pedra encostado à parede de rocha que, em forma circular, constituía o pórtico.

— Temos algo de frescor e suavidade — disse, tomando um jarro de argila cujo conteúdo esvaziou em pequenos recipientes de igual material e ofereceu aos viajantes.

— Nosso vinho de uvas silvestres e mel de abelhas das rochas. — E foi dando de beber a todos eles, que efetivamente o necessitavam.

— Mais do que nosso insípido vinho — disse um dos dois anciãos —, estes irmãos desejarão conhecer o que fazem entre estes labirintos de rochas estes homens que restaram dos cinqüenta que houve um dia, quando eu não tinha neve na cabeça.

— Acertastes, pois por vossa sabedoria é que viemos e não pelas belezas materiais — voltou a dizer Moisés.

— Laurêncio é o arquivista — disse o outro ancião. — Já não podemos ter aqui um conselho de governo por falta de pessoas que devam ser guiadas ou governadas. Aqui, como vedes, não há senão dois velhos que já passam dos oitenta anos, e Laurêncio, que já transpôs o meio século.

"A única coisa de que somos muito ricos é de escrituras antiqüíssimas, muito mais velhas que nós, porque as há da Lemúria, de Juno e de Numu; da Atlântida, de Anfião e de Antúlio; da Suméria, de Jonas; do Nilo e do Eufrates, de Abel e de Bohindra, do Dekan, no qual floresceu o amor e a paz de Krisna.

— Essa!... Essa é a água divina que viemos buscando! — exclamou Moisés como num delírio. — Tendes algum meio de comunicação com o mundo exterior? — voltou a perguntar.

— Pelos meios físicos, nenhum, absolutamente. Por conduto espiritual, sim. Nós os temos em abundância, pelo menos o necessário para saber que se formava lá nas margens do Nilo e nos desertos próximos ao Sinai um grande movimento espiritual dirigido e levado a cabo pelo ungido divino, que tomou nova matéria física para uma nova imolação redentora.

— Senhor!... — disse o ancião com fervor de profunda prece, observando Moisés com seus olhos inundados de pranto e de amor. — Se julgais que somos merecedores de formar fileiras no vosso gigantesco plano de evolução humana na época presente, não tenhais em conta nossos oitenta anos e somai-nos em vossas legiões de homens dispostos a morrer por um ideal.

Moisés não pôde conter-se e, de um passo, chegou até o ancião e se abraçou a ele.

— Walker de Atropatene! — exclamou —, que abriste um dia o céu para que um Abel de vinte anos vislumbrasse o esplendor de Deus!... Nenhuma glória será maior que esta de ter-te ao alcance de meus braços e ao calor do meu coração.

O outro ancião secava as lágrimas enquanto estendia as mãos e roçava com elas a cabeça e os ombros de Moisés:

— Meu Abel..., meu Abelzinho de doze anos. Onde perdeste a túnica com que minhas velhas mãos te vestiram ao despedir-me então da vida física em busca de outra melhor?...

— Sênio! — exclamaram todos os hierofantes presentes, pois todos sabiam que o kobda Sênio foi quem vestiu em Abel a primeira túnica azul dos kobdas pré-históricos.

Oh, as lembranças mais fortes que os séculos e mais vivas que os raios do sol!... Morrem cem, mil vezes os corpos arrastando ao sepulcro belezas angélicas, formas esculturais que causariam inveja às deusas de um passado

118

efêmero e fugaz, mas a lembrança vive tanto como a psique divina, filha de Deus, que quis torná-la senhora de toda a sua eternidade!

Foi para Moisés o austero e áspero santuário de Serra Nevada como o marco de ferro e diamante que a divina lei quis pôr na segunda parte, digamo-lo assim, de seu apocalipse, iniciado no deserto rochoso de Madian, em outro santuário rochoso lá em Poço Durba, junto do patriarca Jetro.

Que percebeu e soube o genial vidente dos esplendores do Sinai na primeira noite passada junto aos três kobdas pré-históricos, Sênio, Iber e Walker de Atropatene, o iluminado arquivista do Mar Cáspio, que fez entrever a Abel como uma antecipação do que Moisés veria e compreenderia no Sinai?

Tratemos de vê-lo e compreendê-lo, leitor amigo, neste apagado e opaco relato extraterrestre que posso fazer com a colaboração do teu anelo à minha já comprovada vontade de dizer a verdade percebida e sentida.

Os cinco visitantes mais os três moradores do santuário sentados no pequeno recinto de oração em cômodas poltronas de madeira e junco, iniciaram a meditação como procediam os kobdas de Neghadá, os dáctilos da Ática, os flâmines das Torres do Silêncio e os anacoretas da Montanha Santa. As normas e leis usadas pelos desposados do divino ideal são sempre as mesmas, e nem sequer os messias mais excelsos puderam nem pretenderam mudá-las: o amor e a fé têm atrações de abismos, e é de amor e de fé que está formada a divina corrente que põe sua criatura terrestre em comunicação íntima e direta com Deus.

Quem desconhece a poderosa atração do amor, seja humano ou divino?

Que idealista verdadeiro não sentiu essa misteriosa força chamada Providência, vivendo e palpitando com o ritmo de milhares de vidas postas em contato com aquele que está convencido de sua misteriosa existência como uma lâmpada gigantesca que invisivelmente vai enchendo a vida com resplendores de céu?

É, pois, meu relato para os que conhecem e percebem essa força divina a nos levantar por momentos da terra que pisam nossos pés para introduzir-nos, sigilosamente, nesse outro mundo ou plano onde a alma entra convencida plenamente de que ali é esperada para um consórcio divino mais íntimo e real, superior a todo sentimento humano que tenha podido perceber no transcurso de sua vida.

Estando próximos dessas intensidades, aqueles oito homens esperavam em silêncio e quietude absoluta a desejada aproximação, a chegada, a posse que a eterna lei concede ao ser humano encarnado que quer verdadeiramente recebê-la.

Dito isto, creio ter meu leitor as condições necessárias para compreender a segunda parte do apocalipse de Moisés. Todos o reconheciam como o ungido

119

de Deus para as grandes realizações daquele momento solene. Se a lei havia propiciado e concedido aqueles sublimes encontros de almas através de longas idades, não seria para logo deixá-los desvanecer-se como um sonho fugaz, sem prolongações nem conseqüências ou efeitos de espécie alguma.

Se devemos encontrar razoável e justíssima lógica em alguma parte, é certamente entre as relações excelsas da alma humana com o Pai, amor supremo.

Moisés viu e todos viram como num grandioso panorama de luz e sombras, de tragédias dolorosas e êxtases radiantes, que, se aquela jornada se enchia devidamente conforme a idéia divina, a apoteose final não estava distante, o glorioso término, a sublime coroação de toda uma vida aparecia como o resplendor opalino de um amanhecer eterno. O triunfo final do messias terrestre, depois de uma interrupção de luminosa paz lá em Benares, às margens do Ganges, em pleno Dekan.

O branco lírio de Jericó, lá nas pradarias do rio profundo a serpentear como uma fita de prata entre seu leito de rochas, aparecia esboçado por um pincel mágico na negra muralha do santuário rochoso da Serra Nevada.

Naquele áspero templo de desnudas rochas teve Moisés a sublime visão de um futuro de glória e de amor. A apoteose triunfal de Jhasua de Nazareth entrando no seu sétimo céu das harpas vivas, os querubins que demarcam rumos e orientação aos mundos de todo este universo visível da Terra.

Novamente, os oito clarividentes ouviram extáticos aquele cântico divino das legiões angelicais:

"*Agnus Dei! Agnus Dei!* Cordeiro de Deus que lavas os pecados do mundo."

Quantos séculos deviam transcorrer para que essa magnífica visão se tornasse realidade?... Nenhum deles podia precisar, mas todos estavam certos de que chegaria e, talvez, de que todos eles seriam novamente testemunhas oculares desses acontecimentos.

Como é generosa a eterna lei com todos os que se colocam sob o seu amparo e proteção! Ela se dá inteiramente! Derrama-se como um suavíssimo manancial, que não só satisfaz nossa sede infinita de conhecimento, mas lava também nossa vestimenta, que às vezes se mancha de lodo nas andanças pelos incertos caminhos.

Moisés compreendeu que toda a grandeza da divina majestade ia transbordar sobre ele. Ele a sentia chegar na sutil sensibilidade que se havia despertado nele nos últimos dez anos. Sua alma, fiel à amizade e ao amor que ardiam nele como vívidas labaredas, clamou ao eterno poder que recolheu, pressuroso, seu clamor altruísta e amoroso:

" — Senhor, infinito no teu poder soberano e na excelsa majestade do teu amor! Que tua bondade não seja somente para mim, mas compartilhada com estes fiéis amigos que me rodeiam!..."

Foi como ele pediu! Porque o eterno poder, a divina claridade torna-se mais perceptível, mais luminosa à luz, mais sublime o consórcio com o infinito, quanto maior é a generosidade da alma sobre a qual se esvazia como um frasco de essências a se espargir no ambiente, e são percebidas por todos os que estão presentes.

O grandioso apocalipse da Serra Nevada foi derramado como um divino perfume sobre os oito seres que se haviam entregue à mais profunda meditação.

Todos eles viram a si mesmos num futuro de luz seguindo fiéis a quem os escolhera como discípulos e amigos.

Todos eles ouviram o meigo rouxinol das pradarias do Jordão dizendo-lhes da proa de um barco de nácar com velas de gaze azul:

" — Vós sois meus e não do mundo. Vós me pertenceis desde longas épocas! E porque sois meus e não do mundo, recolhei, eu vos rogo, estes narcisos que são estrelas recolhidas por mim para vós nos jardins eternos do nosso Pai-Amor."

O estupendo e divino que bem poucos olhos humanos na carne conseguiram ver, teve lugar ali, naquela escura caverna de rochas da Serra Nevada.

O corpo carnal de Moisés, semi-estendido em sua poltrona de madeira e junco, semelhava-se a um corpo morto, enquanto seu duplo astral, de posse do seu Ego, resplandecia de luz na negra muralha frontal onde estava impresso o panorama que se esboçara desde o princípio da evocação.

Nesse estado espiritual sublime, até chegar ao divino, falou breves palavras a cada um em particular e na determinada situação em que se realizou no futuro.

A Walker de Atropatene repetiu as frases que Jhasua de Nazareth dissera a Josuelin, seu irmão, despedindo-o ao morrer: "Vai, irmão querido de minha alma, possuir o amor que conquistaste para sempre."

A Iber em quem a aparição divina via a Pedro, a pedra fundamental de sua derradeira escola de salvação, repetiu a inesquecível pergunta que fazia chorar o velho companheiro: "Pedro!..., amas-me mais que os outros?" E o anacoreta a quem a aparição dirigiu essa pergunta desdobrou-se em transe profundo para responder soluçando:

" — Sim, senhor! Sabes que te amo acima de todas as coisas da Terra!"

Faltavam ainda seis!... Ninguém sentia passar o tempo. Nenhum deles se sentia vivendo na carne mortal de míseros corpos humanos. Continuavam caindo narcisos como estrelas para todos os que rodeavam o ungido. Ele havia pedido assim e desta forma concedia-lhe a lei.

121

Ao ancião anacoreta que era a reencarnação do kobda Sênio, tomou-o por ambas as mãos, ao mesmo tempo que dizia:

" — Agora serei eu quem vestirá em ti a túnica de luz de meus eternos desposados."

Ao hierofante no qual estava reencarnado o kobda arquivista Suri, disse com a mesma naturalidade de um amigo a outro:

" — Josias, encarrega-te de avisar aos operários de Belém que o moinho está pronto para o trabalho." — Era alusão àquele momento no qual a lei concedeu ao Verbo encarnado a possibilidade de evitar a fome e a miséria numa vasta região da futura Palestina.

Ao hierofante que era a reencarnação de Ataulfo de Teoskândia, a aparição divina o viu como Lucanus, arquivista essênio e leitor do santuário do Tabor, lar espiritual do Ungido e, cheio de amor compreensivo, lhe disse:

" — Novamente deixas o mundo, que é lodo e carne que perece, e bebes da água doce que eu aproximo de teus lábios e derramo em teu coração para sempre."

O príncipe Fredek de Port-Ofir tinha adquirido junto a Thimétis e Moisés a convicção de ser a reencarnação de um kobda pré-histórico de nome Heberi, amigo e companheiro dos últimos anos de Aldis e de Adamu, a quem acompanhou em suas investigações arqueológicas dos velhos templos e monumentos nos vales do Nilo.

Disse-lhe Moisés quando chegou a sua vez:

" — A lei não te fez acompanhar-me na hora do meu último sacrifício, mas, sim, neste duro e cruel porque o duplicará nos anos. Herdeiro de minhas rebeldias contra a mentira e os despotismos, coroam-te as glórias do martírio e do amor."

Faltava o príncipe Arfasol da Bética, que observava como em êxtase a aparição divina, mergulhado numa contemplação extraterrestre.

Os radiantes braços de luz se estenderam até ele e por fim se fecharam como num anel radiante ao redor daquela cabeça de carne sacudida pelos soluços.

" — Faqui! — exclamou. — Faqui!... Meu cadafalso de mártir pesa muito e tu o carregas!..."

O coro de prantos que ressoaram demasiado alto na escura caverna-templo, cortou rapidamente a visão e ficou tudo submerso em densas trevas.

O soluçante pranto continuou por longo tempo, até que a onda suave da paz que se seguiu à divina presença foi apagando-o lentamente.

Passado este momento, não pensaram mais os visitantes da Serra Nevada senão em fechar devidamente o sagrado recinto onde todos eles tinham sido tão magnificamente compensados de todos os seus sacrifícios; recolher todas as escrituras que os anacoretas haviam acumulado entre as cavidades da montanha e cruzar o braço de mar que os separava da Mauritânia para que subissem a bordo os companheiros de ideais de Fredek de Port-Ofir.

Toda aquela legião de idealistas valentes que haviam colaborado com Thimétis, regente da Mauritânia, em todas as obras de justiça realizadas por ela, não podia ficar sem tomar parte no grande festival de glória, de amor e de sacrifícios que seu filho preparava, arrastando após si todo o pó de dor e humilhação da rua junto ao ouro puríssimo das almas iluminadas nas criptas dos templos de sabedoria do Egito educador de povos.

Eles deixaram um monolito diante do santuário fechado com grandes pedras; o santuário oculto que muitos séculos depois serviria de refúgio ao salvador de Iber de Port-Ofir e a seus cavaleiros iberianos, quando, na personalidade do valoroso asturiano chamado Dom Pelaio, primeiro soberano da Ibéria livre, lutava contra as hostes sarracenas que se tinham apoderado de todo o sul da península ibérica.

Nesse monolito ficaram gravados em hieróglifos dos usados nos velhos templos os nomes dos que foram seus visitantes na época de Moisés. O rei Pelaio fez tirar cópias dessas misteriosas gravações que aqueles profundamente religiosos creram ser um dever entregá-las à custódia eclesiástica do século VIII, as quais, não podendo de forma alguma decifrá-las, talvez as tenha relegado a esses arquivos-sepulcros de idéias geniais do passado que as mentes dos tempos modernos não consideram merecedores da mais leve atenção.

Já era começada então a hora das trevas iniciadas no século IV da nossa era, ou seja, quando já se havia perdido a ressonância dos amorosos cantos do rouxinol divino assentado nos cedros da Palestina, e o rumor dos passos silenciosos de seus doze apóstolos e dos discípulos deles, que não foram escassos de compreensão e sabedoria divina. Já não estava neste mundo nem Agostinho de Hipona, nem Jerônimo de Panônia, nem Basílio de Capadócia, nem Blas de Sebaste, nem Clemente de Alexandria, nem Ambrósio de Milão.

O Cristo divino era um só, uma única a sua doutrina, um só o caminho demarcado por Ele e um só e único o Deus Pai Amor de todas as raças, de todas as criaturas humanas, centelhas de luz nascidas de seu amor soberano; mas as opiniões e modos de ver dos doutos desse tempo se haviam dividido em muitas frações, como muitas eram as circunstâncias e conveniências formadas por elas.

Época de trevas, de ferozes egoísmos, de cruéis separações, de triunfo sangrento, criminoso e sem glória do teu e do meu, causa única de todas as dores, decadências e ruínas suportadas pela humanidade terrestre.

Em tão escuras trevas, quem poderia entrever o mais leve reflexo das divinas claridades que iluminaram as mentes e as cavernas de rocha do humilde santuário kobda iberiano de Serra Nevada?...

Os Cavaleiros Iberianos

Eles formavam uma legião escolhida. Eram os últimos descendentes daquela raça nobre de homens de bem, amantes do dever e da justiça, capazes de compreender, de amar e seguir um ideal que estivesse acima de todas as mesquinharias humanas. Eram, pois, para dizer tudo, os derradeiros ramos dos tolstecas atlantes, entre os quais se achavam reunidos espíritos escolhidos e destacados em quatro encarnações do Cristo ungido do eterno poder para a evolução da humanidade terrestre. Havia entre eles discípulos de Anfião, de Antúlio, de Abel e de Krisna. O leitor perguntará, talvez: Como se efetivara tão inteligente e sábia combinação?

Esse era o prodígio estupendo realizado em silêncio, sem alardes e sem toques de clarim dos ignorados anacoretas, mestres de almas, educadores de povo, que se chamaram anacoretas koptos iberianos de Serra Nevada.

Em tempo de prosperidade, tinham chegado até setenta, mas a péssima e mesquinha incompreensão humana pusera tantas barreiras em seus caminhos de luz, de amor e de sabedoria, que à chegada de Moisés somente encontrou três, os três últimos que a bondade e o amor divinos conservava como preciosas raízes de uma árvore secular, os kobdas da pré-história, cujo talento e elevado sentir tornou-os capazes de civilizar durante mil e trezentos anos a humanidade de três continentes.

O leitor poderá ter uma leve idéia do que foi, para eles, a presença do "Princesa Real" no porto Faz-Sol da Mauritânia, com Thimétis e Moisés a bordo, mais os três últimos mestres que, da margem oposta, os agruparam, educaram e vigiaram com verdadeiro amor paternal.

Como fizeram os flâmines das Torres do Silêncio de Bombaim, os dáctilos na Ática e os kobdas em todo o correr do Nilo, desde Sais, On e Mênfis até Atkasun e Nadaber, no país de Kush ou Etiópia, tinham feito os kobdas iberianos do oculto santuário de rochas da Serra Nevada, mantendo acesa a lâmpada da verdade na península ibérica e na Mauritânia, únicos territórios salvos da invasão das águas que acabaram com o imenso castelo de egoísmo e soberba dos astecas, mais destruidores da verdade que as ondas imensas que afundaram o continente.

A legião de cavaleiros iberianos tinha como base de seus estudos e estrela polar de sua carreira idealista o volumoso livro das "Escrituras Messiânicas", como eles chamavam a tudo o que se conservava escrito das seis encarnações do Messias terrestre transcorridas entre as rudes asperezas do dever cumprido e as glórias do amor até o sacrifício.

"O dever cumprido." "O amor levado até o sacrifício."

Estes dois gigantescos pensamentos formavam outro volume à parte, composto de todos os relatos que os discípulos de Krisna haviam formado pacientemente na solidão sepulcral de suas Torres de Silêncio, para onde se viram relegados os últimos herdeiros dos sublimes ideais do príncipe da paz, que a fez florescer trinta anos entre os bosques e pradarias do vasto Dekan.

A última coroa de glória a ostentar com justa satisfação a legião dos cavaleiros iberianos era a de terem sido os mais assíduos colaboradores convocados pela princesa real do Egito para exercer tão nobremente sua regência na Mauritânia.

Aquela amada porção da raça atlante houvera caído na mais desastrosa anarquia pela morte de seus legítimos governantes se não tivesse sido a oportuna intervenção de Thimétis, buscada e conseguida pelos iberianos introduzidos por seus mestres, os anacoretas da Serra Nevada.

A península ibérica fora anteriormente educada nas justas normas da verdade e do bem por Iber e pelos kobdas de Neghadá, que a acompanharam na jornada, quando Aldis e Adamu partiram para o plano espiritual e Amani foi o último *Parahome*, mártir mas não vencido pelos que quiseram fazer da fraternidade kobda uma instituição civil de poder e força para subjugar os povos e aumentar suas posses pela conquista armada.

O *Parahome*, fiel à lei e ao ideal de fraternidade humana impostos por ela, com os que quiseram segui-lo, refugiaram-se na Serra Nevada, onde existiam solitários que, seguindo as obras de justiça e de amor estabelecidas por seu primeiro civilizador, Iber de Urbau, morriam e reencarnavam no mesmo lugar tal como o fizeram os dáctilos, e todos os verdadeiros amantes desse ideal divino.

A época tremenda da decadência, que chega iniludivelmente para tudo o que é humano, chegara também para a grande fraternidade kobda da pré-história, e tanto no Egito como no país de Kush, na Mesopotâmia e na Etiópia, viu-se perseguida de morte por essa onda destruidora que, de tanto em tanto, passa pela face da Terra como um furacão de fogo reduzindo tudo a pó e cinzas.

Hordas iracundas, cruéis e perversas, verdadeiras feras humanas, tribos selvagens, surgidas de diferentes pontos e paragens da Terra, haviam invadido tudo, apropriando-se pelo incêndio, pelo roubo, pela pilhagem e pela morte de tudo quanto existia de bem sobre a Terra. Então, nossa mente mergulhada em pavorosa meditação, vê com aterradora clareza as falanges celestes, agentes da eterna justiça, dizendo em profundos clamores:

" — Passo para a Justiça Divina; oh!, vós desventurados seres que não quisestes ouvir a voz do amor a cantar salmos de paz e de bondade, de alegria e de vida."

Tal é a eterna lei, leitor que me segues com devota fidelidade nos meus relatos extraterrestres.

Esse espantoso estado de decadência moral, espiritual e até social, perdura às vezes de dois a três séculos; às vezes chega ao milênio, o bastante para que desapareçam da face da Terra todos ou quase todos os seres que não quiseram ver a Luz Divina nem ouvir os cantos do amor imortal.

E quando tudo fica reduzido a pó e cinzas, e sobre os escombros e ruínas de grandes civilizações cresce o musgo e o cobrem os espinhos ou a hera protetora, começa a aparecer de novo algum rebento que ficou esquecido e perdido, e, como a Fênix da lenda, ressurge a vida até das geladas rochas de montanhas áridas ou das criptas silenciosas dos templos abandonados.

Esta é a velha história de todos os tempos. Assim o contemplam em recolhido silêncio os arquivistas da luz eterna, e assim quero que o contempleis vós, pequeno núcleo da fraternidade do Cristo que ainda perdura escondida entre os riachos e as selvas de um Delta americano, como os anacoretas da Serra Nevada, os da Montanha de Atkasun e os do Monte Hor, do Monte Nebo e do Monte Sinai.

São os mesmos enamorados amigos do Cristo ungido de Deus, os missionários das decadências, os mártires das épocas derradeiras, essas que estão tecidas de trevas, de tempestades do exterior e de bravas tormentas individuais na profunda imensidão da alma humana que passa pelas duras crises de todas as decadências.

A legião de cavaleiros iberianos era formada de sete centenas de indivíduos, correspondendo cada centena a cada um dos sete arcanjos guardiães e protetores de tudo quanto está a cargo da fraternidade do Cristo implantada nesta Terra.

Essa é a origem dos Setenta Anciãos de Moisés, ou seja, um à frente de cada década, como as setenta colunas dos antigos templos do Egito cuja origem chega aos primeiros fugitivos chegados da Atlântida e que eram prolongação dos tolstecas desse continente.

No correr dos séculos, foi sendo deixado no esquecimento este número sagrado que tão rigoroso foi nos séculos anteriores, até o ponto de ter sido necessário criar uma pequena legião de aspirantes que esperavam às vezes dois ou três anos para que fosse desocupado um lugar na legião à qual desejavam pertencer.

Os essênios, prolongação e vestígio luminoso de Moisés, também conservaram o número setenta, e o próprio Cristo, na época de Jhasua de Nazareth, teve, além dos doze íntimos, uma pequena porção de setenta discípulos, entre os quais se encontravam os sete diáconos auxiliares que Pedro escolheu como colaboradores de suas tarefas apostólicas.

Creio muito oportuno mencionar aqui os nomes com que, no plano correspondente, são designados os sete arcanjos escolhidos pelo Cristo ungido de Deus para seus mensageiros e colaboradores íntimos, em união com seus seguidores encarnados no plano físico:

I — Ariel (Hierarca arquivista)
II — Gabriel (Anúncios)
III — Rafael (Orientação familiar)
IV — Daniel (Orientação psíquica)
V — Samuel (Guia de meditação)
VI — Miguel (Espada de justiça e de proteção)
VII — Ezequiel (Harmonias e clarividências)

O já muitas vezes mencionado candelabro de setenta círios nos grandes templos, e o mais modesto dos sete círios para os altares familiares ou pequenos recintos de oração, são também um vestígio desse antiqüíssimo legado espiritual ou psíquico do qual me permiti fazer menção.

"Assim como é em cima é embaixo", diz o antigo axioma dos iniciados, e também nos céus superiores são guardadas e estabelecidas ordens que lá não são esquecidas nem mudadas jamais.

* * *

A legião dos cavaleiros iberianos constava, pois, de setecentos cavaleiros, quinhentos dos quais resolveram partir seguindo Moisés; os duzentos de mais idade ficaram na Mauritânia para realizar as funções de governo e cuidar da ordem até a maioridade do herdeiro do grande sfaz desaparecido.

Os quinhentos que Moisés levava escolheriam duzentos dos mais adiantados na escola do templo de On para chegar aos setecentos da lei.

Os duzentos que permaneceriam na Mauritânia poderiam conceder entrada na legião de aspirantes, às vezes muito numerosa. Ordenadas assim todas as

127

coisas, pensou-se no regresso, e o governo mauritano cedeu um de seus melhores navios, "A Regente", para conduzir tantos passageiros.

Havia sido aumentado o número dos que viajariam no "Princesa Real" com a fundação feita na Ibéria e aumentada na Mauritânia pela princesa Thimétis, ou seja, a criação de uma legião chamada "damas iberianas". Esta seria completada no Egito com a admissão nessa legião de todas as mulheres mais adiantadas da escola do templo de On.

Voltava Moisés à terra natal com valiosíssimos elementos auxiliares para sua magna empresa futura.

A RAINHA-ESPOSA DE RAMSÉS II

Eu não havia esquecido, em meu papel de historiador celestial, a grande mulher que a lei pusera ao lado do faraó Ramsés II.

Entretanto, tudo tem seu momento de aparecer em cena, tal como num bom drama aparecem os atores em seu devido tempo.

Os seres humanos são todos atores do grande drama da vida e da evolução de todos os povos que formaram, no passado, no presente e formarão no futuro, o estupendo drama da passagem da humanidade por este cenário de milhões de séculos: o planeta Terra.

Assim, aquela gentil princesinha Dami, que ainda não tinha vinte anos quando a vimos sair da Síria, seu país, conduzida por Osarsip, superintendente vice-rei do Egito, para desposar-se com Ramsés II, se nos apresenta agora com vinte e nove anos, como a rainha Nefertiti III do Egito, mãe de três crianças, dois varões e uma mulher, aos quais consagrou completamente os dez longos anos já transcorridos.

Quando chegou às margens do Nilo, a princesa Dami derramou lágrimas muito amargas por várias razões: primeira, precisou lutar com seu próprio coração que, como lembrará o leitor, se prendera à beleza varonil de Moisés e mais ainda às suas qualidades morais, que tão vivas apareciam à sua vista.

A segunda razão de seu pesar era o estado espiritual no qual se encontrava Amenhepat, ou seja, Ramsés II, obcecado por uns ciúmes raivosos que o tornou injusto com a esposa, injusto com Moisés e injusto também com sua grande e nobre irmã Thimétis, que o amava sempre com um amor de mãe.

O primeiro filhinho nasceu entre a amarga tristeza da mãe enclausurada em seu palácio de Tebas. E esse menino, que um dia seria Ramsés III, tinha o caráter taciturno e melancólico próprio do ambiente que o recebeu ao aparecer na vida. Seu pai quis chamá-lo com o nome que ele deixou ao ser coroado faraó, ou seja, Amenhepat. Para não torná-lo tão longo, chamavam-no familiarmente de Amene.

Moisés, que pressentia as tristezas da princesa Dami, ou rainha Nefertiti, desde seu retiro de Madian, evocava-a com seu poderoso pensamento e com ele a consolava e fortalecia prometendo-lhe a transformação do seu marido, o faraó, no homem que merecia ter como esposo tão excelente mulher, mãe de seus filhos.

Ela, assustada de si mesma por sonhar freqüentemente com aquele gentil e belo Osarsip de sua viagem de noiva, tratava de passar as noites em vigília, sem querer dormir para não sonhar. Até que um dia, o faraó, que já se havia libertado da fatal influência materna que tantas injustiças o fez cometer, em íntima confidência com ela falou assim:

— Que te ocorre, minha Néferi, que não dormes, e vejo que vais emagrecendo e empalidecendo rapidamente?

— Se não vais desgostar-te, eu o direi — respondeu ela, fazendo dormir em seu regaço a menininha de poucos meses, a quem chamaram Am-Ísis.

— Não me desgosto, Néferi. Fala.

— Ocorre-me, desde que estou a teu lado, algo que me tem feito padecer muito. Eu te via por momentos como esses monstros negros e feios que chamam gênios do mal, e sempre cheio de ódio contra tudo e até contra mim, que jamais te ofendi em nada. Tudo isto eu via no sonho.

"E sabes como terminou isto? Pois uma noite, durante o sonho, em vez do horrível monstro, vi o filho da nossa segunda mãe, a princesa real..."

— A Osarsip, quererás dizer, aquele que te conduziu como noiva para unir-se a mim?

— Sim, aquele que foi teu superintendente vice-rei. No sonho, ele me disse: 'Rainha Nefertiti, não tenhas mais tristezas nem temores, pois o monstro que te atormentava foi para sempre afastado do faraó teu consorte, que será novamente o homem nobre, bom e amoroso esposo que deve ser para quem tem sido tão leal e amorosa companheira.' Acredita-me, faraó, quando te vejo alterado e desgostoso por assuntos do governo do país, seguramente, se durmo nessa noite, vejo Osarsip aconselhando-me serenidade e calma, e me diz para recitar ao amanhecer e durante o dia um versículo muito belo que proporciona paz e amor.

— Posso conhecer esse versículo tão maravilhoso, minha Néferi? — perguntou amável e quase sorrindo o faraó.

— Sim, podes conhecê-lo. Diz assim:

> *'Graças Ievé porque amanhece o dia*
> *e novamente resplandeces no sol!*
> *Por tudo quanto é vida ao meu redor*
> *porque em tudo está o teu amor!'*

— Belo na verdade! — disse o faraó observando que esse versículo se assemelhava muito ao que Anek-Aton difundira entre os adeptos de sua escola da verdade muitos anos atrás. — Dize-me, quem é na tua opinião Ievé a quem menciona o verso?

— Oh!, esse nome é muito grande, meu rei! Assim é chamado em segredo nos mais sagrados templos ou recintos de oração no meu país e também no teu e em outros vários, esse poder oculto, energia, força ou luz que governa, sustenta e equilibra todas as coisas que vemos e as que não vemos neste mundo e em todos os mundos. Assim ensinaram os meus pais e os mestres na minha terra, e também deve ser assim neste teu Egito, meu rei, graças a tudo quanto me disse em sonhos o filho de tua irmã a princesa real.

— Então é por isso que evitas dormir?

— Presta atenção, meu rei. Isto já passou porque, quando esta nossa filhinha completou dois meses, Osarsip em sonhos me disse: 'Rainha Nefertiti, o espírito que toma o corpo desta filhinha corta para sempre a causa de todos os teus pesares, porque é Epúvia, a mãe de minha mãe, que vem para teu lar para fazer de ti e do faraó teu esposo dois missionários da eterna lei. Descansa, pois, nesta anunciação e dorme tranqüila de hoje em diante.' Como vês, meu rei, essa filhinha é para nós a pombinha do ramo de oliveira.

Os olhos do faraó encheram-se de lágrimas e beijou com amor a esposa e a filha.

Quando seu espírito voltou à serenidade, teve a coragem de fazer uma nobre e franca confissão à esposa:

— Minha Néferi, esposa fiel e bem amada do meu coração, fui injusto e cruel com Osarsip e com sua mãe que tanto e tanto me quiseram e ajudaram quando eu era uma infeliz vítima da que foi minha mãe para meu mal. Aconselhado maldosamente por essa força infernal que me dominava, e pelos conselheiros interesseiros e vis, eu estava prestes a assinar o decreto de desterro para Osarsip e de clausura no castelo do lago Merik para sua mãe.

— Céus!..., meu rei! Ias fazer isso?

— Isso mesmo! Tu não sabes, minha rainha, o que é um homem dominado por uma força do abismo, que abre feridas no coração e encadeia de ferro a mente, a razão, a inteligência, a psique humana; em tal forma que obscurece e domina a ponto de levá-lo até o crime, fazendo-o ver como reais coisas e fatos que não existem a não ser na sua desequilibrada imaginação.

"Acredita-me, minha rainha, que se eu pudesse dominar o meu orgulho, o meu amor-próprio, que se subleva, chamaria novamente Osarsip para o meu lado, faria dele novamente o meu segundo no país e no governo..., dobraria os joelhos diante de sua mãe, a augusta mulher a quem devo a vida, porque estive a ponto de tirá-la quando comprovei que minha mãe tinha um filho bastardo ao qual fizera príncipe de Abbas, com domínio sobre todo o Nomo da Ismália, e mandara construir para ele o esplêndido palácio de Abbas nas faldas da cordilheira Revenzora, enquanto eu, o herdeiro do trono do Egito, vivia relegado num aposento do palácio real de meu pai."

* * *

Esta íntima confissão do faraó deixou extremamente pensativa a rainha sua esposa. Mas ela nada podia fazer. Recordou o verso que tinha copiado em seu álbum de anotações íntimas, e começou a recitá-lo novamente. A princesa real estava na Mauritânia, na regência que conhecemos e que durou mais de seis anos. Osarsip estava em Madian, mais além do rude deserto, perdido entre penhascos mudos, na mísera aldeia de Poço Durba.

" — Onde ficará esse Poço Durba, além do deserto?" — começou a perguntar a si mesma, sem poder confiar a ninguém sua pergunta. Até que nos sonhos, numa noite, viu novamente Osarsip, mas já não com a luxuosa vestimenta de superintendente vice-rei, mas com uma singela túnica branca sentado sobre uma rocha à luz da lua. Sonhou que ele se aproximava dela e lhe dizia:

— Rainha Nefertiti, não sofras pelas injustiças cometidas pelo faraó, teu esposo, enquanto esteve dominado pelas malignas entidades do abismo. Está na sua lei e na minha que trabalharemos juntos e de acordo, em cumprimento de algo grande de que o eterno poder nos encarregou, a ele e a mim. Esperemos, rainha, que a hora chegue. Já está próxima.

Passados uns dias de preocupação, ela comunicou este sonho ao faraó, o qual, querendo apressar a chegada, propôs aquele negócio com o etnarca do Negeb. Nessa parte da Arábia estava Madian e o Poço Durba, que tanto preocupava a rainha sem se atrever a revelá-lo nem perguntar a ninguém.

Contudo, nosso amado leitor está bem informado de como se desenvolveram os acontecimentos.

E fica inteirado agora de quais foram os meios de que se valeu o eterno poder para encurtar as distâncias entre Moisés e Ramsés II.

Dez anos tinham passado e é, em verdade, bem pouca coisa para obter os caminhos fundamentais de almas e corações que estiveram unidos, que as

131

forças tenebrosas separaram e que a Divina Lei varreu como um sopro de seu alento soberano quando foi chegada a hora de voltar a juntar o que o mal havia separado.

Chegou a Mênfis a notícia da chegada ao porto de Ramesés dos dois esplêndidos navios mauritanos, o "Princesa Real" e "A Regente". O faraó com sua esposa-rainha e seus três filhinhos, mais a escolta real em trajes de gala, os hierofantes, os professores, os amigos e todos os alunos da escola do templo de On estavam nos grandes cais de Ramesés, quatro horas depois do meio-dia, quando ambas as embarcações soltavam as âncoras e estendiam as pranchas no cais real de Ramesés.

O abraço da rainha Nefertiti com Thimétis e do faraó com Moisés deixo à imaginação do leitor, da mesma maneira que as manifestações de júbilo popular que fizeram época na grande metrópole criada por Ramsés II para efetuar a coroação de seu herdeiro e como cidade real do futuro.

* * *

Poucos dias depois e enquanto era organizada devidamente aquela grande massa humana que na mente de Moisés se chamava "povo escolhido", "povo de Deus", chegavam mensageiros do etnarca de Negeb, propondo ao faraó uma campanha em conjunto para pôr freios aos piratas do Mar Vermelho, que dia a dia faziam novas vítimas onde quer que podiam fazer chegar sua ferocidade e latrocínio.

Contudo, Ramsés II tinha contraído compromissos muito sérios de ordem superior que o inabilitavam para lutas de sangue, extermínio e morte. Ele era um iniciado. Por sua própria e livre vontade, entrara em contato com os deuses ou gênios do bem, da paz, da justiça e do amor, e jamais seria infiel a seus sagrados juramentos.

O duro conflito travado no mais profundo da sua consciência foi naturalmente levado à cripta do templo de On na primeira reunião realizada logo depois de Moisés se encontrar no Egito.

Como todas aquelas mentes juntas pediram o concurso da luz divina, não tardou em chegar a resposta.

E essa resposta dizia:

"É justiça impedir que os perversos continuem exercendo atividades criminosas que causam vítimas diariamente.

"É fazer o bem protegendo os inocentes fracos e indefesos, salvando-os da cobiça, do furor e da lascívia dos algozes sem Deus e sem Lei.

"Há amor na cadeia que impede o perverso de continuar no caminho que o leva ao abismo.

"É amor à paz pôr ordem na desordem, levar luz às trevas e lavar com águas limpas o que está mergulhado no lamaçal."

Esta resposta veio de Aheloin, guia íntimo de Moisés, e chegou através do transe de um dos anciãos hierofantes do templo de On, e, ao mesmo tempo, pela palavra escrita por outros dois hierofantes, que sempre recebiam pré-avisos espirituais.

Todos estiveram de acordo em que o faraó mandasse um corpo do exército ao Mar Vermelho, o qual, unido com os soldados do etnarca, capturassem os piratas de ambas as margens do mar e, sem causar danos em suas pessoas nem em suas vidas, fossem retidos em presídios até obter a sua redenção, se fosse possível e por tempo indeterminado, se houvesse neles resistência e rebeldia.

Alguém fez esta justa observação:

— Como se poderá capturá-los sem luta armada e sangrenta?

Moisés finalmente falou:

— Proponho — disse — incorporarmos à campanha os que têm a faculdade de produzir sono profundo até nos seres mais rebeldes ao pensamento. Que não apareça exército armado, mas veleiros pequenos com excursionistas que reconhecem as belezas do Mar Vermelho na hora do pôr-do-sol. Que o corpo de exército armado fique na expectativa em um lugar escolhido, para observar sem ser percebido, como os há e muito bons nas escarpadas rochas de algumas das costas do mar.

Como, depois de muitas observações, a proposta foi aceita, organizou-se a campanha, e duas semanas depois os presídios de Ramesés e os de Ectam guardavam duzentos e oitenta piratas, e foi salvo um numeroso grupo de escravos e de escravas roubados por eles para serem vendidos no estrangeiro.

Não havia sido disparada uma flecha; as lanças, punhais e azagaias tinham permanecido quietos. Apenas o pensamento de vinte homens justos, de alma sadia e vida pura, com a mente como um estilete de luz, fora suficiente para render sem sangue e sem morte duzentos e oitenta criminosos, que tinham sobre suas vidas a marca horrível do crime pelo vil interesse do ouro.

Nosso leitor sabe que não foi este o único triunfo de Moisés sobre multidões enlouquecidas pelos piores instintos que podem caber nos seres chamados humanos.

Quando o faraó, associado à sua rainha e esposa em todas as suas atividades idealistas, mencionou assombrado este caso, ela permaneceu pensativa e extremamente apreensiva durante bom tempo.

Logo em seguida, baixando a voz como para dizer um grande segredo que se teme seja divulgado, disse ao seu rei, juntando as mãos como para uma oração:

— Meu rei!... creio que temos muito perto de nós..., bem ao nosso lado, um homem que é um Deus encarnado. Esse homem é Moisés, o filho da princesa real!

* * *

Os piratas do Mar Vermelho, tão famosos por suas crueldades e vandálicos feitos, despertaram quarenta e oito horas depois que a ordem mental de Moisés e de seus hierofantes lhes ordenou que dormissem e se encontraram nos beliches de seus próprios barcos, mas acorrentados pelos pés ao madeirame do barco, nos mesmos aros de ferro nos quais eles acorrentavam seus escravos. Veio então o vociferar raivoso e maldizente aos magos excursionistas, porque não tardaram em compreender que somente deles podia vir tão severa intervenção.

Compreenderam que estavam navegando Nilo abaixo, ou seja, rumo às desembocaduras do grande rio, e que seu destino seria a forca nos presídios de Ramesés, ou teriam as cabeças cortadas nos calabouços de Ectam, conforme fossem levados por ordem do faraó ou do etnarca do Negeb. Nos barcos piratas viajavam os soldados de ambos os exércitos e eles eram os que comandavam as embarcações.

Em outra eram conduzidos todos os escravos libertados, e essa caravana de barcos seguia um veleiro com pavilhão do exército e outro com o pavilhão e as insígnias do faraó. Moisés e seus hierofantes viajavam neste último; e em silêncio profundo pensavam, meditavam, continuando o trabalho mental anterior como um apêndice não só de ação de graças, porque não houve sacrifício algum de vidas, mas de súplica e rogo fervoroso ao eterno poder para que lhes permitisse completar a obra de redenção humana que podiam obter daquela desventurada porção da humanidade.

O chefe do exército do etnarca anunciou que não tinha ordem de conduzir para lá nenhum prisioneiro, porque o etnarca supusera que nenhum dos piratas se deixaria aprisionar com vida.

Em virtude disso, Moisés determinou que todos fossem conduzidos a Ramesés, enquanto que os escravos, em sua maioria procedentes do país de Kush, da Líbia e do Negeb, pediram para serem devolvidos à sua terra natal.

Um dos hierofantes companheiros de Moisés que mais prolongava sua meditação, aproximou-se dele e disse:

— Se me permites, quero falar com um jovem casal escravo que se encontra no camarote comum deste mesmo barco.

Concedido, foi sem vacilar a um jovem líbio alto, de boa presença, porém semidesnudo como todos, que parecia proteger uma pequena jovem muito extenuada e, mais ainda, profundamente entristecida.

Feitas as averiguações oportunas, vieram a saber que ambos foram arrebatados pelos piratas de sua própria câmara nupcial no dia de suas bodas, enquanto mudavam os trajes de cerimônia por um próprio para a refeição do meio-dia. Ambos pertenciam a respeitáveis famílias da Líbia que os lamentavam como mortos desde há mais de setenta dias.

Estavam destinados ambos, por sua beleza física e pela distinção de raça, a ser sacrificados ao deus Moloch na primeira lua cheia da primavera.

Este hierofante, de nome Adhar, pertencente ao templo de Mênfis, conhecia seu próprio passado espiritual e, dessa forma, sabia que na pré-história acompanhara o kobda Iber entre os que o seguiram até a península ibérica. E teve a visão mental de que, nesse distante passado, esse jovem casal era constituído por dois de seus filhos. Soube que seus familiares tinham terras nas montanhas da Líbia, que seus pais eram chefes de tribos importantes que dariam por eles quanto fosse pedido pelo seu resgate.

Porém, inteirados de que seriam libertados, não por interesse mas por amor à justiça, recobraram tal entusiasmo que eles foram a causa e o motivo de essas tribos se aliarem aos planos de Moisés.

Celebrando o acontecimento, Moisés e seus companheiros lhes disseram:

— Sois flores da escravidão que servireis de laços de flores para atrair vossos compatriotas ao caminho da verdade eterna.

Quando o faraó se inteirou desses felizes acontecimentos, apressou-se a referi-los à sua rainha e esposa, pois todos os raivosos ciúmes que tivera anos atrás contra Moisés, quando percebeu o entusiasmo e a admiração de sua noiva por ele, haviam-se transformado em sincera satisfação ao comprovar que essa admiração tinha aumentado enormemente em sua rainha e esposa.

— Minha rainha — disse —, teu deus encarnado adquire mais brilho e esplendor a cada dia — e mencionou todo o acontecido no Mar Vermelho. — Que te parece devemos fazer agora com ele?

Ela, em sua pura e singela ingenuidade, respondeu depois de pensar um longo instante:

— Devemos obedecer a tudo quanto ele determinar porque é um filho amado de Ievé, e o grande Pai universal abençoará o Egito que, se foi um civilizador de povos no passado, continuará a sê-lo ainda por séculos; abençoará a tua terra e a minha, abençoará nossos filhos que formarão no futuro uma geração de justos.

— Céus, minha rainha!... És agora uma profetisa, e empunhando uma tocha de sabedoria?

— Sim, desde que a mãe do nosso deus encarnado me deu para ler as Escrituras do patriarca Aldis, e outras mais da Atlântida e da Lemúria que me fizeram conhecer a ciência dos grandes templos.

— És quase uma iniciada nos ocultos mistérios de nossos hierofantes.

Agradar-te-ia entrar comigo e com a princesa real na cripta do templo de On, onde celebramos nossas assembléias íntimas com o deus encarnado?

O rosto da jovem rainha iluminou-se de alegria e, estendendo ambas as mãos ao faraó, disse:

— Roguei tanto a Ievé para ouvir de tua boca estas palavras, meu rei, que ao ouvi-las te vejo perto... tão perto desse deus desterrado, que até imagino que estás parecendo-te com ele...

— De modo, minha rainha, que agora me amarás com tanto afeto como a princesa Dami de Tiro amou um dia o superintendente vice-rei?

Ela sorriu ruborizada e, pondo sua branca mão sobre os lábios do faraó, disse a meia voz:

— Estas são palavras proibidas que não devem ser pronunciadas jamais.

— Prometido e jurado, minha rainha. Não as direi nunca mais.

✳ ✳ ✳

Na primeira assembléia realizada depois, a rainha-esposa do faraó Ramsés II prestava o exame exigido a todos os hierofantes, e ela respondeu com admirável serenidade a todas as perguntas que lhe fizeram.

Somente lhe faltava a prova da chamada morte de Osíris, mas a princesa real disse em alta voz:

— Fui sua instrutora, e como ela está convencida da existência eterna da alma humana e que a mesma pode viver independentemente da matéria, essa prova não a julgo absolutamente necessária. Menos ainda se tivermos em conta sua natureza física, um tanto nervosa e não muito forte, o que poderia dar lugar a um transtorno ou desequilíbrio em sua saúde.

Moisés falou depois no sentido de que todos aceitassem as palavras de Thimétis:

— A rainha-esposa do nosso faraó foi, na fraternidade kobda da pré-história, uma matriarca que se chamou Nolis, e foi, durante sua atuação em Neghadá e em "A Paz", a instrutora de todas as donzelas que decidiam tomar esposo e formar um lar, porque ela reunia, em grau perfeito, as qualidades sublimes de perfeita esposa e mãe admirável.

"Creio, pois, que não somente ela é necessária na nossa escola como também até pode dar lições aos que pouco sabem do que é criar o jardim do lar e cultivar as plantas que hão de formá-lo."

A rainha Nefertiti Dami de Tiro ficou desde esse dia como instrutora das donzelas em esponsais na grande escola de portas abertas.

O Povo Escolhido

Três anos se passaram sobre Moisés e sua escola de educação popular.

Anos fecundos de intenso labor, em que todo um numeroso conjunto de seres devia ser organizado tão perfeitamente que nada pudesse sair da grande órbita esboçada pelo condutor.

Homens e mulheres de vários países formavam esse conjunto, com costumes e modos de ver todas as coisas de diferente maneira; de diversas categorias sociais, e, principalmente, de variadíssimos graus de evolução, tudo fazendo daquela grande massa de seres humanos um heterogêneo conjunto, tão difícil de unificar, que só a têmpera de aço de Moisés e o altíssimo grau de evolução a que seu espírito tinha chegado podia conduzir sem que a mais horrível anarquia destruísse tudo.

Esse estupendo prodígio, que não se repetiu nos séculos desde essa época até hoje, foi realizado sem que a humanidade, sempre indiferente a toda verdadeira grandeza, o fizesse objeto de suas meditações e estudos, que bem podiam trazer-lhe belas lições de nobre agir.

Imitando os Setenta hierofantes de Moisés, sua mãe, a princesa real, criou um organismo de mulheres entre as mais nobres e virtuosas encontradas na escola do templo de On. Eram também Setenta, com a rainha como irmã maior e duas notárias que foram Estrela ou Séfora, esposa de Moisés, e a jovem filha do rei de Kush assassinado.

Marina e Clarissa, filhas do capitão Asaf, foram designadas diaconisas encarregadas de averiguar as necessidades materiais do numeroso mundo feminino que formaria fileiras na grande jornada.

Os pertencentes à raça de Israel, que na época eram mais conhecidos por "jacobos", estavam distribuídos em tribos como então se denominavam a toda uma família de parentes, cuja raiz originária chegava até a cada um dos doze filhos de Jacó, o nobre patriarca que muitos séculos antes fora aceito no país pelo faraó que lhe concedeu, em obséquio a José, o primeiro superintendente vice-rei, todos os privilégios que traz consigo a carta de cidadania.

O grande sacerdote Ismael, com dez notários nomeados especialmente para tal fim, havia-se encarregado dessa organização.

Simultaneamente, Moisés, com seus Setenta, pensava, orava e resolvia.

Grandes mapas e cartas geográficas eram minuciosamente estudadas por eles, assim como as mais antigas escrituras que eram conservadas nos arquivos da grande sinagoga de Gesen. Entre estas últimas, apareciam várias que foram ditadas por Sem, aquele lugar-tenente de Nohepastro, rei atlante que, unido a Eufêmia, filha de um rei samoiedo destronado e desterrado, eram a origem e raiz da raça chamada de Abraão. Outras escrituras provinham da princesa Eufêmia, outras de Abraão, e algumas mais dos espíritos mais evoluídos que tinham sido chefes ou dirigentes desse povo nômade que, desde as montanhas geladas do país de Mahn (a Armênia de séculos depois), fora descendo até as terras banhadas pelo Nilo. Em todas essas antiqüíssimas escrituras havia referências, promessas e profecias de que o Deus único invisível e eterno tinha reservado um galardão ao povo que lhe permanecera fiel. Tal galardão consistia em outorgar-lhe a posse de um país de abundância e paz, um verdadeiro paraíso na Terra. Não designavam as escrituras com clareza onde estaria situado esse país de sonho; no entanto, os Setenta de Moisés e ele mesmo eram hábeis intérpretes dos sinais e figuras hieroglíficas nas quais estavam gravadas quase todas essas antigas escrituras.

Finalmente, encontraram uma que dizia assim:

"O povo fiel ao Deus único invisível e eterno receberá como prêmio os grandes bosques que cobrem o Monte Cabeça Branca, de cujas vertentes se forma a depressão profunda de águas doces que antes foram salobras pela invasão traidora do mar Atlante, mas que o eterno Ievé adoçou com leite e mel para que, nas margens desse rio profundo, tenha seu povo todo o sustento necessário para viver no seu serviço e amor pelos séculos dos séculos."

Os intérpretes viram no Monte Cabeça Branca o Monte Hermon de séculos depois, cujos altos cumes foram vistos sempre cobertos de neve e cujos imensos bosques de madeiras finas e muito valiosas eram conhecidos como os únicos do continente.

Deduziram, pois, que as profecias aludiam às terras hoje conhecidas como Palestina, atravessada de norte a sul pelo Jordão, que na antigüidade foi conhecido com o nome de Rio Profundo. O Mar Grande ou Mediterrâneo tinha sido mar de águas salgadas que, ao retirar-se, deu lugar a que as águas doces das infiltrações do Hermon ocupassem o profundo vale.

Esta interpretação foi a que orientou Moisés no grande êxodo do povo escolhido para aquela região prometida pelas inteligências desencarnadas através de seus áugures e profetas ao povo que fora fiel a seu Deus único invisível e eterno.

Mas Moisés não podia nem devia arriscar tão numerosa massa de seres humanos num determinado lugar apenas pela sugestão de umas escrituras arcaicas que, embora muito dignas de respeito e veneração, não representavam uma segurança de que nos longos séculos transcorridos não se houvera efetuado uma mudança naqueles territórios, que seguramente estariam povoados.

A própria rainha era originária da Síria e, não obstante soubesse da existência de grandes extensões de terra desde o Líbano até o deserto da Judéia com escassa povoação, nem por isso deviam ser consideradas como terras despovoadas onde tão numeroso povo pudesse ser localizado.

Em vista disso foi tomada a resolução de viajarem alguns dos mais jovens dentre os Setenta para essas terras na qualidade de exploradores discretos e prudentes de tudo quanto lhes interessava saber.

A rainha e algumas de suas damas originárias daqueles países escreveram cartas a seus familiares e amigos. Foram necessários quase dois anos para obter os dados necessários e já estavam próximos os dez anos que os avisos espirituais recebidos nas assembléias da cripta do templo de On tinham indicado como prazo mínimo para cumprir-se as aspirações que animavam a todos.

O mundo inteiro era um lamaçal espantoso de miséria e de lodo. Para os seres de mediana evolução, a vida se tornava impossível de dia para dia. Sem Deus nem lei, perdera-se a noção do bem e da justiça. Não existia outro valor além do ouro e da força bruta, e os que possuíam ambos os elementos, aplicavam-nos sem dificuldade alguma contra todo o resto da sociedade humana, até o ponto de a família perder todo o seu valor, e nem os pais tinham segurança de seus filhos nem eles de seus pais e familiares. O ouro e a satisfação de todos os mais baixos instintos formavam o ideal das multidões em todas as regiões da Terra.

Oh, o Egito!... O Egito, fundado há várias épocas por uns poucos fugitivos da invadida e desolada Atlântida, esses restos heróicos dos últimos tolstecas de Anfião e de Antúlio, era o oásis no qual ainda se encontravam águas claras para beber e onde ainda cantava o rouxinol do amor puro e santo, criador da família e luminária esplendorosa nas trevas da vida humana.

Entretanto, no próprio Egito fracassou Anek-Aton, porque, se ele contou com numerosos adeptos de seus ideais, o clero vil que vivia do engano que lhe produzia o ouro (não do sacerdócio sábio com a sabedoria dos justos), explorou os interesses egoístas das multidões inconscientes sempre mais numerosas que as minorias idealistas e sonhadoras.

A realização da empresa de Moisés era extremamente urgente e o próprio faraó se espantava da grande onda de degradação a avançar de todos os pontos cardeais como uma terrível ameaça que não podia tardar muito tempo.

Quando só faltavam sete luas para que os dez anos soassem como uma baladada de terrível anúncio, Moisés teve todas as informações necessárias para a realização de sua grandiosa obra.

Em toda a região que desde então deram de chamar "A terra prometida" (alusão às antigas profecias), existiam grandes extensões de campo despovoado, e os caudilhos, reis ou chefes daquelas povoações aceitavam que gente pacífica e trabalhadora do país do Nilo se irmanasse com eles para, juntos, desfrutar dos bens que a terra oferece a quem nela trabalha com amor.

Moisés teve em suas mãos a longa lista de reis, caudilhos e chefes de tribos que aceitavam a convivência com eles enquanto não houvesse a pretensão de domínio sobre o já estabelecido.

A assembléia dos Setenta pensou: disseminados em tal forma porções mais ou menos numerosas dos educados em nossa escola de portas abertas, será desde logo um poderoso antídoto contra o vício e a degradação atual e, pouco a pouco, o exemplo de tantas vidas nobres e puras fará muito mais nas massas que a pregação e o ensinamento oral, embora unidos ao exemplo e à palavra, darão mais rapidamente vida a tudo o que de morto e corrompido há no mundo.

Foi este o grande e divino sonho de Moisés e de seus Setenta.

Contudo, ocorreu o que acontece a todos os grandes e heróicos idealistas de todos os tempos, porque do sonho elevado e puro há uma grande distância à realidade em humanidades primitivas e de escassa evolução, como a humanidade da Terra.

Entretanto, é justo reconhecer que Moisés não fracassou, embora grande parte do povo que o seguiu tenha deixado contaminar-se por todos os vícios reinantes entre os humanos. O que ele devia fazer, o fez: receber a eterna lei e dá-la a essa humanidade que, com toda a sua decadência e fraquezas, ainda a guarda com respeito e veneração.

❋ ❋ ❋

Assim começou a preparação definitiva.

Todos os que estavam organizados em famílias ou tribos, tiveram de escolher entre eles um "principal" a quem todos deviam obedecer no relativo à ordem e às necessidades de agrupamento. Este "principal" era sempre um aluno adiantado da escola de Moisés.

Desse modo foi sendo organizado todo aquele conjunto de seres que, embora sendo de povos e raças diferentes, foram englobados no honroso nome de povo escolhido de Deus, que anos depois o povo israelita tomou como seu nome em particular e, assim, passou para as crônicas e relatos que até hoje são conhecidos.

O generalíssimo dos exércitos do Egito não observava com agrado que fosse permitida a saída do país de tão numerosa população, a ponto de deixar quase abandonados alguns Nomos e até as capitais de maior povoação.

Assim, permitiu-se fazer ao faraó algumas sugestões que ele deixou desvanecer-se numa discreta evasiva.

Acontecimentos não buscados foram favoráveis aos planos de Moisés.

Alguns donos de verdadeiros "rebanhos" de escravos decidiram explorar como um negócio fabuloso o resgate que a princesa real tinha ordenado para determinados casos e pessoas. Postos todos eles de acordo, elevaram de tal modo o preço da "mercadoria" que a vil e péssima notícia chegou a Moisés e a seus Setenta. Também eles julgaram justo, e na verdade o era, pôr-se de acordo para vencer a avareza daqueles comerciantes de vidas humanas. Fariam com eles como o fizeram com os piratas do Mar Vermelho.

A todos esses avarentos de carne humana viva sobrevieram pragas em suas semeaduras e plantações, em seus animais domésticos, rãs, moscas, mosquitos e diversas classes de insetos incômodos em suas regueiras, poços e fontes de água potável. Como todos eles eram supersticiosos em grau extremo, tomaram-no como castigo do "Deus de Moisés" pela desmedida avareza e latrocínio com que procediam. Esta seguramente foi a origem das milagrosas pragas do Egito, como foram chamadas, sem que houvesse milagre algum, mas somente o mandato mental de Moisés e de seus Setenta para fazer chegar a reflexão em todos aqueles inconscientes de que, aquele que se põe contra um desígnio divino, mais tarde ou mais cedo colhe as conseqüências.

Outros acontecimentos não buscados ocorreram com grande oportunidade.

Um dos reis da imensa Líbia, grande amigo do faraó, solicitou dele sua ajuda numa difícil situação. Ele pedia encarecidamente que lhe enviasse por algum tempo um de seus mais hábeis chefes de guerra porque se via ameaçado de ataques graves do exterior. E acrescentava que tal solicitação se devia ao falecimento recente de seu primeiro chefe militar.

O chefe dos exércitos egípcios estava casado com uma mulher líbia da alta sociedade, o que facilitou a aceitação desse chefe ao convite que o faraó lhe fez de atender à solicitação.

O terceiro acontecimento foi que, por causas astrais e meteorológicas, teve lugar uma acentuada baixa das águas dos mares em todos os continentes, em tal forma que os Lagos Salgados,* que eram como um braço do Mar Grande unindo-o ao Mar Vermelho, ficaram secos durante vinte e dois dias.

Este acontecimento final foi o que decidiu a saída do povo escolhido de Deus do Egito dos faraós.

A grande despedida teve lugar em Ramesés. O primeiro a sair foi o grande sacerdote Ismael seguido dos levitas, aos quais foram seguindo os outros agrupamentos ou tribos descendentes dos filhos do patriarca Jacó.

O último a sair foi Moisés e duas terças partes de seus hierofantes, ficando Fredek de Port-Ofir e Arfasol da Bética com Estrela e a princesa da Etiópia, e os mais idosos ao lado da princesa real, que não podia nem queria ficar em tão grande desolação.

As despedidas do faraó, da rainha-esposa e da princesa real ao heróico aventureiro que se lançava ao deserto da luz divina do ideal eterno, que res-

---

* — O atual Canal de Suez.

plandecia como uma estrela diante dele, deixo que o leitor as imagine com a certeza de que, por mais emocionantes e emotivas que as pense, sempre será menos do que realmente foram.

— Meu Osarsip de nossos anos juvenis! — disse o faraó ao abraçá-lo pela última vez. — Voltaremos a ver-nos sobre a Terra?

— Se ambos o quisermos, sim, faraó — respondeu Moisés com a voz trêmula e os olhos cristalizados de pranto.

Moisés beijou as mãos da rainha, que chorava, beijou as crianças e, por fim, a Estrela e sua mãe, que prometiam ir até ele assim que lhes mandasse aviso de que estava na cabana do tio Jetro.

Moisés quis evitar a sua mãe e a Estrela esse primeiro torvelinho que previa da saída de tão numeroso povo, levando ainda cada família alguns dos animais domésticos que seriam mais necessários para sua alimentação.

A primeira crônica ou relato do êxodo foi escrita pelo segundo notário dos três hierofantes que foram designados para tal cargo. O notário-mor ficava no templo de On, onde continuariam as reuniões semanais da terça parte dos Setenta que ficava com o faraó, a rainha-esposa e a princesa real.

Esse relato foi escrito, como todas as escrituras dos templos, no sistema hieroglífico usado pelos iniciados.

Várias letras desse antiqüíssimo sistema de escritura estavam figuradas por animais de diversas espécies e raças. Bois, vacas, cabras, leões, leopardos, patos, íbis, garças, cisnes, etc., tudo era usado na escrita hieroglífica para significar ou construir as histórias, lendas ou poemas com os quais queria expressar o pensamento. Os inexperientes intérpretes que vieram tempos depois julgavam ver nesses sinais o povo conduzindo consigo todo o seu gado, que algumas tribos possuíam em grande número.

Mas tudo isso os dirigentes do grande êxodo tinham feito vender em sua maior parte, deixando somente os mais indispensáveis para o sustento, como vacas ou cabras que dão seu leite, galinhas, gansos, patos, que dão seus ovos.

As famílias que viajavam em carros, levavam bois, cavalos ou mulas.

Os intérpretes supuseram que o povo escolhido necessitava de rebanhos de animais para oferecer sacrifícios ao seu Deus. Não contaram esses intérpretes com um dos princípios básicos do ideal de Moisés que era o de acabar com os costumes pagãos dos sacrifícios sangrentos nos altares dos templos. O alto sacerdócio, entre o qual se havia formado, não usou nunca essa forma de render homenagem ao Deus único invisível e eterno.

Não somente falta à lógica quem pense de diferente maneira, como também falta à verdade.

Retrocedendo no tempo uma boa porção de anos, vemos que essa foi uma das causas por que se rebelaram os potentados egípcios contra o ideal de

Anek-Aton. Tinham eles seus campos cheios de rebanhos, que vendiam a muito bom preço aos devotos das centenas de deuses cujos favores conseguiam oferecendo-lhes sacrifícios de animais em seus altares que recendiam a sangue e gordura queimada.

Suprimido o rendoso negócio, veio-lhes a ruína. Eles, refinados egoístas, disseram:

"— Que se arruíne o faraó e seu ideal. Salvemo-nos da grande ruína que nos ameaça."

Como, pois, os intérpretes da escritura que narra o êxodo puderam pensar que Moisés haveria de complicar sua já difícil empresa arrastando atrás do povo rebanhos para os sacrifícios, quando era esse grande erro um dos que ele queria desterrar do povo escolhido?

Um relator do Plano da Luz nem sequer devia fazer estas sugestões, eu bem compreendo, mas as escrituras que o mundo conheceu até hoje falseiam tanto a verdade, afastam-se de toda lógica e justo raciocínio que julguei conveniente, e até necessário, fazer ao leitor estas reflexões que lhe facilitarão a clara compreensão da verdade que a luz eterna está revelando-nos.

* * *

Quando todo o povo tinha atravessado os Lagos Salgados, onde o faraó fizera construir um largo aterro para evitar que o lodo de alguns lugares dificultasse a passagem, o coração de carne do genial aventureiro suavizou suas fortes batidas. Os seres grandes e fortes são também sensitivos, e ele dera um grande salto sobre o abismo ao sair de sua terra natal arrastando atrás de si um numeroso povo que se movia como um mar humano e que somente confiava nele, em sua palavra, em seus ensinamentos nos quais lhes fazia ver e sentir um Deus único, forte, poderoso, porém invisível. Onde estava esse Deus? Como era? Que relação tinha com todos eles? Por que os amava mais que aos demais povos da Terra?

"— No amar-se uns aos outros está encerrada toda a Lei e Justiça do Deus de Moisés" — comentavam os mais entendidos em teologia e moral. — Se soubermos viver sem causar o menor dano uns aos outros, este Deus-Pai-Amor e Poder verá em nós seus filhos e cuidará da nossa vida e da nossa paz e felicidade.

Todo o povo de Moisés abriu tendas no Négab, e Moisés teve a satisfação de encontrar um esquadrão de duzentos lanceiros que o etnarca mandara para esperá-lo, tornando-lhe mais suave e ligeira a aspereza do solo estrangeiro.

Moisés ordenou um descanso de sete dias antes de se lançarem em pleno deserto.

Até aqui o havia seguido o fiel e amoroso Numbik. Ele queria ser quem levantaria para seu amo a primeira tenda no deserto e, depois, voltaria ao Egito conforme haviam combinado para conduzir a princesa real, a Estrela e a jovem da Etiópia até a cabana do tio Jetro, que Thimétis se empenhava em visitar.

DE RAMESÉS AO SINAI

Longo e pesado seria relatar as peripécias da saída de toda uma numerosa e heterogênea multidão do país onde vivera durante tantas gerações.

Bem se compreenderá que não somente as pessoas deveriam sair, mas atrás delas seguia toda uma longa caravana de carros, de camelos e de jumentos carregados com os víveres que toda família levava para três meses, pelo menos. Essas provisões consistiam em carnes salgadas, cereais, legumes, farinhas, odres de azeite, vinho, pequenos cântaros de mel e manteiga, cestos de queijos, frutas e hortaliças secas.

Se longas foram as horas e os dias que tardou o povo em terminar a saída, mais tardou desde logo o imenso carregamento indispensável para todo um povo que se lançava ao deserto sem a segurança de encontrar boa alimentação nas modestas povoações e aldeias da travessia.

Nos sete dias de descanso concedidos por Moisés aos peregrinos, teve ele em sua grande tenda-alojamento, também de alguns dos Setenta, algo que bem poderíamos chamar seu terceiro apocalipse.

Seu guia íntimo Aheloin manifestou-se durante as sete noites do deserto; sua presença foi percebida e suas palavras foram ouvidas pelos companheiros da tenda que chegou a converter-se num pequeno templo que, na escuridão das noites, resplandecia em tal forma que das tendas vizinhas também era percebido.

Moisés tivera anúncio premonitório de que isso ocorreria, e teve a discreta precaução de que, próximas à sua tenda, fossem levantadas as daqueles mais íntimos companheiros que saberiam dominar toda manifestação de surpresa pelo efeito extraordinário que causariam os acontecimentos sucedidos.

As instruções de Aheloin apressavam-no a chegar quanto antes ao Sinai, onde os anacoretas do Monte Horeb, que o aguardavam, já não resistiam mais à formidável corrente espiritual que desde há sete anos vinham acumulando.

Os guias de Moisés deviam compreender muito bem que o estado espiritual da maioria daquele povo necessitava de manifestações supranormais muito extraordinárias para firmar-se numa fé que até então só se havia fundamentado na confiança no homem que a inspirava e, apoiado além do mais pelo próprio faraó, pela princesa real, pela rainha e pelos sacerdotes de Mênfis.

Contudo, uma vez longe de tudo isso, e sozinho, o povo entre montanhas escabrosas e os ressequidos areais do deserto, era justo supor os desfalecimentos e incertezas, as vacilações e dúvidas, e talvez até sobreviriam alarmes e murmúrios julgando uma insensatez tudo quanto tinham realizado e talvez sacrificado por um ideal tão intangível, tão imaterial, tão invisível.

Se nos colocamos, leitor que me segues neste longo episódio, em igualdade de condições, será facilmente compreensível que Aheloin houvesse preparado, com o concurso dos anacoretas kobdas do Horeb, as tremendas forças e correntes elétricas, como numa imensa pilha que produzisse em todo um povo, que tanto havia sacrificado, a convicção necessária para preferir a morte, talvez, antes de vacilar em seguir a Moisés.

As insistências de pressa de Aheloin foram amplamente obedecidas, e apenas amanhecia o sétimo dia, foram levantadas as tendas, e quando o sol começava a declinar, o mar humano punha-se novamente em movimento com um entusiasmo quase delirante.

Da tenda-templo de Moisés irradiava-se por todo o amplo acampamento essa força divina que bem conhecem os que, aferrados a um ideal superior, saltam por cima de todas as barreiras sem voltar a cabeça para trás.

De Ramesés chegaram até Socot, e foi em Socot que aconteceu a confidência dos sete dias, como começaram a chamar às manifestações materializadas dos guias espirituais do grande missionário.

Foram elas a preparação definitiva de Moisés e de seus companheiros de ideal para a grande jornada espiritual, moral e social que deviam realizar. Foi como o treinamento, digamo-lo assim, dessas almas com têmpera de apóstolos, para pôr no altar da eterna potência tudo quanto eram em capacidade de sacrifício e desinteresse, quanta vontade e esforço haveriam de necessitar para lutar e vencer na formidável contenda contra a corrupção, a anarquia, a avareza, o egoísmo, a desordem em todo sentido, na qual vivia a humanidade no meio da qual se lançavam, decididos a impor a ordem, a lógica e o bom senso em todas as atividades e manifestações da vida humana. Lógica e discernimento na fé; nobreza e elevação nos pensamentos; sinceridade nos ocultos sentimentos da alma; verdade na palavra; lealdade na amizade; fidelidade e pureza no amor... Santo céu!... Como receberia a humanidade tão absoluta mudança e transformação de tudo quanto forma o complexo mundo interior e exterior no qual vive e viveu a criatura humana, salvo as pouquíssimas exceções dos raros casos diferentes da maioria?

Houve alguns que chegaram a estremecer e vacilar diante dos milhares de barreiras e dificuldades que previam encontrar. No entanto... ali estava ante eles o colosso, o homem-montanha, a alma genial, rígida e firme como os obeliscos de granito e mármore que observou desde menino na terra onde nascera.

Então um dos anciãos hierofantes de Mênfis que, sendo um jovem monge quando conheceu Osarsip menino, recordava de sua infância uma passagem de sua vida. Acompanhava-o a tomar a gôndola na qual embarcava sua mãe de volta ao castelo do lago Merik, e o menino deteve-se diante do mais alto e mais forte obelisco que adornava a pracinha do templo de Mênfis.

— Quem fez este obelisco? — perguntou.

— É difícil responder, Osarsip. Faz uma longa série de anos e talvez de séculos que foi construído.

— De que ele é feito?

— De granito rosado das pedreiras da Líbia.

— Nenhum furacão pode destruí-lo?

— Não, nenhum.

— Nem mil bois puxando por ele podem deitá-lo abaixo?

— Nem dois mil, eu te asseguro.

Logo em seguida, o monge ouviu-o dizer:

— Quero ser forte como este obelisco quando for homem.

O ancião referiu mais de uma vez este distante episódio sempre que uma nova demonstração de firmeza e de força de vontade de Moisés retemperava as fibras íntimas da alma dos companheiros que, às vezes, pareciam intimidar-se perante a grande e difícil realização da obra que traziam entre as mãos.

Para compreendê-la e aceitá-la como possível de vê-la realizada na Terra, foi necessário, leitor amigo, conhecer Moisés desde os primeiros passos de sua vida; e os fidelíssimos arquivos da luz eterna nos deram a chave apresentando-o ante a nossa pobre inteligência desde o seu nascimento, sua meninice, sua adolescência, sua juventude e, principalmente, graças às excepcionais faculdades psíquicas que o acompanharam, conquistadas imediatamente por uma evolução de milhares de séculos.

* * *

Retrocedamos uns dias no nosso relato. Dois pigmeus com orgulho de titãs se julgaram capazes de enfrentar o grande homem designado pela eterna potência para esta obra gigantesca. Aquele príncipe Leão Bardi, inimigo de Moisés e de sua mãe, e seu filho, o bastardo da rainha Ghala, de triste memória.

Embora aparentemente reclusos no palácio-fortaleza de Abdas, que o faraó fingia ignorar, espiavam, como morcegos na escuridão, os movimentos do único ser que os enfrentara em suas maquinações tenebrosas. E julgaram chegado o momento quando Moisés e seu povo se achavam fora do domínio e da proteção do faraó.

Era, no seu sentir, um povo pária, e um pária também o seu condutor. Feri-lo de morte era deixar o povo sem guia nem sustentáculo, e seria fácil induzi-lo a se separar do Egito e ao reconhecimento de uma nova soberania: o príncipe bastardo, filho da rainha Ghala, esposa legal do faraó Ramsés I. A cidadela fortificada de Abdas seria sua capital e a cordilheira do Revenzora seu campo de atividades, que com suas ricas minas inexploradas podiam oferecer ao povo fácil meio de subsistência.

Leão Bardi, hábil em toda classe de intrigas e manipulações fora de lei, tinha organizado um corpo de exército de uns dois mil homens, sicilianos, calabreses e beduínos idumeus contratados como tropa de linha. Vestido o filho da rainha-mãe com roupagem idêntica à usada pelo faraó, com um carro de guerra igual ao seu, e os soldados com o dorso desnudo, saiote vermelho e branco, as lanças douradas e o penacho branco dos cavalos, imitavam maravilhosamente um corpo de lanceiros dos que o faraó abrigava em seus grandes quartéis de Ramesés.

Quando o povo escolhido terminou de atravessar os Lagos Salgados, saíram seus perseguidores atrás deles numa noite escura, acobertados pelas espessas trevas.

Mas... dir-se-ia que os mares se puseram de acordo em beneficiar o justo que buscava a salvação da humanidade elevando o baixo nível moral e espiritual no qual se encontrava; e quando o exército perseguidor chegou à margem dos lagos, as águas tinham voltado a seu antigo leito e o mar crescia cada vez mais até transbordar.

Contudo, era questão de vida ou morte.

Os lanceiros de Leão Bardi não queriam perder os rendosos ganhos que lhes haviam prometido, nem a soberba dos pigmeus dirigentes permitiu que lhes chegasse sequer um débil raio de luz para compreender que Moisés era um instrumento do eterno poder para a obra que realizava, e eles eram dois infelizes egoístas carregados de avareza, de ambição e de soberba.

Poucas vezes se viu com tanta clareza a luta entre o mal e o bem sobre a face da Terra como neste caso que venho relatando. A força da soberba, animada pelo implacável desejo de vingança, infiltrou fogo vivo nos dirigentes e na tropa, e ao grito de: "Pela rainha Ghala e por Ramsés I, avancem, que esta onda que sobe não poderá impedir nossa passagem."

Na precipitação desesperada, afastaram-se do aterro que as ondas cobriam tornando-o em pântano, dificultando a caminhada, o que deu tempo à maré para subir o bastante para que cavalos, carros e homens perdessem o equilíbrio e caíssem vencidos pela furiosa marulhada.

Só conseguiu salvar-se a nado Leão Bardi e um dos auxiliares que o acompanhavam em seu carro, mas ele estava tão gravemente ferido por causa da queda que viveu umas horas mais flutuando como um moribundo sobre o piso de seu carro, que o sustentou arrastado pela correnteza.

Enquanto isso ocorria ao norte, o faraó, sua esposa e seus filhos tinham tomado o veleiro real que os conduziria ao sul, à resplandecente Tebas, que haviam abandonado temporariamente para colaborar com Moisés na grande obra de evolução humana que realizava e cuja sede central era o templo de On.

* * *

O grande sacerdote Ismael, chefe espiritual das tribos israelitas, conferenciou com Moisés e com os hierofantes companheiros, alertando-os de que aqueles estavam habituados a oferecer sacrifícios em homenagem ao poder supremo, e estavam pesarosos de não poder fazê-lo de forma alguma.

Esta advertência foi manifestação clara de que não se muda tão facilmente a satisfação que produz na alma humana a apresentação de uma oferenda material e banhada em sangue com o íntimo sentimento do espírito evoluído ao render uma homenagem puramente espiritual, tal como uma sentida prece, um hino cantado com a alma ou com os lábios, uma oferenda floral apresentada com amor e devoção, etc.

Foi este o primeiro desalento de Moisés. Contudo Aheloin, seu guia íntimo se havia feito sentir na meditação da última noite transcorrida em Socot:

"— A lei divina — disse — é menos severa que tu, e ela ordena que as inteligências adiantadas devem ter a capacidade de pôr-se em harmonia com as de escassa evolução em tudo quanto não fere a consciência nem deturpa o caminho. Tende isto em conta, apóstolo da eterna vontade, e busca o meio de ser para teus irmãos menores o que ela quer de ti."

Estas palavras ocuparam a meditação de Moisés e dos companheiros que as ouviram.

Moisés falou assim:

— Escreva cada um de nós de que meios temos de nos valer para substituir, no ânimo e no sentimento do povo, os sacrifícios materiais pelos sacrifícios que devem satisfazer a alma humana que deu um passo a mais na sua evolução.

No longo silêncio que se seguiu a estas palavras, todos receberam ou tiveram a idéia que salvaria a situação criada.

Quando, terminada a meditação, procederam à observação das anotações de cada um, pôde ser verificado que todas elas coincidiam, embora expressadas de diferente maneira.

Belas idéias tendentes à elevação das almas ao supremo poder, mediante orações, súplicas, ação de graças pelos benefícios recebidos, hinos de adoração e de reconhecimento das próprias deficiências, e nobres propósitos de dominar as ruindades do eu inferior.

As oferendas florais, o queimar de ervas aromáticas, a mirra, o incenso e o aloés que, além de purificar os ambientes, adormecem as exaltações nervosas e colaboram para restabelecer a paz interior.

A música sagrada e os hinos dos antigos inspirados e profetas, a recordação de passagens emotivas e comovedoras das almas nobres e puras do passado, tudo isso podia formar motivo e tema para breves palestras no começo das noites e antes de entregar-se ao descanso.

De todas essas sugestões valeu-se Moisés para estabelecer a ordem da nova vida da humanidade que guiava. Essa parte do programa ficou a cargo da Maria, a que foi esposa de Aarão e que o leitor sabe já que personagem ilustre do passado vivia nela: a matriarca Balbina, irmã daquele kobda Sênio de tão grande importância na fraternidade kobda da pré-história. Sênio foi um dos anacoretas sacrificados até o heroísmo, na Serra Nevada e logo no Monte Horeb, vizinho do Sinai, esperava a chegada de Moisés guiando o povo escolhido para primeiro depositário da grande verdade: a alma universal! O grande todo, o único invisível e eterno: Deus!

Maria ou a matriarca Balbina soube rodear de tão delicada beleza, harmonia, arte, suavidade e emotiva devoção o culto que realizavam ao amanhecer, que primeiramente o mundo feminino, e pouco a pouco também os homens foram se sentindo atraídos para aquela tenda no meio do deserto, onde um coro de donzelas tocava cítaras e alaúdes e cantava belos hinos pedindo paz, saúde, alegria e esperança para os que tudo haviam abandonado por um ideal superior.

Ao terminar esse singelo culto, os hierofantes médicos interessavam-se em aliviar algum sofrimento padecido pelas crianças, e era dado tempo para que expusessem alguma situação excepcional ocorrida no grande acampamento.

Maria, com suas damas de mais idade, acudia levando o alívio necessário, e as donzelas tinham a seu cuidado as crianças de forma a compartilharem a longa peregrinação com a maior comodidade possível.

Dessa maneira foi sendo transformada suavemente, mas a custo de grandes esforços da vontade, a torpe idolatria de uns e a grosseira materialidade dos demais no que diz respeito à forma e modo da aproximação da alma humana ao grande Todo, que é a sua origem, à alma universal, ao único invisível e eterno Deus.

A unidade divina sonhada por Moisés parecia esboçar-se já nas noites do deserto, enquanto ele contemplava o céu estrelado refletindo-se nas águas tranqüilas do Mar Vermelho.

Passadas Pihabiron, Belsefon e Maraba, em fatigantes jornadas de cansaço e longos descansos, chegaram a Elimo, cujas abundantes e doces águas, com seu grande bosque de palmeiras carregadas de tâmaras maduras foi efetivamente um delicioso oásis no qual Moisés fez descansar o povo durante duas semanas e meia.

Abundavam ali os junquilhos, as campânulas azuis, as anêmonas e as murtas. Maria, com suas donzelas, fizeram da tenda-oratório um templo adornado com grandes grinaldas de folhas de palmeiras e da abundante florada ali encontrada.

Passado o culto religioso do amanhecer, foram organizadas danças de meninos e meninas de seis a dez anos, cantadas éclogas pastoris, hinos de honra aos valentes peregrinos do povo escolhido que se aproximava do Sinai para receber a lei divina e eterna para toda a humanidade.

Alguns hierofantes inspirados recitaram odes carregadas de otimismo e esperança e, por fim, viram-se inumeráveis forninhos portáteis acesos ao redor da tenda, onde eram cozidos os pãezinhos doces e as geléias de frutas secas que as donzelas tinham preparado para distribuir às crianças que em sua aloucada alegria pareciam um bando de passarinhos alvoroçados.

Era Elimo uma aldeia de numerosa população e rica em manadas de ovelhas, cabras e antílopes. Moisés tinha ali alguns conhecidos e agradecidos amigos do patriarca Jetro, e eles, e logo em seguida toda a povoação, obsequiaram amavelmente os peregrinos com quanto possuíam. Desse modo viu-se logo um círculo de fogueiras ao redor dos forninhos nos quais eram assadas peças de carne, ovos de ganso e de avestruz, e foram postas mesas e oferecidas ânforas de vinho, pequenos cântaros de leite e de mel. Por muito tempo foi lembrado o festim de Elimo, de tal forma que foi usado para fazer comparações com festins extraordinários, e resultou clássica a frase: "Isto é o festim de Elimo" quando alguém fazia uma grande festa para celebrar um acontecimento agradável.

Já clareava no oriente o avermelhado da aurora quando essa humanidade feliz se entregou ao descanso num plácido sono.

O leitor adivinhará, sem necessidade de que o relator o refira, que a alma mais feliz de todas nessa noite inesquecível era a alma de Moisés que, ao se retirar para a sua tenda, recitou em voz alta, olhando o arrebol que aparecia:

"Graças, Senhor, porque amanhece o dia
E novamente resplandeces no sol.
Por tudo isto que vejo ao meu redor
Eu te dou graças, Senhor!"

✳ ✳ ✳

Três dias depois, as tendas eram levantadas e o grande êxodo começava novamente em direção ao Monte Sinai, cuja negra silhueta, imponente e soberba, se esboçava claramente sobre o claro azul do céu oriental.

O MONTE DOS ESPLENDORES

Chegamos finalmente ao ponto culminante da glória de Moisés: o Monte Sinai. Na pré-história, foi chamado de penhasco de Sindi, e foi o lugar de castigos severos mantidos pela fraternidade kobda para os delinqüentes de mais difícil correção.

Contudo, como é um axioma de longo alcance: "O amor salva de todos os abismos", também no penhasco de Sindi houve prodigiosas transformações de almas; gloriosas ressurreições, poderíamos dizer, que fizeram de alguns cativos semeadores do bem no meio de seus semelhantes, paladinos esforçados de um ideal superior.

O penhasco-presídio servira de refúgio aos kobdas fugitivos, expulsos de Neghadá, por sua valente negativa em aceitar leis novas no velho santuário — mãe da fraternidade civilizadora de três continentes.

Os kobdas então refugiados se haviam comprometido uns com os outros a continuar suas vidas sucessivas futuras nas paragens próximas ao presídio, facilitando assim voltar a reunir-se, até que alguma oportunidade favorável lhes permitisse regressar ao ninho abandonado.

Entretanto, essa oportunidade não se apresentou mais. Alguns dos kobdas que se agasalharam no penhasco de Sindi o conheciam palmo a palmo, pois tinham formado parte dos que, de ano em ano, se revezavam na tarefa de mestres e guardiães dos delinqüentes ali reclusos.

As numerosas grutas não foram suficientes para albergar todos os fugitivos, e os conhecedores do lugar buscaram no vizinho Monte Horeb grutas e cavernas bastante espaçosas, que foram pondo em ordem até deixá-las em condições de serem habitadas pelos que careciam de teto e lar.*

A perseverança poucas vezes igualada dos kobdas da pré-história, colaboradores heróicos na vida messiânica do ungido divino, pôde dar a Moisés a satisfação inigualável de encontrá-los naqueles escabrosos montes esperando a sua chegada.

Em suas longas vigílias contemplativas, ele os tinha visto, e não achava que se havia enganado. Pouco a pouco foi se convencendo da realidade de suas clarividências espirituais. Mas nada há comparável à impressão da alma que vê com os olhos do corpo, apalpa e abraça fervorosamente aqueles seres que viu em seus gloriosos êxtases de visionário celestial. Essa intensa e suavíssima impressão teve Moisés quando, chegado três dias antes do povo, escalou a montanha agreste e encontrou o que procurava.

Os anacoretas habitavam nas grutas do Monte Horeb, porque o Sinai estava destinado, por conselho dos guias espirituais, a manifestações que nem todos poderiam presenciar sem perigo para a saúde física. Necessitariam uma preparação especial, e esta se realizaria depois da chegada de Moisés.

Fazia sete anos que foram aconselhados a transladar-se para as grutas do Horeb, porque no Sinai as tochas vivas deviam criar por intermédio dos querubins tão extraordinárias correntes de fluidos magnéticos e forças elétricas que não seriam suportáveis para os seres encarnados durante certo tempo.

Haviam-se unido a eles os anacoretas da Serra Nevada, e formavam o número quatorze, ou seja, duas vezes sete.

No mesmo dia da chegada de Moisés ao Monte Sinai, chegaram os hierofantes Oad e Carmi, com Laio, Hur, Josué e Caleb, para os quais Moisés tinha mandado a Poço Durba um mensageiro com o aviso.

Três dias e três noites passaram nesse retiro de meditação apenas interrompido para manifestar-se reciprocamente as inspirações espirituais que percebiam, os avisos, as sugestões e observações que as inteligências superiores, em colaboração com eles, indicavam como convenientes ou necessárias para não malograr os grandes sacrifícios feitos por todos em favor da grande obra que realizavam.

---

* Na obra *Origens da Civilização Adâmica* há detalhada informação sobre o penhasco de Sindi.

Transformar em justa, bela e boa a depravada e tortuosa corrente da criatura humana não era certamente fácil de realizar. Impor a idéia de um só Deus como verdade absoluta entre a multidão confusa de múltiplos deuses, deusas e gênios que haviam ditado cada qual uma lei diferente, era um esforço quase sobre-humano, sem se expor a um fracasso que ocasionasse lutas e guerras de uma ferocidade espantosa. Contudo, ninguém desanimou. Ninguém voltou a cabeça para trás e, sem ter sido combinado de antemão, na primeira meditação realizada na gruta-oratório do Monte Horeb de repente encontraram-se todos de pé e de mãos unidas numa forte corrente.

Todos se observaram com um profundo olhar de interrogação.

— Vencer ou morrer! — disse Moisés com solene voz de inspirado.

— Vencer ou morrer! — responderam todos ao mesmo tempo.

Em profundo silêncio, entraram no augusto santuário da solidão da alma com o infinito.

A gruta-oratório desapareceu como por arte de magia e, no amplo espaço azulado, presenciaram o grandioso desfile de todos os flâmines, profetas brancos, dáctilos e kobdas das idades pretéritas, que seguiam em marcha solene um arcanjo levando um imenso pavilhão cor de ouro no qual estava gravada em vermelho púrpura esta inscrição:

"O sacrifício por um ideal de redenção humana é a suprema consagração do amor."

Uma música suavíssima adormecia os sentidos, e uma chuva de narcisos, a flor símbolo da alma purificada, caía sobre os contemplativos solitários, que se julgavam almas do mundo espiritual despojadas do corpo físico.

Quando a manifestação terminou, ninguém podia mover-se nem pronunciar palavra alguma. Haviam transcendido o plano físico e, por um lapso de tempo que não podiam medir, as almas tinham flutuado ante o rodopiar maravilhoso de espelhos que a luz divina guarda para os buscadores das verdades eternas.

O aspecto físico que até o dia de hoje apresenta o Monte Sinai é o mesmo visto por Moisés com o povo que conduzia. Consta de três elevados cumes que foram chamados Monte Serval, Monte Horeb e Monte Sinai.

O Serval tinha grandes mesetas ou esplanadas para as quais se abriam espaçosas grutas, e se encontra ao oriente. Segue-o o Horeb, mais elevado, mais escabroso e, ao seu lado, o Sinai, mais ou menos de idêntica altura entre os dois mil e quatrocentos e os três mil metros.

Numa das espaçosas esplanadas do primeiro monte está a cidadela chamada de Santa Catarina, rememorando o nome da ilustre mulher que construiu o mosteiro habitado pelos anacoretas chamados koptos, dirigentes de toda a cidadela onde estão edificados vários recintos de oração exercendo cada qual com inteira liberdade sua forma e modo de adoração ao Eterno invisível, ao poder supremo: mesquita árabe, muçulmana, pagode budista, templo cristão e sinagoga israelita.

Na época de Moisés, os anacoretas que o aguardavam habitavam as grutas do Horeb; no entanto, eles conservavam escrituras dos kobdas pré-históricos que viveram também nas grutas do Serval. Devem ter sido muitos os fugitivos de Neghadá, pois deixaram gravados nas pedras das paredes interiores seus nomes e frases, às vezes fáceis de compreender, às vezes indecifráveis.

No Sinai existiam vestígios do austero presídio que subsistiu na época dos kobdas: fortes aros de cobre, pedaços de correntes ainda presas às rochas.

Da pequena vila que precisou ser formada na pré-história com os redimidos e suas famílias e que o amor redentor dos kobdas permitiu fosse formada, não existia vestígio algum nos dias de Moisés.

O tempo e as areias do vizinho deserto de Shin haviam apagado tudo.

Na segunda noite que Moisés e seus companheiros passaram nas grutas do Horeb, puderam perceber chamas azuladas a flutuarem sobre o Sinai e ruídos fragorosos, como estouros de forças a se chocarem, causando estreme-cimentos ou tremores que sobressaltavam o ânimo.

Conhecedores todos eles das correntes e forças etéreas, magnéticas e elé-tricas que a mente humana pode pôr em atividade, compreendiam que os guias invisíveis da grande jornada de Moisés estavam muito a par do estado mental, espiritual e moral da humanidade dessa época e do grau de evolução do povo escolhido, que nem a escola de portas abertas conseguiu levantar o nível da maioria nem sequer a metade do que Moisés teria desejado.

Ele mesmo compreendeu, durante os três meses que durou a viagem de Ramesés ao Sinai, que o bem-estar material tinha predomínio no pensar e no sentimento daquela multidão.

Os altruístas, os desinteressados, os que sentiam em si mesmos palpitar um ideal, eram minoria.

Isso que Moisés compreendeu o sabiam desde logo as inteligências supe-riores que colaboravam com ele.

Multidões de tal natureza só podem ser levadas às luzes de um ideal in-visível mediante manifestações extraordinárias de força e de poder.

Havia escasseado o sustento durante a travessia em face da modesta esfera comercial dos vilarejos que cruzavam, e um oportuno bando de codornizes e aves aquáticas que desceu no Mar Vermelho salvou a situação.

A multidão tivera sede porque o sol demasiado ardente esquentou e eva-porou a água dos odres, e Moisés encontrou uma filtração, que em cristalina corrente surgia das penhascos que às vezes flanqueavam o caminho por onde caminhava a grande caravana. Jubiloso, todo o povo tinha celebrado como feliz e grande o acontecimento. Moisés e seus companheiros aproveitaram esses fatos para levar aquela multidão a se convencer de que existe uma grande força providente e amorosa velando sobre aqueles que buscam o bem, a justiça e a verdade. A essa força, a criatura humana chama Ievê, Atman, Amon-Rá, Brahma ou Deus, segundo a linguagem, país ou ideologia em que nasceu e onde vive.

Mas as multidões de pouca evolução se sentem mais protegidas e cuidadas por forças extraordinárias, que chamam de milagrosas ou sobrenaturais, do que por acontecimentos ou fatos que, sendo inegavelmente providenciais, não estão revestidos desse algo mágico e maravilhoso tão sedutor para certa classe de pessoas.

Maria, a sacerdotisa dos peregrinos, compôs um hino ao eterno e único poder invisível que ouviu o clamor de seu povo que tinha fome e sede:

> *"Milhares de codornizes*
> *Escureciam a luz*
> *E as gaivotas e os cisnes*
> *Povoaram o mar azul."*

Esta era uma das estrofes do cântico que a grande sacerdotisa auxiliar de Moisés fazia as donzelas do seu coro cantar, e que logo todo o povo cantava entre danças e bater de palmas.

Tudo isso tinha ocorrido e o povo o lembrava com freqüência; contudo, não houvera sido suficiente para que ficasse gravado profundamente no povo a idéia de um poder soberano mas eternamente invisível, que tem o direito de impor-lhe uma lei justa e austera que não deverá transgredir em hipótese alguma se quiser contar sempre com o amor e proteção desse mesmo e soberano poder.

Levando tudo isso em conta, os invisíveis e os encarnados que realizavam tão grande transformação humana fizeram uso de suas faculdades para pôr em atividade forças etéreas, magnéticas e elétricas que existem no espaço infinito.

O estupendo esforço mental das inteligências superiores foi origem e causa das tremendas magnificências que precederam ao ditado supremo da Lei do Sinai.

* * *

A gruta-oratório do Monte Horeb tinha sua maior abertura para o exterior diante do Monte Sinai e, desde que começou a manifestação de correntes e forças excepcionais, descerravam os solitários a espessa cortina de junco que a cobria a fim de prestar atenta observação a quanto estava ocorrendo no promontório que eles começaram a chamar o Monte dos Esplendores.

Os seis companheiros chegados de Poço Durba tinham a alma sobressaltada de pavor e de assombro. Os dez anos da ausência de Moisés tinham sido de serena e plácida quietude na cabana e templo do patriarca Jetro que, muito idoso, já havia delegado toda a sua autoridade aos hierofantes Ohad e Carmi, mestres que foram de Osarsip menino e adolescente, como o leitor recordará. Esses dez longos anos não foram perdidos, pois durante esse tempo traduziram para o grego as mais importantes escrituras encontradas no arquivo trazido por Moisés e algumas, conservadas pelo patriarca Jetro, escritas nos hieróglifos usados pelos iniciados nos templos egípcios.

O grego antigo era uma escrita mais fácil de interpretar e compreender. Os antigos hieróglifos eram figuras de animais, figuras geométricas ou de objetos e coisas dos milhares que apresenta a própria natureza, troncos de árvores cortados de distintas formas, bambus cortados, pedaços de pedras com determinadas fendas e gretas feitas a cinzel, pedaços de cordas com nós, estrelas grandes e pequenas, listras paralelas, às vezes verticais e outras vezes horizontais.

Esses trabalhos de Ohad e Carmi foram de grande aprendizado para Hur e Laio, que chegaram ao perfeito domínio dessa antiqüíssima forma de escrita. Por isso, os grandes arquivos de Hur, que seus descendentes conservaram cuidadosamente, chegaram às mãos desse "Outro Eu" anunciado por Moisés que viria à Terra séculos depois, e que a humanidade conheceu com o nome de Jhasua de Nazareth.

Dizíamos que os recém-chegados de Poço Durba, não obstante muitos soubessem dos planos espirituais e das atividades protetoras das inteligências superiores, não tinham sido testemunhas oculares das grandes manifestações supranormais.

O que estavam vendo nas noites do Monte Horeb, concentrados em meditação, ultrapassava os limites do visto e do conhecido por eles.

Na terceira e última noite antes da chegada de todo o povo, os solitários viram que o Sinai desaparecia coberto por uma espessa nuvem dourada com estrias bem acentuadas de todas as cores do arco-íris. Essa nuvem era uma revolução de movimentos que às vezes assemelhavam ao ondear turbulento do mar.

Quando, passado um certo tempo, esse agitado movimento se acalmou e aquietou, surgiram dentre a nuvem seres radiantes armados de longos dardos de luz cor de fogo, que estenderam seus braços em todas as direções, e toda a montanha ficou iluminada como se um milheiro de sóis estivesse no zênite. Compreendia-se bem que era toda uma legião de guardiães celestiais do poder e da força, porque a montanha vibrava como se fosse romper-se em mil pedaços, e isso era de tal forma perceptível para todo ser vivo na carne, que todos os companheiros de Moisés tiveram de tomar fortemente uns pelas mãos dos outros para não perder o equilíbrio e cair por terra como um trapo sem vida.

Moisés, caído em letargia em sua poltrona de madeira e junco, parecia dormir numa sereníssima calma.

Mas, de repente, viram aparecer entre a multidão de seres radiantes que estendiam seus dardos luminosos, uma figura mais alta que todos eles e apenas coberto com uma túnica azul brilhante como se fosse de metal.

Instantaneamente, os dardos de fogo desapareceram de todas as mãos que se renderam em reverente atitude, enquanto seus rostos se inclinavam e um milheiro de vozes dizia em coro:

"— Todas as forças do espaço te obedecem, ungido do poder divino, neste momento crucial de tua vida messiânica. Enviado do único eternamente vivo, nenhuma força do universo anulará jamais o que tu fazes viver para sempre na consciência desta humanidade. A vida eterna, o grande todo universal, origem e fim de toda vida, eterno poder invisível, Deus!"

Uma estrondosa sinfonia triunfal ressoou na nuvem que cobria o Sinai, ao mesmo tempo que desapareciam nela os radiantes seres que a povoaram, e a própria nuvem se desfazia em pedaços como um véu levado pelo vento, e Moisés despertava de sua letargia e começava a chorar em soluços que estremeciam todo o seu corpo.

Todos os solitários caíram de joelhos no pavimento de pedras com as almas deslumbradas por místico arrebatamento.

Nessa noite, todos compreenderam a excelsa grandeza e o poder sobre-humano daquele homem que soluçava humildemente sentado numa pequena poltrona de madeira e junco numa áspera gruta do Monte Horeb. Em todas aquelas mentes plenas de luz vibrou como um relâmpago o mesmo pensamento:

"Moisés é um fragmento de Deus baixado à Terra."

O DITADO SUPREMO

No dia seguinte e apenas clareava a alvorada, despertou-se a corneta dos guias da grande caravana.

Chegavam os cinqüentas lenhadores e ceifadores contratados para limpar de arbustos e ervas daninhas o lugar escolhido para o acampamento. Supunha Moisés que ali se deteriam por tempo indeterminado, e desceram precipitadamente do Monte Horeb obedecendo ao desejo dos anacoretas que pediam para guardar completamente o segredo de sua existência naquele lugar.

"— O mundo deve ignorar absolutamente que nós existimos, pois essa é a única segurança que temos de ser acatados no plano físico."

Tal foi o pedido dos solitários e o compromisso jurado dos visitantes, e talvez a isto se devem as ameaças de morte que fazem as crônicas eclesiásticas, que a humanidade conhece, para todo aquele que subisse o Monte Sinai, acrescentando que essas ameaças partiam do próprio Deus que, por intermédio de Moisés, as fazia chegar a todo o povo.

Segundo essas escrituras, o privilégio de subir ao monte sagrado estava reservado a Moisés e seus hierofantes, e o povo todo devia contemplar da planície as maravilhas ocorridas naqueles ásperos cumes vizinhos às nuvens.

Creio, pois, ser bem lógico e razoável supor que a causa de tais ameaças se prendia à insinuação de ser mantido em segredo a existência dos anacoretas.

Toda essa multidão, na qual o instinto de conservação da vida falava muito alto, submeteu-se docilmente a tão sugestivas e ameaçadoras advertências.

Moisés e seus auxiliares íntimos delinearam por meio de cordas os limites do grande acampamento e a forma como deviam ser localizadas as tendas de cada família.

Diante de todas elas e defronte ao Sinai, fez abrir três grandes tendas. A do centro era destinada a recinto de oração. Era o templo em pleno deserto, levantado para que o povo rendesse culto ao seu Deus.

As duas tendas laterais, uma era para si mesmo e seus hierofantes, a outra para o pontífice de Israel e seus sacerdotes. Ao redor de todas as tendas foram levantadas as grandes cobertas para os camelos, jumentos e cavalos nos quais haviam viajado, bem como para os carros e demais utensílios próprios de tão longa jornada como a que realizavam. Era aquilo uma muralha viva servindo de resguardo contra as feras para toda aquela multidão acampada num deserto afastado de toda povoação.

Penso que as mentes da época atual não chegaram a compreender e menos ainda a aceitar com agrado o temerário arrojo de toda aquela multidão que se lançou sem medo no incerto e inesperado que pudesse sobrevir.

Eu, relator desta tremenda epopéia, creio-me no dever de sugerir ao leitor idéias tranqüilizadoras.

Isso aconteceu quinze séculos antes da Era Cristã; e transcorreram depois vinte séculos mais. Quer dizer que esse fato dista da atualidade trinta e cinco séculos, significando três mil e quinhentos anos. Se vemos e comprovamos que, em apenas cinqüenta anos, os seres humanos mudam em seus costumes no vestir, na alimentação, no cuidado pessoal, na forma de compreender e de viver, em tudo, enfim, no que se relaciona com a nossa existência física, cabe e é muito lógico supor que a humanidade de trinta e cinco séculos atrás devia entender e viver a vida de um modo diferente da humanidade atual.

O êxodo ou transferência de grandes porções de humanidade foi um acontecimento repetido muitas vezes, segundo o sabemos por antigas escrituras e porque essas grandes passagens deixaram vestígios nas rochas das montanhas, nas cavernas e grutas dos longos caminhos que seguiram.

Levando tudo isso em conta, o êxodo realizado por Moisés com um numeroso povo que o seguia, deixou de parecer-nos inverossímil, e não é tão difícil de aceitar que houvesse em tão distantes idades organismos físicos e vontades humanas capazes de realizar, talvez obrigados por especiais circunstâncias, o que hoje não faria a criatura terrestre habituada à vida fácil, cômoda e agradável que o progresso proporcionou à nossa humanidade moderna.

* * *

O supremo ditado do Sinai não foi imediatamente à chegada do povo, mas duas semanas depois.

É bem compreensível que, levantar tendas e cobertas para tão grande multidão de seres humanos, e para os animais que os haviam conduzido, não é coisa que se possa fazer num dia nem em dois. Além do mais, Moisés e seus auxiliares eram psicólogos de alto vôo e sabiam bem que, para o ser encarnado pôr-se em condições de entrar em contato com o mundo espiritual, ele precisa de descanso físico para a matéria e serena quietude para o espírito.

Moisés aconselhou o povo a fazer excursões ao mar, que se achava tão próximo, e refrescar-se em suas águas tranqüilas, ao mesmo tempo que se abasteciam de boa pesca para a ceia. As excursões efetuavam-se ao cair da tarde, e a alegria e o companheirismo que era despertado nos seus integrantes dava-lhes essa sensação de segurança e bem-estar que abre as portas para o otimismo que floresce em esperanças prometedoras de um futuro feliz.

Cada família trabalhava de sol a sol fazendo as instalações julgadas mais convenientes para sua relativa comodidade. Quando o sol declinava no ocaso, a maior parte do povo se encaminhava para o mar, acompanhadas as mulheres pela incomparável Maria, à qual davam já o nome de matriarca.

Nos dois primeiros dias, Moisés em pessoa foi o condutor dos excursionistas ao mar, e logo continuaram fazendo-o por turno alguns dos hierofantes mais habituados ao trato com as multidões.

Os médicos se preocupavam assiduamente com os que sentiam alguma doença. O maternal coração da princesa Thimétis teve bem em conta esse detalhe e, com o esmero do qual somente uma grande alma é capaz, tinha mandado preparar um grande carro todo coberto, que funcionava como uma minúscula Casa da Vida, com era chamada no país o que hoje conhecemos por um hospital.

Esse carro tinha apenas uma poltrona, uma cama e a estante para os frascos, copos, potes, etc., com os medicamentos de primeira necessidade.

O clima sempre morno e às vezes cálido, a ausência permanente de chuvas, que apenas apareciam por milagre, colaborava com o plano de Moisés, grande conhecedor do que ocultavam todas aquelas paragens. Ele as havia percorrido duas vezes antes e esta era a terceira.

Além do mais, os anacoretas tinham fornecido todos os dados necessários referentes às fontes de água potável existentes nos vários pontos da montanha. Dessas fontes nasciam pequenos arroios cujas margens estavam cobertas de verduras e frutas silvestres comestíveis. A uva-branca, o camambu, os morangos, o tasi, o piquilin, a baunilha negra, a bolota, todo esse conjunto de frutas silvestres que eram o alimento dos solitários, podia ser utilizado por aquele povo nômade em caso de necessidade, se chegasse a faltar-lhe a provisão de alimentos.

Não tinham sido perdidos os dez anos vividos por Moisés na cabana do patriarca Jetro, e ele conhecia o deserto, seus mistérios e segredos como conhecia a si mesmo.

Alguns autores e críticos atribuem a Moisés extraordinários poderes de mago, porque não conseguem compreender como um homem de seu gênio, com seu grande talento, pôde lançar-se com um numeroso povo ao deserto, onde pobres e insignificantes aldeias apareciam de tanto em tanto e com as quais pouco ou nada podia contar para cobrir as necessidades de tão grande multidão.

Nos arquivos luminosos da divina luz, nada encontro daquele misterioso "maná" chovido do céu que alimentou o povo peregrino no deserto, e penso que talvez os escribas das crônicas conhecidas interpretavam literalmente alguma alusão alegórica à previsão prodigiosa de Moisés que, conhecedor de todos os aspectos e detalhes daqueles lugares, pôde evitar que o povo carecesse de alimentos naquelas solidões.

No Oriente, as alusões alegóricas foram sempre algo exageradas, e as figuras hieroglíficas das escrituras prestavam-se a errôneas interpretações se os tradutores não possuíssem grande prática nesse trabalho.

Até na vida comum vemos que uma sábia e prudente previsão dá às vezes resultados nos quais parece haver intervenção da magia mais audaz e elevada.

"Moisés era uma fração de Deus descido à Terra", segundo disseram os hierofantes que presenciaram as manifestações extraordinárias do Sinai.

Sua mente estava dotada de um poder e energia que ainda não foi ultrapassada nem sequer igualada por seres encarnados depois dele, mas tudo quanto conserva e revela o arquivo da luz está perfeitamente enquadrado dentro dos limites inalteráveis e invariáveis demarcados pela lei divina que rege todos os elementos, forças e correntes percebidas e comprovadas pela ciência da época atual, de tão fantásticas e estupendas descobertas.

∗ ∗ ∗

Era o entardecer.

O sol havia desaparecido envolto em seus véus de ametista e ouro. Um silêncio majestoso e profundo parecia esperar que algum som o interrompesse, pois se fazia já demasiado longo.

— Hoje será o grande dia — havia anunciado Moisés de manhã —; fazei um grande esforço, se for necessário, para não alterar de forma alguma a tranqüilidade e a paz deste dia.

"O Eterno invisível, que é nosso pai e nos ama, vos fará saber hoje por que e para que abandonastes o Egito e por que estamos reunidos neste deserto ao pé do Monte Sinai.

"Esperai, pois, tranqüilos pensando que o Eterno invisível é nosso pai e nos ama com um amor infinitamente maior que todos os amores deste mundo."

Moisés penetrou em sua tenda e não o viram mais até o entardecer, quando o viram, todo vestido de branco, envolto da cabeça aos pés num grande manto de linho e que, seguido de seus Setenta auxiliares íntimos igualmente vestidos como ele, subia o escarpado monte por um tortuoso desfiladeiro, que por momentos desapareciam como tragados pelas anfratuosidades e gargantas, aparecendo novamente diminuídos pela grande altura alcançada. O rude promontório começou a cobrir-se de um avermelhado resplendor de chamas que apareciam como enormes línguas de fogo a elevar-se cada vez mais até tingir com matizes de ouro as nuvens mais próximas.

Quando quase chegavam ao cume, os brancos encapuzados que apareciam como pequenos cordeirinhos de um rebanho, estavam de joelhos e o dourado resplendor começou a cobri-los em tal forma que apenas eram percebidos da planície.

Toda aquela multidão, sobressaltada de estupor, ouviu uma grande e sonora voz dizendo:

— O Eterno invisível, que é amor, poder e justiça, vos diz:

"Eu sou o Senhor vosso Deus que vos ama acima de todas as coisas e quer vosso amor, ilimitada confiança e constante fidelidade.

"Eu sou o Senhor vosso Deus, e não tereis deuses em vossa vida porque Eu sou a verdade, a luz e a felicidade perdurável e eterna. Sou vossa origem e vosso fim.

"É esta a minha lei única, imutável, invariável e eterna:

"1º. Ama-me acima de tudo quanto existe, porque Eu Sou teu Deus e tu és meu filho.

"2º. Não tomarás meu nome para falsidade nenhuma, porque Eu Sou a Verdade.

"3º. Consagrarás a mim um dia na semana e será para descanso de teu corpo e alegria de teu espírito.

"4º. Depois de Mim, darás a teus pais as dádivas de tua reverência e do teu amor em todos os dias da tua vida.

"5º. Não matarás a nenhum semelhante teu, porque Eu Sou o senhor de toda vida.

"6º. Não cometerás adultério nem ato algum que ofenda o pudor e a dignidade humana.

"7º. Não tomarás nada alheio sem a vontade do seu dono.

"8º. Não levantarás calúnia nem falso testemunho contra teus semelhantes.

"9º. Não desejarás os bens alheios nem porás teu desejo em nada que pertença ao teu próximo.

"10º. Não farás nunca, jamais, o que não queres que seja feito contigo.

"Tal é o resumo de toda minha lei."

A voz silenciou como mergulhada num tremendo redemoinho de luzes errantes e fugitivas, de nuvens, névoas e resplendores que davam claridade até longa distância.

Quando voltou o silêncio e a calma, a multidão viu descer os Setenta companheiros de Moisés, cada qual iluminando o caminho com uma tocha de cânhamo.

Mas Moisés não retornava com eles.

Para evitar os alarmes que isso pudesse causar ao povo, um dos hierofantes anunciou:

— A eterna lei que acabamos de receber será gravada sobre tábuas de pedra, e vosso guia condutor ficou lá no alto para recebê-las.

* * *

Os anacoretas que habitavam desde sete anos atrás nas grutas do Monte Horeb, vizinho imediato do Sinai, haviam-se transferido, por aviso espiritual, para a gruta-templo pertencente aos kobdas da pré-história no tempo em que foram guardiães dos cativos e, depois, refugiados fugitivos que fugiram de Neghadá transformados, por forças e correntes contrárias, de Santuário de Sabedoria, de Paz e Amor em palácio-fortaleza de uma soberania militar, audaz e autocrata em alto grau.

O guia maior e mais íntimo da missão de Moisés era Aheloin, secundado por todos os companheiros de evolução que se encontravam livres da vida carnal.

Sua poderosa influência unida aos solitários daqueles montes tinha produzido as estupendas manifestações que a eterna lei nos revelou.

Eles sabiam que o agente ou instrumento direto do plano físico era Moisés, e compreendiam e sabiam que, chegado ao ponto final e culminante, esse instrumento de carne, sangue e nervos teria dado de si quanto pode dar um ser humano revestido de matéria física terrestre. Sabiam-no, pois, esgotado, desfeito, quase morto.

Ele precisava de um longo descanso no torpor suavíssimo do sono extático provocado por uma ordem mental superior. O corpo físico de Moisés dormia em profundo silêncio e quietude sobre um brando leito de feno, envolvido em seu branco manto de linho e vigiado de perto pelos anacoretas, entre os quais se achavam Thilo, Sênio e dez antigos kobdas que tinham sido discípulos e amigos permanentes de Anfião, de Antúlio e de Krisna.

Quando, transcorridos quatorze dias, saiu de seu estado letárgico, seu aspecto era o de um morto que voltava à vida.

Os anacoretas já haviam gravado as tábuas com a grande lei recebida. Moisés, entretanto, devia refazer-se espiritual e fisicamente antes de se apresentar novamente ao povo.

Essa foi a causa por que ele tardou vinte e três dias sem descer do monte de suas glórias e também de seus martírios, que a humanidade ignorou completamente.

Levava gravado em todo o seu ser o grande lema dos filhos de Deus: "O sacrifício por um ideal de redenção humana é a suprema consagração do amor." Ele tinha dito um dia a solene evocação diante de seu conselho de hierofantes reunidos: "Vencer ou morrer."

Quando subia ao monte coberto com o grande manto branco no qual os antigos profetas e soberanos atlantes eram envolvidos para morrer, ele perguntara com sua mente mergulhada no Infinito como uma audaz e atrevida sondagem:

"— Descerei com vida deste teu monte, Senhor, aonde subo para encontrar-me Contigo e receber tua lei soberana?"

Respondeu-lhe o mais profundo silêncio.

Que lei, que mistério, que segredo encerrava esse pavoroso silêncio do mundo espiritual que antes havia sido tão pródigo com ele?

Esta era, sem dúvida, a grande prova final do eterno poder para com seu escolhido.

Não obstante esse grande silêncio opressor, Moisés continuou subindo e pensando:

"— O monte do sacrifício, o monte da morte. Senhor... És o meu Senhor eterno! De Ti saí e a Ti hei de voltar! Tua vontade soberana é e será sempre a minha única lei!"

Assim ele havia chegado lá em cima e, caído de joelhos entre seus hierofantes, havia rendido sua adoração, seu ser e toda sua vida à infinita grandeza de seu Pai-Deus que silenciava para ele nesse instante supremo.

A elevação espiritual de Moisés é imensamente maior que a obra material e humana por ele realizada em benefício de toda a humanidade.

Mas devemos compreender que o povo não podia compreender o mundo interior de Moisés se até agora, com três mil e quinhentos anos de evolução, é difícil para a criatura humana compreender e sentir a firmeza sublime desse ser abraçado a um ideal invisível, que por momentos parecia fugir diante dele como uma estrela errante e fugitiva...

O povo começou a duvidar, a tremer, a temer o deserto que o rodeava como um imenso sudário de penhascos e areia do qual podia esperar somente a morte.

Os que na verdade eram descendentes dos patriarcas hebreus Abraão, Isaac e Jacó, ou seja, as doze tribos de Israel, eram sustentados pela fé nessa grande força chamada providência divina que velara sempre por seus antepassados. Os hierofantes companheiros de Moisés eram conhecedores das verdades ocultas próprias dos iniciados na ciência de Deus e das almas. Entretanto, todo o resto do povo, de diversas raças e escassa evolução, e que somente tinha confiado no filho da princesa real do Egito, quase irmão do faraó, na sua aprovação como suprema autoridade do país, via agora que tudo isso lhes faltava e se havia evaporado como o fumo levado pelo vento.

A única realidade era o deserto, com seus areais intermináveis, que os rodeava afastando-os do mundo dos vivos por milhares e milhares de milhas.

O espectro da fome e da morte levantava-se pavoroso e ameaçador perante aquela multidão abandonada às suas forças impotentes.

Uma caravana de beduínos moabitas a quem um terremoto vulcânico de suas montanhas afugentara repentinamente, e que fugia buscando terras da planície em melhores condições, ocorreu passar nesses incertos dias pelo acampamento do povo de Moisés.

Essa infeliz caravana de fugitivos teve a força de convencer os vacilantes e cansados seguidores de Moisés de que também podiam e deviam buscar outro caminho.

Uma décima parte do povo atendeu a essa prédica subversiva, e com grande escândalo e gritaria jubilosa fez coro aos cânticos, danças e adoração dos estrangeiros, que repartiam suas provisões de carnes e frutas entre os descontentes e mal providos do povo de Moisés. Eram devotos do deus Moloch e de Astarté, e de quanto embuste e magia negra acompanhavam esses cultos idólatras.

— Moisés morreu no monte consumido pelo fogo — começaram a gritar, e a trágica notícia correu como fogo num palheiro seco.

A matriarca Maria, Aarão e todos os hierofantes faziam esforços inauditos para tranqüilizar os que causavam tão grandes temores em todo o povo.

Os que eram fiéis a Moisés e ao ideal divino que ele fizera nascer em suas almas como uma branca roseira que jamais poderia morrer, encerraram-se em suas tendas para não ouvir a prédica subversiva, ao mesmo tempo que os homens e as mulheres da caravana formaram uma pira de pedra fora do acampamento e, em procissão, levaram para ali a figura de Moloch, um anão de prata feio e aleijado, sem arte nem beleza alguma, mas que, no dizer de seus devotos, era maravilhoso nas dádivas que lhes outorgava.

As mulheres, muito insinuantes, tomaram pelo braço os homens que vacilavam e conseguiram levar muitos, bem como suas esposas, irmãs ou filhas e, bebendo entre danças e cânticos, formaram tão atroadora confusão que tudo aquilo tomou o aspecto de uma orgia nauseabunda para os adeptos fiéis a Moisés.

Quando foi evidente a vacilação e queda de uma parte da multidão, Hur saiu de sua tenda coberto pelo manto branco de linho que era a vestimenta dos momentos solenes dos sacerdotes consagrados a Deus e, segurando fortemente os dois postes de cedro que flanqueavam a entrada do acampamento, falou em voz grave através de um porta-voz metálico usado para as grandes convocações:

— Por aqui não sairá nenhum dos que partiram do Egito seguindo a Moisés.

— Moloch pode mais do que tu, imbecil! — gritou uma mulher moabita que tinha tomado um homem em cada braço, os dois rebeldes que primeiro haviam acatado a sugestão e os que arrastavam muitos outros após eles.

A pequena tribo enlouquecida lançou-se com ímpeto em direção à porta, atirou Hur por terra e, pisoteando-o como a um frangalho desprezível, correu para o altar de Moloch ante o qual suas sacerdotisas dançavam ao som de tambores e pandeiros.

Tão grande foi a gritaria e a confusão formada que não perceberam que Moisés estava descendo do Monte Sagrado trazendo apoiadas em seu peito as tábuas de fino mármore nas quais tinham sido gravados os mandamentos do Senhor.

Moisés descia entre um nimbo de luz dourada e de sua fronte, não coberta pelo manto, saíam dois poderosos dardos de fogo que espalharam claridades de sol por todo o contorno que circundava o acampamento.

Era o anoitecer.

Ver Moisés em tal forma e fugirem espavoridos foi coisa que os devotos de Moloch fizeram num instante, como se os penhascos os houvessem tragado.

Apenas ficaram, estupefatos e assustados, os do seu povo que haviam perdido a fé nele e no ideal que um dia ele lhes esboçara como uma visão celestial.

A indignação do grande homem chegou a esse limite que ultrapassa toda força de vontade e de domínio de si mesmo, e arrojou ao solo as tábuas que se partiram em dois pedaços.

— A mim os fiéis ao Deus do Sinai! — exclamou em alta voz.

Huri, filho de Hur, com seu filho Besed, foram os primeiros a acudir a Moisés, e ali encontraram seu pai lutando entre a vida e a morte. Tinha o tórax afundado e todo ele estremecia dolorosamente. Colocaram-no numa padiola diante da tenda-oratório, ao mesmo tempo que as tendas se abriam e a penumbra em que todo o acampamento estava envolto se iluminou com a claridade que envolvia Moisés.

A consternação de todos, o pranto lastimoso das mulheres suavizou como um fresco orvalho a amarga dor do grande visionário que queria criar um povo para o seu ideal, e esse povo o havia atraiçoado. Os hierofantes, vestidos de penitentes, rodearam-no.

Chorando, as mulheres se ajoelharam num grande círculo ao seu redor. A matriarca Maria chegou a ele com seu coro de donzelas, também vestidas de penitentes.

Toda essa multidão, de joelhos perante ele, implorava perdão para os culpados.

— Atraiçoaram a seu Deus e merecem a morte — foi o clamor de Moisés, que ressoou como um trovão na solidão pavorosa do deserto.

— Todos já pecamos inúmeras vezes e ainda vivemos, Moisés, amado irmão-maior de toda esta multidão — implorou a sacerdotisa Maria.

Hur, ainda vivo, lutava entre a vida e a morte e clamou como em grito de agonia:

— Não matarás, Moisés, não matarás!, disse a voz do Senhor!

Moisés dobrou a cabeça e caiu de joelhos ante a padiola improvisada de Hur, à porta da tenda-oratório.

Aheloin, seu guia íntimo, encarnou-se em Hur que, em estado de transe, pronunciou estas palavras com a voz apagada de um moribundo:

"*Agnus Dei qui tollis peccata mundi.*"

Num longo suspiro, exalou ele seu espírito enquanto continuava ouvindo, como o eco próprio dessas palavras tantas vezes cantadas pelos anjos do Senhor ante os Messias encarnados em planetas de expiação:

"Agnus Dei qui tollis peccata mundi" que, traduzido para o nosso idioma significa: "Cordeiro de Deus que lavas os pecados do mundo."

Moisés, atormentado Messias no meio de tão torpe humanidade, compreendeu o significado das frases repetidas pelo seu irmão moribundo, e com a fronte apoiada sobre aquele peito sem vida, prometeu o perdão para os culpados se neles houvesse arrependimento.

Em caso negativo, ele os expulsaria do acampamento deixando-os livres de ir para onde quisessem.

Moisés ordenou que os culpados permanecessem durante sete dias enclausurados em suas tendas sem falar com ninguém do povo fiel. Se, passado esse tempo, reconhecessem o seu mau agir e prometessem corrigir-se, continuariam formando parte do povo de Deus.

As esposas, as mães e os filhos de muitos deles não tinham tomado parte na rebelião e pediram à matriarca Maria amparo para eles. A abnegada e prudente mulher agasalhou-os em sua própria tenda e nas tendas de suas companheiras de apostolado, até que passaram os sete dias da penitência imposta por Moisés.

Quando as tendas fechadas foram abertas achavam-se vazias aquelas dos mais culpados que, através de um rasgão feito com um punhal, haviam escapado e fugido para o deserto.

A numerosa porção dos menos culpados, ou seja, dos que, por inconsciência e debilidade em sua fé, tinham cedido à sugestão, estavam profundamente humilhados, pois lembravam-se de que haviam sido generosamente favorecidos por Moisés e sua mãe quando, nos dias infelizes da escravidão no Egito, tinham sido salvos de situações bem angustiosas.

A matriarca Maria e seu conselho de mulheres encarregaram-se da tarefa de reconciliá-los com o Deus de Moisés, como eles diziam, assegurando-lhes um perdão definitivo mediante o firme propósito de serem fiéis daí em diante.

Tudo ficou apagado e esquecido com a pública proclamação da Lei novamente gravada em tábuas de pedra, ante as quais Moisés fez desfilar todo o povo, que fez voto solene de fidelidade ao Senhor em todos os dias de sua existência sobre a Terra.

A cada família ou tribo foi designado um dia e uma hora para aproximar-se da tenda-oratório a fim de apresentar a homenagem de sua adoração e amor ao Deus-Oculto, invisível por trás do branco véu que cobria a Arca na qual foram encerradas as tábuas da lei suprema.

Mais adiante, para os devotos, os que não conseguiam compreender um culto e um amor sem oferendas materiais, Moisés teve a complacência de permitir que nessa Arca fossem colocados adornos de ouro e prata, que a rodeassem de candelabros com círios acesos, quando os mais extremistas faziam orações em suas manifestações de amor e de fé. De tudo isso formou com o tempo um volumoso ritual tão abundante de objetos, roupas e cerimônias que dificilmente se encontrará outra ideologia religiosa que ultrapasse esta em detalhes e usos tão extremados que mais parecem cenas teatrais que demonstração de sentimentos da alma.

Desgraçadamente é e será sempre assim entre as humanidades de escassa evolução que habitam os mundos de expiação e prova. Apenas nos mundos de humanidades purificadas podemos encontrar a Fé, a Esperança e o Amor elevando-se como uma chama invisível da alma extática que a cria até a onipotente majestade divina que a recebe.

A ROSEIRA TINHA ESPINHOS...

Subia Moisés freqüentemente da austeridade de sua tenda às grutas do Sinai, e todo o povo pensou:

— Consultará o Senhor e pedirá favores para seu povo.

Tanto ele como seus companheiros íntimos, que formavam seu conselho, começaram a compreender e a sentir que, apesar da escola de portas abertas ter polido e cultivado um pouco as mentes e os corações, a decadência começava a mostrar-se como uma ameaça de fracasso a tudo quanto de grande e bom fora conseguido até então.

Entre a grande multidão existiam aptidões e capacidades de variadíssimas ordens: metalúrgicos, tapeceiros, carpinteiros, arquitetos, tecedores, ferreiros, pintores, joalheiros, etc. Todos estes começavam a achar que haviam perdido sua arte, sua capacidade. Para quem haveriam de fazer agora suas obras?

Perdidos nesse grande deserto, quem as compraria? De todos esses pensamentos, que foram transmitidos de uns para os outros, começou a surgir o descontentamento do povo contra Moisés que os tirou do Egito e os fez acampar ao pé do Monte Sinai.

Já havia quase dois anos que viviam entre areais e penhascos. Os homens começaram a aborrecer-se e as tendas a converterem-se em antros de discórdia e desacordo permanente.

Os maridos contra suas mulheres e suas irmãs, e estas levavam as queixas à matriarca Maria e seu conselho de mulheres.

Moisés desafogava suas preocupações e desenganos junto aos anacoretas escondidos nas grutas.

Eles, conhecedores de todas aquelas paragens, entregaram quanto tinham e quanto haviam realizado durante toda uma vida.

Entre o Monte Serval e o Horeb abria-se um vale belíssimo onde os solitários mantinham oculto de todos os olhares um extenso e bem cultivado horto que lhes provia de quanto era necessário para a vida.

Um arroio de água doce atravessava o vale em toda a sua extensão.

— É o nosso tesouro — disseram um dia a Moisés. — Tomai-o para o povo que te seguiu, e que volte aos corações a fé, a esperança e o amor por ti que vai perdendo-se por falta de atividade.

Grande foi o assombro de Moisés diante dessa descoberta inesperada e maior a sua admiração ante o desprendimento daqueles homens, já idosos, que ao entregar seu tesouro, como eles diziam, privavam-se generosamente de seu meio de subsistência.

— Dais para o povo a única coisa que tendes — disse ele —, e serei eu quem vos dará o necessário para manter a vossa vida.

A partir desse momento, Moisés e seus íntimos repartiram entre si os dias e as horas para, às escondidas do povo, levar aos solitários o sustento necessário.

O legislador, o condutor, o psicólogo, que lia no pensamento dos homens precisou transformar-se em cultivador de um campo para que toda aquela multidão de almas não perdesse a orientação que ele havia conseguido darlhes.

Moisés desceu um dia do Sinai com a notícia maravilhosa de que o eterno Deus invisível tinha um horto escondido para seu povo, enquanto se aguardava o momento de possuir a terra prometida.

Foi aquilo um atenuante dos pessimismos e desalentos que começavam a espalhar-se entre a multidão inativa e que tinha saudade dos negócios, das vendas e ganhos que obtinham quando viviam nas capitais egípcias.

— Lá ganhávamos dinheiro e comíamos. É verdade que o suor corria em nosso rosto e tínhamos amos que em nada se parecem com Moisés, mas aqui perecemos na ociosidade.

O leitor imaginará a algaravia do povo em face da grande notícia, como também a dádiva de Deus, o vale maravilhoso, que produzia o cento por um em hortaliças e frutas, foi causa de novas e pesadas tarefas para o gênio criador de um povo para um ideal.

Foi necessário repartir o vale entre as tribos ou famílias, porque não houve forma de fazer desaparecer entre eles o teu e o meu.

— O desinteresse, a generosidade, o esquecimento de si mesmo para pensar nos demais, é qualidade dos grandes, dos fortes, dos que estão próximos do divino altar das núpcias eternas com o eterno infinito.

Dessa forma falou um dia Aheloin a Moisés quando ele meditava dolorosamente sobre os egoísmos e ciúmes que a dádiva de Deus, o vale dos solitários, despertava naquela porção de humanidade que ele tinha carregado voluntariamente sobre seus ombros.

Moisés teve também que fazer outra concessão: a permanência de muitos nas aldeias vizinhas com oficinas das diferentes atividades que possuíam. Todos os que não se acomodavam em viver do cultivo do campo, das semeaduras e das colheitas em geral, distribuíram-se entre Elimo, Maraba e Raphidin, mantendo sempre a relação com o povo que permanecia estacionado ao pé do Sinai.

O grande clarividente, vendo isso e muito mais que viria depois, disse confidencialmente a seus íntimos companheiros capazes de compreender:

— Minha roseira floresceu, é verdade, contudo eu a vejo mais carregada de espinhos que de rosas.

* * *

As tendas do acampamento de Moisés diminuíram lentamente.

De todos os milhares de seres que haviam saído do Egito, no final do segundo ano de permanência ao pé do Sinai, restavam somente três quartas partes.

O desejo de progresso material mediante os negócios, as manufaturas do ofício ou arte de cada qual, as compras, vendas, etc., levaram muitos para os povoados vizinhos, cujos habitantes recebiam com agrado aquelas pessoas vindas das grandes capitais egípcias trazendo-lhes meios de progresso e engrandecimento material.

Naquelas povoações instalaram-se fábricas de tecidos, ferrarias, carpintarias, tapeçarias.

Moisés via-os partir com tristeza, temeroso de que esquecessem a lei do Sinai e todos os ensinamentos recebidos naquela escola do templo de On que durou dez anos de intenso labor.

Mas seus grandes irmãos espirituais, que dos planos de luz dos Messias viam padecer seu irmão desterrado, acudiram em seu auxílio e consolo.

Numa meditação, fizeram-no ver que do seu acampamento voavam para diferentes direções bandos de gaivotas levando no bico uma folha de pergaminho na qual estava escrita a lei do Sinai. Viu que as aves deixavam cair a folha nos lugares onde as pessoas dos povoados se reuniam para divertir-se, nas praças e jardins, nos terraços dos palácios, nas torres das fortalezas e dos templos.

Moisés compreendeu essa clarividência que durou todo o tempo da sua meditação. E continuou a vê-la até que teve completa lucidez para compreender que não era um mal a dispersão do seu povo, mas o meio do qual se valia a eterna potência para que sua lei se espalhasse por todo o mundo.

A lei do Sinai não era só para o povo que ele havia criado, o único que tinha a missão de ser o receptor depositário dessa lei, mas devia ser transmitida a toda a humanidade.

A partir desse dia, Moisés e seu conselho dedicaram-se à tarefa de tirar cópias da lei do Sinai para que todo homem ou mulher que se afastasse do acampamento para trabalhar em povoações vizinhas levasse uma dessas cópias.

Das cópias da lei passou-se logo a acrescentar-lhe os ensinamentos básicos da escola de portas abertas.

Moisés e seus companheiros, a matriarca Maria e suas donzelas, bem como as damas auxiliares, consideraram um dever dedicar o dia consagrado ao descanso e à oração em ensinar às crianças de seis a doze anos a lei do Sinai, explicada de tal forma que nem os grandes nem os pequenos ignorassem todo o concernente ao seu mais perfeito cumprimento.

O que inicialmente foi observado como uma covarde deserção da grei de Moisés, mais tarde foi encarado tal como ele o vira nessa meditação.

Todas aquelas povoações que na distante pré-história foram grandes e populosas cidades fundadas por Beni-Abad* e seus descendentes, recobraram algo de sua antiga grandeza e esplendor: Madian, Maraba, Elimo, Raphidin, Poço Durba, viram engrandecer seu comércio, ampliar seus horizontes, criando oficinas de trabalho, fábricas, escolas e templos que chamaram de mesquitas.

As caravanas que vinham do Egito a cada três luas, passaram a chegar uma a cada mês porque o comércio e as fábricas necessitavam de matéria-prima e deviam enviar seus trabalhos para as capitais mais aristocráticas, onde pagavam melhor.

Graças a tudo isso, chegou a estabelecer-se meios de comunicação semanal de uma povoação para outra, mediante grandes carruagens cobertas nas quais podiam viajar com relativa comodidade até as mulheres e as crianças.

O bom patriarca Jetro pôde dar-se à satisfação de visitar Moisés em seu acampamento ao pé do Sinai; e Moisés pôde ver novamente aquele silencioso templo onde, em seus vinte anos, desafogou suas profundas tristezas de des-

---

* Foi o alicerce e raiz da raça árabe.

terrado. Naquela cripta onde conheceu num afresco a imagem pintada ao natural do rei Anfião de Otlana que tão alto lhe falara de renúncias heróicas e abnegações redentoras de almas...

Quando Moisés, em sua visita à aldeia de Poço Durba, se viu rodeado com tanto amor pelas filhas do patriarca Jetro e de seus numerosos netos e discípulos, sentiu profunda sacudidela em seu coração porque a voz de seu guia Aheloin lhe falou com sua voz sem ruído:

"— Recolhe com amor as rosas hoje oferecidas pela tua misteriosa roseira, que ontem pareceu estar tão cheia de espinhos."

O EGITO SEM MOISÉS

Deixamos bons amigos no Egito e a eles devemos voltar, amado leitor, se queremos compreender a fundo as realizações de Moisés nas quais eles colaboraram intensamente.

Quando Moisés passou pelos Lagos Salgados à frente do seu povo, o faraó, a rainha-esposa e seus filhos retornaram a seu palácio de Tebas abandonado pelo tempo que consagraram à obra empreendida por ele.

A princesa real, Estrela e suas damas de companhia voltaram ao castelo do lago Merik, sempre acompanhadas de Numbik, que por nada do mundo esquecia as frases de despedida de seu amo: "Junto a ti, minha mãe, Estrela e seu filho sejam como eu mesmo."

Tanto o faraó como a princesa real lutavam para não se deixar dominar por uma idéia, um pensamento que se escondia por trás dele, de pessimismo e desalento. Parecia o tempo demasiado lento a passar antes que lhes chegasse alguma notícia do amado ausente.

Passadas duas luas, o faraó não resistiu mais.

Apenas com seu piloto e os remeiros, embarcou num amanhecer na gôndola real e, a favor da corrente, se fez levar como num sonho até o grande canal que do Nilo chegava até o castelo do lago Merik.

— Irmã querida, tive a idéia de convidar a mim mesmo para passar alguns dias contigo. Acredita-me, por favor, não suporto mais o Egito sem Moisés.

Os olhos de Thimétis se encheram de lágrimas e descansando a cabeça onde já brilhavam muitos fios brancos sobre o peito de seu irmão-rei, respondeu:

— Disseste as mesmas palavras que venho dizendo a mim mesma: Não suporto mais o Egito sem Moisés.

— Que faremos? — perguntou o faraó.

— Já passou a segunda lua e começa a terceira. A caravana ainda demorará alguns dias para chegar. Então teremos notícias.

Mas a matriarca Maria, que parecia sentir essa vibração de tristeza e desolação, não esperou a caravana e enviou um mensageiro direto ao castelo do lago Merik com detalhados relatos do quanto tinha ocorrido desde que passaram os Lagos Salgados.

Antes da chegada do mensageiro, demos uma olhada no Egito sem Moisés.

Os grandes seres ocupam um lugar demasiado grande onde quer que estejam, sem que nem eles mesmos percebam isso. Não ocorria a Moisés pensar que o Egito sem ele estava como que desorientado e vazio.

A saída em conjunto de tão numerosa porção de gente não podia de forma alguma deixar de ser percebida e sentida de um modo notável.

Muitas fábricas e algumas oficinas de diversos ramos das artes e trabalhos costumeiros tiveram que fechar suas portas e outros precisaram esperar novos operários em substituição aos que haviam saído junto com Moisés. Os proprietários de grandes comércios e fábricas iam e vinham de um lado para outro em busca de comentários com os que se viam em igual situação que eles. Uns vociferavam contra o filho da princesa real, tão querido e admirado quando só contava vinte anos pela maturidade e prudência com que ordenava todas as coisas, levando o Egito à altura das primeiras nações do mundo.

— E agora — diziam — que é um homem de quarenta anos, comete a inqualificável loucura de levar para o deserto a juventude trabalhadora, os melhores operários em todos os ramos de atividades que engrandeciam o país e enchiam nossas arcas de ouro. E para quê? Para a adoração de um único Deus forte, grande e poderoso. Por acaso, esse Senhor cuida de nós melhor do que o faz com um feixe de palha, se no Egito nos afundamos na miséria, nós que trabalhamos durante toda uma vida para ter uma boa posição?

Esta ordem de comentários formava nas cidades egípcias um ambiente desolador, avivando o descontentamento e a desorientação dos donos de fábricas, comércios e oficinas.

— Pois bem — disse outro —, existia algo que me sussurrava como um farfalhar de morcegos e bufos nas ruínas, que essa escola de portas abertas, coisa nunca vista nesta terra, deveria trazer este resultado.

"Mas vão voltar. É claro que voltarão porque, se passarem mais tempo no deserto, as areias arrastadas pelo simum os enterrarão vivos. O deserto ficará branco de ossos se se empenharem em ficar lá.

Entretanto, chegou a primeira caravana, a segunda e a terceira carregadas de cartas para os familiares residentes em Mênfis, Tebas, Ramesés, Tentitira e Sais, e todas elas eram um hino de amor e admiração ao homem genial que os conduzia.

Principalmente as crônicas que mencionavam aquele grande festim que lhes ofereceram em Elimo, as excursões ao mar, a vida descansada nas tendas, o companheirismo entre todos, enfim, as impressões otimistas dos primeiros tempos eram afrescos em matizes de arrebol e noites de lua.

Os comentaristas pessimistas do Egito tiveram que retificar um tanto suas opiniões quando chegaram a eles as notícias de que os seguidores de Moisés se estabeleciam com fábricas, oficinas e comércios nas povoações tocadas pelas caravanas, levando matéria-prima para os fabricantes e trazendo de lá o produto do trabalho.

Até lá chegou a colaboração de Ramsés II em seus convênios com o etnarca do Negeb: prestarão decidida colaboração a todos os que, pertencendo ao povo escolhido, estabelecessem uma fábrica, uma oficina ou um comércio nas povoações que ficavam sob a autoridade e proteção do etnarca do Negeb.

A obra de Moisés levou o progresso e a civilização dos kobdas, e foi como a continuação da obra de Beni-Abad em toda a Arábia. Desde então, ficou ali a semente do ideal de Moisés, idéia de um Deus único, que continuou como fundamento e base da religião da numerosa e forte raça árabe, conservando entre os astros de seu céu Moisés e Elias, antepassados gloriosos, segundo eles, daquele que mais tarde avivou a chama de sua velha lâmpada votiva que parecia apagar-se: Maomé.

Embora este tivesse tido rasgos de profeta guerreiro, obrigado pelas circunstâncias a se defender de inimigos poderosos, a Eterna Verdade, a idéia de um só Deus ficou iluminando a raça como um círio eterno que nenhum vendaval pôde apagar.

Todas as religiões, filosofias ou credos tiveram como princípio a verdade, e seus fundadores e apóstolos foram inteligências de grande evolução. Contudo, nos mundos de prova e expiação como a Terra, morada de humanidades que começam seu eterno caminho de ascensão, sucede sempre e se repete muitas vezes o mesmo processo de decadência passados uns séculos de esplendor.

Não ocorreu o mesmo com o Cristianismo, esse círio de amor aceso por Jhasua de Nazareth, última encarnação, último holocausto de um serafim do sétimo céu dos amadores descido à Terra como Verbo de Deus invisível, ou seja, sua idéia eterna, seu pensamento criador e conservador de toda vida neste e em todos os mundos?

A inconsciência humana e a fatal ignorância em que os chamados mestres de almas se empenharam sempre em manter a humanidade é a única causa que traz como conseqüência a indiferença, o desprezo, o esquecimento de tudo o que é eterno, e que pertence aos domínios da alma, para só dar importância à vida material até o ponto de crer que tudo termina no sepulcro.

"Vivamos, gozemos do bom que tem a vida física, antes que nos chegue a morte, que acaba com tudo."

Este é o conceito mais geral que se tem acerca do que somos, nós, seres inteligentes que sentimos, pensamos e amamos.

Os dirigentes de almas que levaram a humanidade a este espantoso abismo são os que o divino mestre Jhasua de Nazareth disse com sua voz musical entristecida pela dura realidade:

" — São cegos guiando outros cegos, e todos juntos cairão no abismo."

Entretanto, a obra gloriosa dos Messias jamais foi perdida, porque no meio de tantos cegos sempre há humildes lâmpadas que o amor eterno acende para servir de orientação aos poucos que têm a perseverança de seguir o caminho da luz.

* * *

Quando chegou o mensageiro da matriarca Maria com as detalhadas notícias da longa viagem até o Sinai, Thimétis e o faraó se tranqüilizaram. No entanto, continuavam pensando e dizendo ambos: "Não suporto o Egito sem Moisés."

Circunstâncias especiais os obrigaram a suportar o Egito sem Moisés durante os dois primeiros anos de sua saída do país à frente de seu povo. Ao iniciar o terceiro ano, uma circunstância, também especial, foi ao seu encontro, servindo de oportunidade para rever Moisés.

O rei da Arábia morreu, e o etnarca do Negeb, que era seu herdeiro, precisou transferir-se para Sela que era, na época, a cidade real. O governo da vasta região do Negeb ficava acéfalo até que fosse possível organizá-lo devidamente.

Recordará o leitor que a esposa do etnarca, a princesa Tiatina, era meia-irmã de Thimétis, ou seja, filha de uma esposa secundária do faraó Ramsés I. Os filhos do etnarca eram todos de menor idade, pois as primeiras eram duas filhas e o último um varão. Na Arábia, as mulheres podiam ser rainhas-esposas, mas não podiam assumir a autoridade suprema, isto é, a lei não permitia que fossem coroadas rainhas por direito próprio sem ser por casamento com o soberano. O Negeb era um reino tributário, podemos dizer, do governo central da grande Arábia da época, que ocupava meio continente da Ásia Central.

Em tal emergência, o etnarca, que por morte de seu pai assumia o reinado desse país com residência em Sela, pediu a seu grande aliado, o faraó Ramsés II, que aceitasse a regência do Negeb, até que seu filho varão, com apenas quinze anos, chegasse aos dezessete, que era a maioridade. O etnarca não pedia nem supunha que o faraó se apresentasse em Ectam, pois tinha grandes chefes militares que podiam representá-lo muito dignamente. Ramsés viu a oportunidade de ter por dois anos, pelo menos, sob sua proteção e controle, o domínio árabe onde Moisés construía sua grande obra.

Novamente apresentou-se a Thimétis em seu solitário castelo para dar-lhe a grande notícia. Falou desta forma assim que chegou:

— És capaz de imaginar, minha irmã, de que se valeu o Deus invisível do teu filho Moisés para aproximar-nos dele?

— Não posso adivinhá-lo, se não vamos até ele nem ele vem até nós.

Sem dissimular sua satisfação, Ramsés informou-a das novidades que acabava de trazer-lhe um mensageiro do etnarca do Negeb, já convertido em rei da Arábia em razão do falecimento de seu pai.

— Ainda quer o etnarca que eu seja testemunha de honra de sua coroação, que será realizada aos quarenta dias do falecimento.

— Que queres dizer com tudo isto? — perguntou Thimétis continuando o tecido de um fino bordado mantido entre as mãos.

— Não compreendeste, irmã? Pois o Negeb é o país onde está Moisés com seu povo. Todas as cidades e aldeias onde foram estabelecidas fábricas e comércios estão nesse país.

Thimétis deixou seu trabalho e prestou atenção a seu irmão.

— Queres dar-me a entender que podemos ter motivos para chegar até ele sem causar alarmes e murmúrios em nosso país?

— Justamente, irmã! Tudo favorece o nosso desejo. O Deus invisível de Moisés começa uma série de prodígios. Estarias disposta à penosa viagem?

— Oh!... — exclamou a princesa real como em êxtase. — Para dar um abraço em meu filho, nenhuma viagem será penosa. Não fui e voltei da Mauritânia, dez vezes mais longe que o Negeb?

— Não se fale mais, pois tudo já está resolvido. Iremos à coroação do rei da Arábia, teu cunhado; reforçaremos a aliança com ele e chegaremos até o acampamento de Moisés, ou ele se apresentará no templo do patriarca Jetro, se for demasiado cansativo para ti chegar até o Sinai.

Os dois irmãos, amantes fiéis do amado ausente, se estreitaram num forte abraço no meio do qual estaria, com toda a certeza, como um feixe de luz, o pensamento de Moisés, cuja mente, dotada de extraordinária sensibilidade, sentia ainda, apesar da longa distância, os pensamentos intensos relacionados com ele.

176

A Filha do Céu

Tal como o faraó e Thimétis diziam: "Não suporto o Egito sem Moisés", este, se não o dizia, sentia-o às vezes profundamente: "Isto não é a cripta do templo de Mênfis, nem do templo de On, nem de nenhum daqueles santuários onde a psique aprendeu a pensar, a sentir e a amar o que merece ser amado." Desse modo queixava-se a alma de Moisés.

Naturalmente. Através da fina lona da tenda chegavam a ele as vozes altas e descomedidas das pessoas que martelavam, serravam, pediam aos gritos ferramentas e outros objetos que lhes eram necessários. O choro das crianças que tropeçavam e caíam, machucando-se pouco ou muito e dando motivo para os alarmes maternais pedindo ajuda, etc, etc.

"— Isto não é a cripta dos templos egípcios nem o oratório de minha mãe no castelo de minha infância — sentia Moisés no seu Eu mais íntimo. Isto é a prova dura, a tentação aleivosa e audaz que uiva como um lebrel atado a uma corrente. Psique presunçosa e sonhadora! Julgavas ter fibra de apóstolo, heroísmos de missionário entre cardais silvestres, e agora vais compreendendo que tuas asas ainda são pequenas e se movem pesadamente se um vigor extraordinário, vindo d'Aquele que te gerou de Si Mesmo, não te impulsiona a abarcar num vôo a imensidão que te rodeia..."

O homem genial, que criava com o pensamento e realizava no plano físico, tomou desde então o hábito de subir todas as tardes, quando o sol desaparecia no ocaso, até as grutas do Monte Horeb onde se albergavam seus irmãos anacoretas.

Em seus velhos corações, retemperados ao fogo ardente de muitas renúncias e sacrifícios, esvaziava todos os desesperos da psique, como um pequeno cântaro de lágrimas numa cisterna quase a transbordar...

Porque os velhos corações haviam estremecido muitas vezes ao feroz golpe de dores inevitáveis, e também eles pediam ao homem jovem e forte, ao mensageiro do Eterno poder invisível, um sopro de alento para alcançar a glória de terminar suas vidas cantando a hosana triunfal dos que estão ligados por alianças que nenhuma tempestade pode romper:

"Glória a Deus nos céus infinitos e paz a todas as almas de boa vontade."

— Moisés, filho querido deste velho que foi teu mestre — disse o ancião hierofante Ohad que chegado de Poço Durba quis também albergar-se nas grutas do Horeb com seu fiel companheiro e amigo Carmi —, por que não arrancas dos penhascos e das areias deste deserto, escolhido pelo Eterno para ditar sua lei aos mundos todo o segredo que esconde a psique, filha do céu baixada aos mundos inferiores num suspiro de Deus?

"A lei austera que todos recebemos com reverência e temor é como um arado de ferro que abre sulcos entre penhascos e lodaçais para toda alma que chegou à capacidade de raciocinar. Todos temos de andar por este sulco, presos até a morte a esse arado.

"Mas... com lei que faz tremer de reverência e pavor, a psique segue gemendo cativa e encadeada porque quer e não pode abrir suas asas e estender seu vôo. Ela quer ver e não pode. Quer conhecer e não pode. Quer saber e não pode saber a não ser aquilo que viram, conheceram e souberam os grandes e justos irmãos que nos precederam neste caminho sem fim. O eterno poder é uno, invisível, invariável, não se modifica nem transforma, não vai nem vem, não sobe nem desce, porque vive em tudo quanto é vida, neste e em todos os mundos.

"E psique, Moisés, meu filho, que é a psique que esconde tantos segredos, mistérios e enigmas indecifráveis? Podes dizer-me tu, que és o verbo, a idéia, a palavra, o pensamento do Eterno?

"Se é filha do céu, por que vive nesta Terra e busca, quer e se prende com fúria selvagem às coisas mais baixas e ruins que pouco depois saqueiam a ela mesma, fazendo-a rechaçar com a mesma fúria selvagem com que antes a buscou?

"Se é filha do céu, que força a mergulha no lodaçal no qual chega a sentir prazer como se estivesse num lago perfumado com narcisos em flor?

"Como é que essa psique, filha do céu, obrigou, digamo-lo assim, seu eterno Pai-Amor e sabedoria infinita, a impor-lhe o jugo de uma lei que a impede de mergulhar nos lodaçais da Terra?

"Se Deus Pai-Amor não fosse eternamente feliz em si mesmo, por si mesmo houvera padecido angústias ao pôr grilhetes nos pés e nas mãos de seus filhos para que não caminhem pelas sendas de horror, nem esgrimam punhais que ferem, nem envenenem sua própria boca com a difamação e a mentira, com o perjúrio e a injúria, com a obsessão da lascívia."

O velho hierofante afundou a cabeça entre as mãos, à espera de que Moisés, seu discípulo, o homem-luz daquela época, o tirasse de suas atormentadoras preocupações.

— Patriarca Ohad, meu mestre da infância, a quem o eterno poder permite que me acompanhe nos duros sacrifícios dos meus quarenta anos, peçamos ambos à sabedoria do eterno Pai invisível que me seja permitido dar-vos, como oferenda de gratidão, o divino consolo de que vossa filha do céu necessita neste momento de sua eterna peregrinação.

— Peça-o, meu filho, porque essa filha do céu quer voar para seu céu, e sei que ainda não é chegada a hora...

O velho hierofante, com os olhos cristalizados de pranto, olhou para o céu azul com tão ansioso olhar que parecia que sua alma estava prestes a escapar naquele instante como avezinha cativa por longo tempo.

Moisés iniciou sua explicação.

— A psique é filha do céu, mestre Ohad, e há imensas épocas saiu do Pai, e tu o sabes tão bem como eu. Entretanto, se ainda não pode retornar ao seio divino que a gerou, é sem dúvida porque lhe faltam semeaduras a realizar.

"Cresceu, nascendo milhares de vezes nos três grandes reinos da mãe natureza, cuja fecundidade prodigiosa não se esgota jamais.

"Foi pequenino grão de areia dourada no deserto abrasado pelo sol, pedra ou diamante no penhasco, partícula de pó pisoteada pelo viajante nos caminhos poeirentos, gota lamacenta do pântano onde florescem junquilhos e lótus. Um passo mais, e se fez musgo das ruínas e das tumbas, pequenina árvore adoecida pela seca e estraçalhada pelos animais ou destroçada pelos furacões; árvore deitada por terra sob o machado do lenhador, e que foi cozer o pão no forno de um lar ou destroçou campos e cidades num incêndio devorador. Outro passo na jornada eterna, e se transforma em verme da terra ou do mar, em passarinho que gorjeia e canta no bom tempo, e geme e grita quando as tormentas destroçam seu ninho ou as raposas devoram seus filhotes. Ou já é um animal feroz, que mata e bebe sangue... E dali dá um salto ao reino dos humanos... Ó mestre Ohad!, buscará provavelmente o caminho das trevas e é então que o divino Pai porá em seus pés e mãos o grilhete da sua lei, austera matrona que diz ao que deu o salto antes da hora: Não matarás, não desejarás os bens alheios, não aviltarás a tua boca com o perjúrio e a mentira, nem mancharás tua vestimenta com a lama do pântano.

"Se vossa filha do céu quiser voar para o seu céu e ainda não for chegada a hora, deve ser porque falta ainda regar com água pura os hortos que estão secando, semear trigais para fazer pão, limpar dos cardais silvestres os campos nos quais o divino Pai quer fazer florescer roseiras, ou abrir lagos e fontes onde resplandeçam lótus brancos como estrelas no céu azul, ou narcisos como pequenas taças de ouro que as noites enchem de orvalho, e os mártires do ideal enchem de lágrimas...

"Não será por isso, mestre Ohad, que vossa filha do céu tem esses impedimentos para voltar ao seu céu?..."

O velho hierofante deu um passo rápido em direção a Moisés e caindo de joelhos diante dele, abraçou-o e sobre aquele peito de bronze que resistia a todas as borrascas, desatou em soluços que poderiam fazer tremer o teto... Mas aquela era uma sólida gruta do Monte Horeb, vizinho do pavoroso Sinai, que nem os séculos nem os vulcões nem as comoções sísmicas puderam destruir.

Tal era a corrente formidável de ondas etéreas, magnéticas e elétricas naquelas paragens visitadas pelo eterno poder, que ali mesmo começaram a aparecer pedaços de papiros galvanizados, onde apareciam gravados em hieróglifos sagrados a resposta de Moisés às preocupações atormentadoras do hierofante Ohad. Dali me foram entregues pela luz.

Um ano depois, a filha do céu tinha cumprido todas as obras encomendadas pelo divino Pai e retornava ao seu céu, e Moisés e seus companheiros conduziam em peregrinação sua matéria física ao panteão do grande gênio que em Elimo haviam construído para seu pai os descendentes de Beni-Abad, o kobda heróico, fundador da raça forte que ainda subsiste e de uma dinastia de soberanos justos, alguns dos quais caminharam no reino humano nestes dias, e outros ainda andam semeando a paz, o amor e a verdade entre a humanidade desta Terra.

Há ideologias religiosas dogmáticas que foram difundidas entre grande parte da humanidade, entre as quais a idéia de que o patriarca Joseph, esposo de Míriam, mãe do Cristo na personalidade de Jhasua de Nazareth, é patrono e benéfico advogado e amparo dos moribundos, como chamam os que estão desprendendo-se da matéria física para deixar livre o espírito que os antigos espiritualistas denominavam psique. A razão de tal idéia baseia-se no fato de o patriarca Joseph ter dado o grande vôo para a imensidão acompanhado de dois grandes seres: o Cristo e sua mãe. É em verdade um raciocínio plausível. E eu penso neste instante: que poderíamos dizer do nosso grande Moisés que, em seus quarenta anos de vida no deserto, acompanhou a morte de todos os hierofantes companheiros e amigos que junto com ele haviam saído do Egito? Moisés acompanhou a morte de seu irmão Aarão no Monte Hor e do patriarca Jetro em sua cabana do Poço Durba. Dos anacoretas que o aguardaram preparando pacientemente o ambiente, o lugar, o santuário glorioso e solene no qual o divino Pai queria manifestar sua soberana vontade de demarcar a seus filhos inconscientes o caminho da luz e o caminho das trevas, deixando-lhes a liberdade de escolher um ou o outro.

E viu morrer sua mãe, a Estrela ou Séfora, a Numbik, o fiel companheiro de seus dias de proscrito perseguido. Ficou somente com Essen, quando a matriarca Maria deu liberdade também à psique que reclamava descanso.

Se a partida para o plano espiritual de um ser querido nos causa tanta dor, bem podemos compreender a dor de Moisés vendo partir todos os que o amaram e compreenderam, e que uma imensa solidão no coração o envolvia como um sudário.

Em que peito esvaziaria daí em diante as depressões desvairadas de sua grande alma solitária? Ele havia escrito ordens e regulamentos de ordem higiênica, social e de boa convivência entre as famílias e os indivíduos, que deram como resultado a vida de trabalho e ordem que obteve compensação em seu longo sacrifício; contudo, sua alma estava só e essa imensa solidão foi o ardente crisol no qual aquela psique de longo desterro viveu a vida de uma estrela entre o céu e a Terra.

* * *

A partida do mestre Ohad para o plano espiritual fez ver a Moisés que tal fato se repetiria com freqüência, tendo em conta a idade madura e a ancianidade da maior parte de seus companheiros.

No flanco oriental da montanha, sobre uma plataforma que se levantava a pouca altura da terra, fez aumentar uma gruta de regulares dimensões para que servisse de morada funerária à matéria de todos os seus irmãos que deram liberdade à psique antes dele mesmo. Essa morada devia ser também um recinto de oração. Logo sua mente, águia audaz de longo alcance, levou-o a pensar no velho e amado templo de On, na forma como estavam situadas suas criptas tríplices e os destinos que os distantes antepassados lhes haviam designado.

"Penitenciária", chamava-se a da esquerda; "Núpcias Divinas", intitulava-se a do centro; "Assembléias Humanas", denominava-se a da direita. Os nomes indicavam seus destinos: lugar de correção e castigo para quem dele necessitasse; recinto de união com o infinito, a cripta central; e para assembléias comuns, a terceira.

Em três grandes compartimentos foi dividida a gruta aberta na esplanada oriental do Monte Horeb.

"Penitenciária": que mais de uma vez foi necessária a Moisés para evitar que uma altercação raivosa terminasse num assassinato entre seres que ainda não tinham aprendido a dominar os arrebatamentos da cólera.

"Núpcias Divinas": a cripta central, destinada a recinto de meditação e à hospedagem dos sarcófagos de pedra tosca onde encerravam a matéria morta dos que se iam ausentando.

"Assembléias Humanas": a cripta dianteira, única que dava entrada livre a todo aquele que necessitasse esclarecer um assunto concernente à sua vida, ao seu trabalho, à sua família, etc.

Moisés viu com pesar que a cripta central, a das "Núpcias Divinas", foi enchendo suas gavetas com demasiada freqüência, e foi também como um imenso cofre de pedra onde foram caindo e sendo sepultadas suas confidências íntimas, suas dores mais profundas, quando as repetidas ausências dos amados foram deixando-o sozinho consigo mesmo... Seu grande coração continuava pulsando forte e seu ritmo, sempre regular, harmônico e firme, dizia bem claro ao avançado terapeuta da medicina antuliana que ainda lhe restavam longos anos por viver.

Na cripta das "Núpcias Divinas", Moisés foi poeta, psicólogo, filósofo, taumaturgo, mago, profeta e visionário fidelíssimo do futuro, não apenas do povo que criara para seu ideal, mas de toda a humanidade que seguiria atrás dele até o final dos tempos. Qual era esse final? Não outro a não ser o de findar este ciclo de evolução, iniciado pelos kobdas com sua grandiosa civilização que Abel coroou de estrelas e que, com duas facetas mais acrescentadas por ele mesmo, dariam por terminado na época atual.

Grande, heróico e sublime foi Moisés em todos os momentos de sua vida. Na cripta das Núpcias Divinas, ele escalou o cume. Chegou a ver-se ele mesmo descendo de um trono milenário para vestir uma túnica, e, de um bosque às margens do Ganges, iluminar o vasto Decan que mergulhava nas trevas.

Viu-se na Palestina, a Terra da Promissão sonhada por Abraão, sobre o Tabor, o monte de suas gloriosas transfigurações, onde acabou de encher a taça de ouro de seu narciso imortal com todo o caudal de lágrimas que a psique deve chorar para entrar definitivamente na câmara sagrada das núpcias eternas.

MOISÉS CRIADOR DE POVOS

Em nosso afã de dar a conhecer ao nosso amado leitor a personalidade completa de Moisés, adiantamos acontecimentos no capítulo anterior. No entanto, uma vez que o leitor conheceu o personagem através de seu grande ideal, e nas profundezas de abismo do seu Eu mais íntimo, voltemos ao campo plano e suave dos detalhes em que transcorreu essa grande vida humana durante tantos anos.

Que fez Moisés no deserto com o numeroso povo tirado do Egito? É isso o que veremos nesta jornada de nosso longo relato.

Estava fixado o dia para a coroação do novo rei da Arábia, aquele etnarca do Negeb que tanto apreciou e favoreceu Moisés no desterro.

A família real do Egito era convidada de honra, e Ramsés II tinha outro motivo para querer assistir à coroação.

Esses desejos e projetos ficaram mais fáceis de realizar graças a um acontecimento inesperado que ocorreu.

Um movimento sísmico, convertido em terremoto vulcânico, fez grandes estragos em Sela, que era a cidade real da Arábia de então. Até o palácio real, que acabara de levantar as tristezas do luto pelo falecimento do velho soberano, foi afetado pela destruição. Em face disso, foi decidido que a proclamação e coroação do herdeiro se realizaria na cidade-porto e fortaleza de Ezion Geber, segunda cidade da Arábia, que reunia além disso melhores condições que Sela, por ser porto importante no extremo norte do golfo de Agaba, para onde fluía toda a riqueza comercial proveniente do Mar Vermelho.

A distância encurtava-se enormemente e Ramsés e sua irmã, a princesa real, puderam dar-se à imensa satisfação de um encontro amoroso com Moisés.

Haviam transcorrido doze anos desde sua saída do Egito, e foi essa a primeira viagem a longa distância realizada por ele.

A lei divina transborda de oportunidades e meios propícios para seus escolhidos realizarem as grandes criações para a qual foi destinada sua vida terrestre quando encontra neles as disposições necessárias. Assim, foi extremamente fecunda a reunião de quatro seres afins em aspirações e esforços: Moisés, Ramsés, Thimétis e Malek-Adel I, o novo rei que ia ser coroado.

Enquanto preparavam as grandes festas da coroação real, começaram as deliberações mais íntimas entre o soberano e seus visitantes, e dessas deliberações nasceram projetos, idéias, grandes realizações, nas quais Moisés projetou, como luzes de estrelas novas num amplo vazio sideral, os sonhos surgidos em suas meditações, nos quais faltava apenas a oportunidade para se converterem em obras.

Dir-se-ia que essa psique cativa, mas sempre genial e desperta, deixava um rastro de luz por onde quer que passasse, não obstante limitada pela matéria física.

As crônicas da vida histórica de Moisés, conhecidas pela humanidade, apresentam-no consagrado durante muitos anos a escrever volumosos códigos com ordens e prescrições tão pueris e impróprias de um espírito superior no qual não cabiam mediocridades nem mesquinharias de nenhuma espécie, que nos parecem completamente impossível aceitar como verdadeiras. Mandatos, prescrições e ordens formando um volumoso álbum de castigos tremendos, de penas de morte, de forcas, de degolações em massa, prescrições que baixam de nível até o impudico e repugnante, tanto que não me é possível dar detalhes sobre este assunto.

Se algum leitor duvida destas afirmações, rogo-lhe que leia as crônicas chamadas "O Deuteronômio", "O Levítico", "O Êxodo", atribuídas a Moisés, com o acréscimo blasfemo de que ele o ordenou e deixou prescrito por ordem do próprio Deus.

A onipotente majestade divina colocada no nível dos piores e mais desnaturados caudilhos de raças selvagens!

Moisés conseguiu que entre o governo egípcio e o da Arábia dotassem a população do deserto, Maraba, Elimo, Poço Durba e Raphidin, de Casas da Vida ou Casas de Saúde, as quais, com os dois nomes, foram chamados naquele tempo o que hoje conhecemos por sanatórios ou hospitais. Além disso, conseguiu oficinas para ensinar ofícios, trabalhos manuais, metalurgia, tecelagem, olaria e carpintaria.

Escolas ou casas de ensino dos conhecimentos primordiais, e também superiores, se houvesse alunos que os pedissem. Nessas escolas, devia existir um recinto de oração, que era também lugar de consultas de ordem moral ou de ordem social de boa convivência de uns para com os outros.

Disso nasceu na Arábia o costume de, ao cair da tarde, na hora do ocaso, uma pessoa designada para isso chamar com três toques de apito os que quisessem comparecer ao dito recinto com os fins já indicados. Com o correr dos séculos, na Arábia, esses recintos foram transformados em mesquitas, onde o talento árabe esvaziou toda a beleza artística de suas casas de oração, e o chamador chegou a ser como um sacerdote, profeta ou pastor consagrado ao eterno, único, indivisível e invisível, ao qual eles chamavam de supremo Alá.

Nas correrias pelo deserto, Moisés tinha descoberto veios de água potável, águas sulfurosas e termais, e os dois governos construíram fontes, poços e cisternas rodeados de coberturas e árvores nas quais pudessem agasalhar-se os viajantes quando surpreendidos pelo simum em pleno deserto.

Ambos os governos delegaram nele sua autoridade e faculdades para a execução de tais obras, que fizeram das míseras aldeias do deserto confortáveis cidades com bom comércio e regulares meios de vida para todos os que quisessem estabelecer-se nelas.

As cidades que na pré-história foram a glória de Beni-Abad e de sua dinastia, levantaram-se novamente como surgidas das dunas e dos penhascos nos quais abundavam as raposas e vagueavam malfeitores e animais daninhos.

Essa foi a obra material de Moisés em seus longos anos habitando aquelas áridas paragens.

Entretanto, devemos compreender que todas as atividades, caminhadas e sacrifícios não o fizeram esquecer a psique desejosa de águas claras e de céu azul.

Mas isto, leitor amigo, nós o veremos no próximo capítulo, se é de teu agrado acompanhar-me para examinar o horto místico e fechado, o jardim solitário e silencioso de narcisos em flor, no qual ele reconquistava as energias gastas em fazer o bem a todos os seus semelhantes.

As Noites do Deserto

O leitor recordará o menino de pele morena que, na cabana do patriarca Jetro, Moisés encontrou à sua chegada, chamado Azeviche. Moisés deixara Numbik no castelo do lago Merik como guardião de sua mãe, de Estrela e de seu filho Essen. Seu bom tio Jetro concedeu-lhe Azeviche já homem, com mais de trinta anos, e foi o companheiro fiel de suas caminhadas como construtor e civilizador do deserto.

Estavam ambos na cidade de Mara (a que foi Maraba na pré-história), no alojamento que Moisés tinha em cada uma das povoações que o consideravam como um gênio benéfico do qual esperavam toda classe de bens.

Ali devia chegar a grande carruagem familiar que conduzia a princesa real, Estrela e seu filho, a jovem da Etiópia que se negara a unir sua vida à daquele filho bastardo da rainha Ghala, mãe de Ramsés II. Como se visse ameaçada de morte por ele, não quis ficar no castelo do lago Merik sem a proteção de Thimétis, sua segunda mãe, como ela a chamava.

Moisés quis evitar que todos eles chegassem até o acampamento do Sinai e, devendo permanecer muito tempo em Mara para as obras que ali eram realizadas, preparou boa hospedagem para seus familiares naquela que foi cidade real nos distantes tempos de Beni-Abad e suas estupendas tarefas de criador de um grande país e de uma raça nobre e forte que o povoou.

Era uma noite de lua cheia e Moisés tinha insônia. Saiu de seu aposento para passear sob as grandes palmeiras que esboçavam em sombras, sobre o pavimento de areia, seus trêmulos abanicos. Viu Azeviche sob a coberta de seus camelos de viagem sentado no solo, com as costas apoiadas no ventre de seu camelo a ruminar sua ração da noite.

— Não dormes? — perguntou.

— Não tenho sono, mestre, e preferi ocupar este tempo pondo em ordem minhas redes de pescar...

— Como tuas redes de pescar, se estás sonolento e ocioso dando bocejos que revelam um sono interrompido? O que ocorre?

— Oh, mestre Moisés!... Ocorrem-me coisas muito graves que somente o ensinamento no qual o pai Jetro me criou pode dar-me a força e a prudência para suportar.

— Teu pai Jetro jamais revelou algo de tuas intimidades mas, se queres que eu seja teu confidente, fala com toda a franqueza. Teu pai já está muito velho e não é justo que lhe tragas novas preocupações.

— Assim o creio, e por isso pensava defender-me sozinho.

— Ai do homem que está só! — diz uma velhíssima escritura conservada no templo de On desde os tempos em que a Lemúria era o único continente conhecido. Fala, Azeviche, pois a partir desta noite de insônia já não estás só. Eu estou contigo.

— Obrigado, mestre Moisés. Ocorre que percebi que estava sendo vigiado e espionado por três indivíduos. Suspeito que eles não têm boas intenções para comigo. Como eles me espionam, eu os espiono e tenho a vantagem de caminhar em terreno conhecido, enquanto eles são estrangeiros.

— E por que pensas que estás sendo espionado por eles?

— Porque em Poço Durba eu os vi. Em Elimo eu os vi também. E nesta mesma tarde acabo de vê-los aqui. Tenho a intuição de que querem apoderar-se de mim sem causar-me dano algum. Como recebemos a grande lei e ela proíbe que se faça mal ao semelhante, vejo-me como atado de pés e mãos para me defender desta odiosa vigilância. Oh, se não fosse por ela, eu os mandava agora mesmo comer peixinhos no fundo do mar.

— Espera, espera, Azeviche... Creio que posso ajudar-te. Sabes como se chamam e onde estão agora?

— Se fordes tão bom em me acompanhar num curto passeio até a margem do mar, mostrar-vos-ei seu esconderijo, que descobri.

— Está bem, vamos.

Ambos começaram a andar em direção à praia mais próxima, na qual haviam construído recentemente escadarias, cais, cobertas, enfeites, etc. Sentaram-se num banco de pedra que estava oculto pela sombra de um toldo. E viram, um pouco retirados, três homens assando pescado e bebendo vinho.

— São esses os meus espiões — disse Azeviche. — Nem por casualidade supõem que os estamos observando.

— Fica em silêncio como um morto e deixa-me agir — respondeu Moisés. E mergulhou em profunda meditação.

Pouco depois, Azeviche viu que os homens terminavam sua refeição e um após o outro caíram ali mesmo como adormecidos ou mortos.

E pensou:

"— Mortos não pode ser, porque a grande lei diz: 'Não matarás', e o mestre não vai faltar a essa obediência suprema. Como eu o sei possuidor de tantos poderes, devo pensar que os mandou dormir, e eles dormem. Pois bem! Agora eu os tenho em minhas mãos! — e por essa ordem de idéias, continuou Azeviche dialogando consigo mesmo enquanto Moisés, a seu lado, como uma estátua de pedra, parecia não respirar."

Quando, passado outro longo espaço de tempo, Moisés despertou finalmente, ouviu Azeviche dizer-lhe, enquanto se punha de pé:

— Vamos, mestre. Estão adormecidos e podemos amarrá-los para levá-los logo para a "sala gradeada", de onde não poderão escapar.

— Não te apresses, amigo, pois temos tempo até amanhã à noite. Eles não despertarão antes. Não te preocupes. Agora vamos à pequena loja deles e vejamos que classe de instrumentos usam para os trabalhos nada limpos que fazem.

Ambos verificaram que guardavam numa arca de cedro um traje completo de príncipe árabe, com o turbante e a armadura usual nessa época; uns braceletes de ouro e pedras preciosas; um dos alfanges do velho rei há pouco falecido, uma de suas azagaias e uma corneta de caça montada em ouro e marfim.

Moisés examinou atentamente todos esses objetos. Azeviche estava como sobre brasas e não perdia de vista os três homens adormecidos em torno da fogueira que já se apagava, temeroso de vê-los levantar-se de lança na mão, pois havia azagaias e lanças perto deles.

— Não tenhas medo algum e, com toda a calma, ajuda-me a desvendar este mistério — disse Moisés. E, sentando-se sobre a arca já fechada, mergulhou novamente em silêncio.

Azeviche sentou-se à porta, observando sempre os três adormecidos.

— Agora temos tudo, amiguinho Azeviche, e creio que vou pagar-te como a um rei por toda a tua fidelidade e todos os teus serviços.

"Tudo está esclarecido, como uma escritura hieroglífica traduzida por um velho escriba do templo de Abidos.

"Ouve e não protestes nem te rebeles nem te envaideças. Tu és neto do velho rei Muzkiafá VIII, falecido há três luas. És filho do seu filho primogênito, que se uniu com uma mulher moabita e seu pai o deserdou. Nasceste dessa união quando teu pai já havia sido assassinado, e tua mãe não podia mantê-lo junto dela. Teu pai Jetro te recolheu e és o Azeviche de seu colar de filhos aos quais dedicou um grande amor. Este é o teu passado.

"Agora, vejamos o teu futuro, que a divina lei me permite descerrar para orientar o teu caminho: junto com minha mãe, chegará daqui a três dias uma jovem da Etiópia, filha do último rei do país de Kush que o patriarca kobda de Atkasun levou a pedir refúgio à princesa real do Egito, quando esse país foi invadido e quando seu rei foi assassinado. Essa jovem será a companheira da tua vida e dessa união surgirá anos mais adiante uma dinastia de reis-sacerdotes que regerão os destinos do Egito quando desaparecer o último Ramsés e se aquietar a tremenda anarquia que o país sofrerá pela morte do último descendente deles.

"Dessa dinastia de reis-sacerdotes, se acenderão em séculos futuros duas estrelas de primeira grandeza, que iluminarão no passado pré-histórico o grande país dos gelos eternos. Voltarão a nascer cinco séculos depois de hoje, com a tocha da sabedoria na mão e o vulcão do amor na alma de fogo. Esta, que será tua companheira nesta existência, será tua mãe nesse futuro, porque voltarás a nascer dessa união da sabedoria com o amor, e será a paz gloriosa do Egito regenerado e reconquistado..."*

Moisés deu um grande suspiro e se recostou, como para morrer, sobre Azeviche, que o ouvia absorto e em profundo silêncio.

Moisés, profeta do deserto, tinha visto fatos que ocorreriam cinco séculos depois, ou seja, quando Salomão, filho do rei Davi da Palestina, em secreta união com Sabá da Etiópia, trariam para a vida o faraó Saba-Aton, primeiro soberano dos reis-sacerdotes que, procedentes da casa real da Etiópia, governaram o Egito depois do desaparecimento da gloriosa dinastia de Ramsés, amigo de Moisés, que conhecemos neste relato de sua longa vida.

— Tudo isto é a vossa sabedoria, mestre Moisés, que me deixa assombrado e absorto; contudo, não posso compreender que relação tem tudo isto com esses homens que me espionam e que vosso maravilhoso poder converteu em três troncos de árvores que parecem esperar que se lhes ate fogo.

— Ah! Não compreendeste? Pois está bem claro. Eles sabem que és um herdeiro do trono da Arábia e querem apoderar-se de ti, e apresentar-te vestido com esse luxuoso traje que terão conseguido quem sabe como e com as armas do velho rei para exigir um pesado resgate ou entregar-te ao soberano em troca de uma boa remuneração. Se eles têm provas de que és o filho do primogênito do velho rei, dariam em verdade um regular desgosto ao atual soberano. Entretanto, isso deve manter-nos sem cuidados.

"Aquele que foi até três luas atrás o etnarca do Negeb, está casado com uma meia-irmã de minha mãe, a quem considera como sua mãe. Como não farás nada contra ele, tampouco ele nada fará em teu prejuízo, porque possui um nobilíssimo coração e até me outorgou amplos poderes para fazer de todo este deserto um campo habitável para os que queiram habitá-lo, e caminho fácil para as caravanas e viajantes particulares atravessar sem perigo.

---

* Alusão profética correspondente a Salomão e à rainha de Sabá, raiz da dinastia de reis-sacerdotes koptos da Etiópia.

"Nada temas, pois o Eterno invisível que nos deu a lei do Sinai é Pai bondoso e solícito para todo aquele que dos degraus de pórfiro de sua lei diz, com o coração vibrando de amor:

'Pai nosso que estás nos Céus,
Graças te dou porque amanhece o dia,
E novamente resplandeces no sol.
Por tudo o que vive, meu Pai
Dá graças a Ti o meu amoroso coração!' "

* * *

Na manhã seguinte os três homens adormecidos, por ordem mental de Moisés, foram colocados nos beliches da sala gradeada, como chamavam à sala-presídio que existia em todas as povoações do deserto.

Quando se esgotou a força magnética da ordem, os três despertaram e grande foi seu alarme ao se verem presos. Ali estava de pé, diante deles, o hierofante egípcio que se apressou em lhes dizer:

— Nada tendes a temer se agirdes como homens sensatos. Quem vos mandou cometer a violência contra o filho do patriarca Jetro?

Nenhum respondeu.

— Das vossas respostas depende a vossa liberdade.

Os três se lançaram sobre Moisés querendo estrangulá-lo. Mas os três ficaram com as mãos endurecidas em forma de garras, prontas para cravá-las no pescoço. Diante disso, deixaram-se cair, impotentes, no solo como animais enfurecidos.

Moisés retirou-se em silêncio correndo os ferrolhos atrás de si, porque compreendeu a culpabilidade dos indivíduos que ainda não estavam em condições de raciocinar como humanos. A cólera impotente cegava-os e deveria esperar que a reclusão severa lhes fizesse compreender qual era o dever na situação em que se encontravam.

Passaram-se os três dias e chegou a grande carruagem puxada por três parelhas de mulas que Numbik manejava com inimitável destreza. O "chefe de escolta", como dizia o faraó, deixava transparecer a perícia adquirida pelo menino criado pelo velho sacerdote de Abidos, Neferkeré, como o leitor recordará.

Os moços núbios que montavam as mulas dianteiras pareciam ser de basalto negro quando saltaram por terra, e ficaram firmes aguardando ordens.

Moisés e quantos com ele esperavam, aproximaram-se da carruagem inteiramente coberta para ajudar a descer os viajantes.

O abraço entre mãe e filho é para ser visto e sentido; e o meu leitor tem os olhos brilhantes de lágrimas e o coração que bate forte como ressoam mãos batendo palmas. A segunda pessoa a descer foi Estrela ou Séfora, apoiada em seu filho, um gentil jovem que se aproximou de Moisés para beijar-lhe as mãos.

A terceira foi Abidi-Céferi, a princesinha da Etiópia ou país de Kush, que chegou para pedir refúgio no castelo do lago Merik quando tinha apenas seis anos e saía chegando quase a um quarto de século.

Quando ela apareceu atrás do cortinado da carruagem que Numbik levantava, Moisés olhou para Azeviche de pé a seu lado, e ele, compreendendo esse olhar, aproximou-se para ajudá-la a descer. Nesse cruzar de olhares que pela primeira vez se encontravam, compreendeu o genial visionário do porvir que sua profecia se cumpriria em dias não distantes.

— Alteza!... — murmurou Azeviche emocionado.

— Eu não sou alteza, mas a filha adotiva da princesa real — respondeu afável a jovem saltando agilmente na areia.

— Efetivamente — acrescentou Thimétis —, é a minha Abidi, uma das muitas filhas que a lei divina vai me dando à medida que passam os anos.

Finalmente, desceram as damas de companhia ou ajudantes de câmara, como se diz em boa linguagem, uma das quais era a esposa de Numbik.

Moisés conduziu todos a seus alojamentos em Mara, onde ele mandara preparar boas acomodações.

Passados uns dias de descanso, continuaram viagem para Ezion Geber, onde, duas semanas depois, teria lugar a coroação do novo soberano da Arábia.

❊ ❊ ❊

Como bom conhecedor da psique "filha do céu", Moisés se absteve completamente de fazer a Azeviche menção alguma referente à profecia que lhe havia feito. Esperava os acontecimentos.

Entretanto, Azeviche procurava-o assiduamente, principalmente durante as noites, quando Moisés, terminadas suas tarefas de diretor das construções e obras em geral que eram realizadas em Mara, saía a passear sob as árvores à luz da lua. Falavam de tudo, menos do que, na verdade, ambos pensavam.

Contudo, o pobre Azeviche não agüentou mais.

— Mestre Moisés — disse-lhe numa dessas noites. — Nada me dizeis daquilo que anunciastes antes da chegada da vossa mãe?

— Creio que não devo dizer nada, porque penso principalmente no teu livre-arbítrio, que em nenhum caso é mais necessário ao ser humano do que quando se trata de uma aliança que deve ser para muitos séculos.

— Muitos séculos?... Será para toda uma vida, é o que quereis dizer, mestre, não é assim?

— No teu caso não é assim. Que podes dizer-me de Abidi-Céferi de Kush?

— Que é muito bonita e muito gentil; no entanto, é impenetrável. Através de seu véu, não passam nem os mosquitos!

— Como! Que queres dizer com isto?

— Quero dizer que é esquiva, que parece fugir da minha presença, e até creio que lhe sou repulsivo e não sei se até desprezível.

— Não creio que haja nada disso numa pequena alma educada e formada por minha mãe desde os seis anos, quando a puseram a seu lado. Não tenho tempo nem temperamento para ocupar-me, na minha idade e com meus compromissos, com assuntos sentimentais. Será minha mãe, Azeviche, quem fará o que não sou capaz de fazer.

"Deixa este assunto a seus cuidados e, embora recomendando que sejas muito solícito em atender às mulheres que acompanham minha mãe, não deves dar nenhum passo imprudente neste caso.

"Minha mãe está inteirada do aviso espiritual recebido por mim, e também de tudo o que ocorreu na tua vida desde que o patriarca Jetro te agasalhou, até que os três detidos quiseram seqüestrar-te, percebendo que és um passarinho de ouro que lhes pode produzir lucros. Ela solucionou problemas muito mais confusos e complicados que este, quando foi regente da Mauritânia, e acredita-me que eu mesmo fico assombrado da exatidão visual que a acompanha e da prudência com que age. Deixa-a agir.

"Ela te chamará num destes dias para falar confidencialmente contigo e, como conto com a realidade que se aproxima de ti, permito-me antecipar que, de Ezion-Geber, sairás unido em esponsais com Abidi-Céferi, e em viagem para a Etiópia antes do primeiro trimestre que se inicia.

— Oh, oh, mestre Moisés!... És na verdade o homem-luz do deserto de Shur!

✳ ✳ ✳

Embora Moisés tivesse dito a Azeviche: "Não tenho tempo nem temperamento para me ocupar com assuntos sentimentais", não foi capaz de evitar que o jovem se aproximasse dele noite após noite, quando o via sair para refrescar-se e apreciar a luz da lua refletindo-se no mar.

Em silêncio, caminhava a seu lado ou sentava-se numa pedra como esperando uma palavra amiga.

E Moisés não a negava a ele.

— Se teu coração de filho da Arábia tem alguma novidade, solta-a a voar, Azeviche, pois estou disposto a ouvir tuas confidências.

— Sim, mestre Moisés, tenho uma novidade.

— E é?...

— Meu coração galopa como um potro enlouquecido, e ficou muito difícil domá-lo...

— Podes deixá-lo correr! Que mal há nisto?

— Nenhum, mestre, mas deixá-lo correr sozinho não tem graça.

— A ti parece assim, mas pode ser diferente. Amar por amar o bom e o belo é também muito belo e muito bom. Eu tive um grande amor, o único talvez, lá nos meus dezessete anos. A morte saiu a meu caminho, no entanto eu continuo amando porque era extremamente belo e bom o que eu amava. Não pode ocorrer o mesmo no teu caso?

— Há algo disso, mas, mestre... eu não sou o Moisés genial, grande, forte e todo feito de granito da cabeça aos pés...

— Devagar, amigo... Às vezes o granito se transforma em argila, e podes afundar nela o teu dedo mindinho... As criaturas de carne, sangue e ossos são mutáveis.

"Somente o Uno eterno e invisível não varia nem muda jamais.

"Vamos ver!... Esta lua de prata polida que beija o mar não está pondo em ti e em mim algo como uma lira que se vê nas mãos do trovador? Tiveste oportunidade de encontrar-te com a tua futura?"

— Mais de uma vez, mestre, porque eu busco as oportunidades... Eu já não disse que meu coração galopa como um potro enlouquecido?

"Se ela vai até a margem do mar, lá estou eu como um peixinho na aguada. Se entra na sala de oração, lá me encontra como um pássaro com frio buscando o telhado..."

— Oh, Azeviche!, estás sendo um tanto inconveniente... Ela poderá julgar-se perseguida por ti...

— Não, mestre, porque eu chego sempre antes dela...

— Então é nela que o coração galopa mais forte. É ela quem segue a ti.

— Está acontecendo comigo algo que não entendo muito bem, ou a magia resplandecente que vos torna senhor das vontades está sendo passada de vós para mim.

— Isto começa a interessar-me. Explica-te bem.

— Espero a vossa ajuda. Às vezes, sinto impulso e quase necessidade de caminhar para o mar quando terminam minhas ocupações de conservar em ordem tudo quanto utilizam os operários que fazeis trabalhar aqui. Em seguida, julgo, ninguém me vê quando vou e, chegando ali, sento-me numa rocha e penso nela como posso pensar nas douradas nuvenzinhas onde vai morrendo o sol... Poucos instantes depois, ela se apresenta com duas ou três garotinhas, que a seguem porque lhes dá guloseimas e lhes conta bonitas lendas.

— Como conseqüência, as lendas também são ouvidas por ti?

— Justamente, mestre, porque ela prescinde da minha presença e procede

192

como se se encontrasse a sós com as meninas. Às vezes, não suporto mais e me faço presente, perguntando se não a desagrada que eu também a escute.

" — Se te agradam as minhas historietas — diz ela —, nenhum aborrecimento me causa.

"Oh, é delicioso ouvi-la! Se vou ao recinto de oração, também penso nela, e pouco depois eu a vejo chegar com as inseparáveis garotinhas agarradas nela como moscas no mel."

— Sabes o que é isso? É a atração do teu pensamento. Tens o pensamento muito forte, Azeviche. És um bom hipnotizador...

— Eu já dizia isto! É a magia do mestre Moisés prendendo-se na minha moleira...

— Magia nenhuma, homem de Deus!... És tu mesmo que tens o pensamento e a vontade, enfim, todo o teu ser bastante ativo e bem carregado de magnetismo!... Está bem, Azeviche, são grandes qualidades e, se a lei as dá a ti, prepara-te para usá-las fazendo o bem... sempre o bem.

"Quando chegares ao que eu sei que vais chegar, serás um bom soberano, um bom governante de povos."

— Eu um soberano?... Um governante de povos? Será que estais sonhando, mestre?

— Eu sei o que digo. Esqueceste o que anunciei antes da chegada da minha mãe com suas companheiras?

— Não o esqueci, mestre!... Entretanto, julgo-me tão pouca coisa!... Um filho de ninguém, como se dissesse um cãozinho sem dono! Eu quero essa jovem que é uma futura rainha... Vós o dissestes, mestre, amar por amar é belo e bom, ajuda-me a viver a vida e me impulsiona a ser melhor a cada dia. Para quê? Parece-me que é para ser merecedor de querê-la, de amá-la...

— É isso mesmo, Azeviche, o amor grande, verdadeiro e puro! Estás chegando aonde deves chegar.

"Minha mãe está cuidando de pôr em ordem a tua genealogia, e quando ela puder dizer o que tu és no meio desta humanidade que te rodeia, falará com tua futura noiva e teu coração não galopará enlouquecido porque chegou ao ponto final da viagem. Compreendes?"

— Sim, mestre, compreendo que chegará um dia quando deverei reconhecer que fostes vós o criador da minha vida entre os humanos de hoje em diante.

— Esqueceste o patriarca Jetro?

— Isso jamais! Ele foi o pai do meu desamparo quando a humanidade me arrojou no caminho como um frangalho desprezível.

A noite era clara e bela, e a princesa real, com suas companheiras, chegava até Moisés, porque todas queriam tomar parte num pequeno concerto de liras, de alaúdes e de vozes humanas que encheriam de harmonias as noites do deserto.

Mahón-Abul de Sela

No grande arquivo do patriarca Jetro que Moisés conservava, a princesa real encontrou as genealogias de todos os filhos adotivos do velho apóstolo do amor fraterno que havia consagrado a maior parte de sua vida a proteger os desamparados.

Tão perfeita e minuciosa foi a adoção feita a respeito deles, que conservava com detalhes a origem, a forma e o modo como essas pobres criaturas tinham chegado à vida em tão deploráveis condições sociais.

Filhos de ninguém, a ponto de seus genitores quererem fazê-los desaparecer da luz do sol. Que maior desamparo podia pedir o grande coração do hierofante Jetro, para interessar-se por eles até o ponto de chamá-los seus filhos e sentir-se seu pai em todo o significado dessas sagradas palavras?

No entanto, ele, para encarregar-se dessas vidas e fazê-las oferenda absoluta de seu amor paternal, exigia que lhes fosse dito, sob juramento de discreta prudência, a origem de todos eles.

— Pode ser — dizia ele — que num futuro mais ou menos próximo se apresente a oportunidade de estes seres, hoje desprezados, reconquistarem sua posição nas sociedades humanas, às quais podem dar suas energias e capacidades, se eu for apto para educá-los no bem, no amor e na verdade. Não procedendo assim, perderei o fruto de minha obra de recolhê-los e ampará-los.

Meus leitores já conhecem a forma e o modo como o patriarca Jetro educava seus filhos adotivos.

Já que o órfão Azeviche surge em nosso cenário da luz divina como um diamante no colar das grandes obras realizadas por Moisés, dediquemos-lhe com amor tudo quanto seja necessário para que este diamante resplandeça nas histórias de reis, povos e raças vinculados à obra grandiosa realizada pelo nosso personagem central em toda a sua longa vida messiânica daquela época.

Mahón-Abul de Sela era o verdadeiro nome deste ser chegado à vida física quando o rei Muskiafá III estava em todo o esplendor do seu poderio.

194

O velho país de Arab era quase um continente, o que provocou a inveja e o receio do velho caudilho de Moab que o atacou de diversas maneiras e lhe causou quanto dano pôde. Tinham sido grandes amigos, mas as amizades humanas fundamentadas no interesse, e apenas alimentadas pelo egoísmo, jamais podem ser duradouras. O bem pode ser, e é, imortal, invencível e eterno porque emana de Deus, Bem Supremo; mas o mal é e será sempre efêmero, passageiro e fugaz, porque essa é a lei. O mal sempre é vencido pelo bem, embora às vezes possam transcorrer anos sem se obter essa vitória final.

Os dois soberanos, o do país de Arab e o de Moab, se fizeram grandes inimigos, muito mais do que haviam sido amigos. Entretanto, o filho primogênito do rei árabe estava enamorado de uma das muitas filhas do rei de Moab. Ele foi advertido repetidas vezes por seu pai de que esse fatal amor era irrealizável, e exigiu que ele renunciasse completamente a ele. O rei julgava-se obedecido; contudo, um matrimônio secreto, propiciado por aduladores do herdeiro e contando com a tolerância que, no final, o pai teria para com o filho, deu, como resultado, a chegada para a vida do pobrezinho menino que nascia já condenado à morte. Seus pais o chamaram Mahón-Abul, como seu genitor, e apenas nascido tiveram a dor de separá-lo deles à espera de melhores tempos.

Sendo já conhecido em todo o país o piedoso coração do hierofante egípcio desterrado em Madian, o menino foi levado por seu próprio pai à cabana de Jetro, com a promessa de retirá-lo em melhores oportunidades. O herdeiro da Arábia deixou uma sacolinha com ouro para ajudar na criação de seu filho.

Mas o rei árabe soube de todo o ocorrido, e que sua real vontade fora burlada. Deserdou seu filho e o desterrou do país, e pouco tempo depois foi o mesmo assassinado e roubado pelos piratas do Mar Vermelho. Sua mãe foi enclausurada numa torre, onde morreu de tristeza três anos depois.

Este relato aparecia com a assinatura do médico árabe que assistira à mãe do menino em seu nascimento, e o que dava mais valor ao documento era a declaração feita por seu pai ao entregá-lo ao patriarca Jetro aos três meses de idade. "Entrego meu filho Mahón-Abul, de três meses de idade, à tutela do hierofante Jetro, e lhe faço doação dele se eu não voltar a recolhê-lo." Aparecia ainda uma cópia do recibo que o hierofante deu ao herdeiro da Arábia: "Recebi das próprias mãos do príncipe Mahón-Abul de Sela, a pessoa de seu filho, de três meses de idade, e por tempo indeterminado."

As escrituras estavam em ordem e não havia nada a observar.

— Meu filho — disse Thimétis a Moisés —, isto não pode ficar assim, segundo creio, pois é de justiça colocar Azeviche no lugar que lhe corresponde. Os documentos estão em ordem, tal como os que possuo de ti mesmo, e se os esponsais de Abidi-Céferi de Kush hão de realizar-se, como tu o crês, mais ainda. Ela vai reconquistar o trono de seu pai na metade deste mesmo ano...

— Já pensei em tudo, mãe. Eu não queria intervir diretamente nesta questão por parecer-me que era da incumbência do patriarca Jetro; no entanto, ele me pediu que nós o fizéssemos porque ele se sente demasiado próximo do vôo final e quer abster-se de todo negócio exterior.

Dessa troca de idéias entre mãe e filho, resultou que, quando compareceram à coroação do novo rei árabe, trataram deste assunto com ele.

Quando as grandiosas cerimônias e festas da coroação terminaram, Moisés pediu uma audiência particular e muito secreta ao novo rei, que a concedeu imediatamente. Em companhia da mãe, apresentou-se no escritório do soberano ao qual haviam obsequiado com um pequeno álbum de marfim com a Lei do Sinai estampada em letras de ouro.

— O que minha mãe e eu trazemos entre as mãos, ó rei!, é algo aborrecido para os que não têm o coração nobre e puro. Contudo, sei que, diante de vós, será coisa fácil de resolver. — E mencionou com detalhes toda a questão.

O soberano ouviu sem se perturbar.

— E ele, que diz? — perguntou, quando Moisés terminou todo o relato.

— Não diz nem pede nada, porque até hoje ignora que nós trouxemos perante vós este doloroso passado.

— E vós, que pensais que devo fazer?

— Creio que o que gostaríeis que fosse feito convosco em igualdade de condições. É o que manda a lei.

— E é o que farei — disse secamente o soberano. — Eu sabia que havia um filho de meu irmão Mahón, mas como passaram os anos e ele não aparecia, julguei-o morto. O soberano Alá deu-me duas filhas, e o terceiro, que foi varão, morreu com poucos anos. A casa real da Arábia precisa de um herdeiro, e nada será mais justo que esse lugar seja ocupado pelo filho de meu irmão mais velho. Trazei-o à minha presença com os documentos dele que tendes e, se tudo estiver em ordem, nós o proclamaremos herdeiro do reino da Arábia com a presença do patriarca Jetro e com a vossa presença.

— Ele está enamorado da filha do rei de Kush, que foi assassinado há vários anos. Sua única filha se refugiou junto à minha mãe quando ainda era muito menina. Agora já é uma mulher, e temos notícias de que o usurpador foi vencido e expulso para longe do país, motivo pelo qual os fiéis ao rei seu pai pedem a devolução da herdeira. Se Mahón-Abul for proclamado herdeiro da Arábia, poderá celebrar esponsais com a jovem rainha do país de Kush.

"Isso, ó rei, deverá ser decidido por vós segundo vossas leis e costumes."

Depois de alguns momentos de meditação, o rei falou novamente, sorridente e afável:

— Creio que o soberano Alá não me fará morrer tão cedo, e que meu herdeiro poderá tranqüilamente cobrir-se com as flores de laranjeira da rainha de Kush.

"O que meu pai não soube fazer, farei eu. Ó Moisés, Moisés!... És mago de verdade, e já faz tempo que transformaste meu coração de estopa em coração de carne, que sente e bate como deve sentir e bater.

"Julgas que os homens que têm sangue nas veias e algo de luz na mente não fazem comparações entre o teu modo de agir e o modo de agir dos outros seres? Que buscas em teu benefício nas estupendas obras de grande esforço e sacrifício que realizas?"

— O narciso cor de ouro, ó rei, e nada mais! — respondeu a princesa adiantando-se a seu filho, que se mantinha em silêncio.

— Está bem, eu o compreendi assim, e por isso creio ter também o direito de iniciar a busca da flor divina atrás da qual andais desde tantos anos. Com isto, organizai vós, com meu nobre sobrinho, tudo quanto se refira ao que falamos, e que ele mesmo fixe a data de sua proclamação como único herdeiro da Arábia, que poderá ser também a data de seus esponsais com a herdeira do país de Kush.

* * *

Quando Azeviche se inteirou de todo este labirinto de questões, ficou lívido e, finalmente, apenas disse:

— Pensais acaso que eu prefiro ser herdeiro do trono da Arábia a ser o filho de meu pai Jetro? Posso abandoná-lo para subir os degraus de um trono?

— Se amas Abidi-Céferi, virá ao teu encontro um trono onde subir. Pensaste nisso?

— Ela não quer ser coroada rainha nem separar-se jamais da princesa real.

— Ah, ah! Temos aqui duas criancinhas necessitadas de mamadeira! — exclamou a princesa, rindo.

— Sois responsáveis por países e povos. Que significa isto de querer e não querer? Essas palavras não devem ser pronunciadas por quem foi designado para reger humanidades pelo eterno Senhor das vidas humanas.

As confidências instrutivas da princesa real, com Abidi-Céferi e as não menos sugestivas e profundas de Moisés com Azeviche, levaram ambos ao terreno do raciocínio e das convicções.

O mago soberano do amor fez o restante, e cinco luas depois celebrava-se em Ezion Geber a proclamação do humilde Azeviche, transformado em Mahón-Abul de Sela, como príncipe real e herdeiro do reino da Arábia, e o rei consagrava seus esponsais com a jovem rainha da Etiópia, com residência em

Nadaber, onde o patriarca kopto de Atkasun abençoaria o matrimônio quando chegassem à cidade real.

Os caudilhos e chefes do exército da Etiópia compareceram imediatamente a Ezion Geber para a proclamação do herdeiro da Arábia, que devia desposar-se com a jovem rainha da Etiópia.

A dama etíope, que fora aia e governanta da menina, vinha com as donzelas para acompanhar a jovem soberana, que ainda não conseguia convencer-se de que era inevitável sua separação da princesa real.

— Senhora, por piedade! — disse —, se fostes minha mãe durante minha adolescência e primeira juventude, como pode o vosso coração desprender-se tão facilmente da rolinha órfã salva dos abutres da tempestade?

A princesa real vacilava e sofria, até que Moisés, premido também por Azeviche e, mais ainda, pelo velho patriarca Jetro, decidiu a questão.

— Moisés, meu filho — disse o ancião um dia. — Uma voz que não é da Terra me ordena, do fundo da alma, para que estabeleçamos novos laços com os koptos da Etiópia que representam um formoso vestígio dos kobdas da pré-história. A Etiópia foi o país de Artinon do passado distante que entrou a formar parte na Grande Aliança das Nações Unidas graças ao grande esforço de uma matriarca kobda chamada Solânia, que transformou em dócil cordeirinho o bravo caudilho desse país, convertido depois em mártir sacrificado pelo bem de seu povo.

"Eu já estou muito debilitado pelos anos e, talvez, morreria na longa viagem..."

Moisés interrompeu a frase, pois compreendeu o desejo do pobre ancião que já quase não deixava o leito.

— Não se fala mais, pai Jetro — disse, apertando suas enfraquecidas mãos. — Irei em vosso lugar e irá também minha mãe acompanhando os jovens soberanos, que se sentem ainda temerosos ante a grande responsabilidade que a lei lhes põe sobre os ombros. Minha mãe está indecisa e vossa vontade acabará por decidi-la.

"Ficai, pois, tranqüilo pois este negócio será resolvido de acordo com o vosso desejo."

Uma grande e brilhante caravana partiu de Ezion Geber para Maraba, ponto de partida que atingiriam uma lua depois no caminho rumo ao país de Kush.

A cidade de Maraba, convertida num esplêndido porto do Mar Vermelho, viu a partida de um belo veleiro, obséquio do rei árabe aos futuros esposos e soberanos do país irmão, levando Moisés, sua mãe e o jovem par com toda a sua corte.

Três anos permaneceram ambos naquele que foi o país de Artinon na pré-história, e a obra de aliança fraterna que realizaram foi a origem do que ocorreu vários séculos depois, quando o glorioso Egito dos Ramsés mergulhava no mais espantoso caos de corrupções, ódios e lutas de toda espécie.

São assim grandes e formosas as combinações que a lei divina e eterna realiza no seu vigilante afã de levar as humanidades por seus caminhos de luz e de verdade.

Uma mãe e um filho egípcios (Thimétis e Moisés), levavam a luz, a paz e a verdade à açoitada e devastada Etiópia. Vários séculos depois, uma mãe e um filho etíopes (a rainha de Sabá e seu filho Sabá-Akon) faziam voltar a paz, a grandeza e o triunfo da verdade e do bem ao Egito anarquizado, desfeito em pedaços pelos caudilhos egoístas e seu sacerdócio corrompido e fanático.

Mênfis, Tebas, Luxor, Karnak, Dendera e Abidos eram ruínas e recordações, e de Napata, cidade real da nova dinastia, surgia novamente o Egito triunfal dos kobdas pré-históricos, várias vezes desfeito e vencido por ferozes tempestades, mas tornado a ressurgir como a Fênix da lenda.

Existem paragens na Terra que a eterna lei parece haver destinado para o triunfo da verdade, da justiça e do bem. O que ela define e quer é e será sempre através dos séculos e das épocas.

Os arquivos dos solitários do velhíssimo santuário do Atkasun era riquíssimo em escrituras antigas, e Moisés pôde enriquecer o seu com novos relatos lêmures e atlantes, e principalmente comprovar quanto já sabia e conhecia dos mundos e das humanidades, através das escrituras denominadas do patriarca Aldis e as demais que possuía dos mais antigos santuários do país do Nilo.

Moisés viu, num êxtase de amor e glória, que em três grandes países e em muitos milhares de almas ficava firmemente gravado o ideal divino, ao qual havia consagrado toda a sua vida: Egito, Arábia e Etiópia proclamavam à face de toda a Terra a idéia de um único Deus, ou seja, a eterna e real fraternidade da suprema potência sobre todos os mundos e sobre todas as humanidades que os habitam.

Observando todo o horizonte que o rodeava desde o mais alto pico da montanha de Atkasun, Moisés pôde repetir, quase chorando, o verso de Anek-Aton:

> *"Graças, Senhor, porque amanhece o dia*
> *E novamente resplandeces no sol.*
> *Por tudo quanto vive ao meu redor*
> *Eu te dou graças, Senhor!"*

No País de Kush

Na época deste relato, era o país de Kush quase desconhecido em sua maior parte pelos povos civilizados.

Na pré-história, foi conhecido por país de Artinon, e estava dividido em muitas regiões habitadas por tribos diversas, mas que raramente lutavam entre si. As altas montanhas e os numerosos rios que sulcam aquelas paragens serviam de limite aos habitantes humanos, que não se davam ao trabalho de ultrapassar aqueles limites naturais, pois cada tribo tinha abundantes meios de vida em sua região.

Na época dos kobdas, eram trinta e nove regiões que se governavam independentemente umas das outras sob o comando de um caudilho-rei, que era escolhido em assembléia de toda a tribo e tinha o caráter vitalício, se seu governo fosse do gosto e do agrado da maioria dos homens capazes de guerra e de defesa.

Mas houve um tempo em que chegou um jovem estrangeiro de bela presença que, descendo dos altos cumes da montanha Ras-Chan, se refrescava no Lago Azul, como chamamos ao que hoje conhecemos por Lago Ztana. Vestia belas roupas, cingia uma espada com cabo de ouro, seu arco e sua aljava resplandeciam do mesmo modo como sua lança. Tudo nele era brilhante como seu cabelo dourado, e sua pele era branca como os nenúfares do Nilo.

A tribo que habitava essa região acabava de dar sepultura ao seu caudilho-rei, e os homens maduros resolveram eleger o estrangeiro, que tão misteriosamente chegara em momento tão oportuno.

— Nossos deuses o trazem, talvez, de suas torres nas estrelas que iluminam os cumes do Ras-Chan.

O estrangeiro respondeu às suas perguntas e eles o compreenderam, pois ele conhecia o seu idioma. Disse-lhes que seu nome era Marvan e que era dos países gelados do norte. Que um "gênio" o trouxe numa noite durante o sono, não para fazer mal a alguém, mas para viver nesse país em paz e boa harmonia com seus habitantes.

Como as respostas lhes agradaram, proclamaram-no caudilho-rei, e apenas lhe pediram, em pagamento de tão alta designação, que escurecesse seu rosto, as mãos e o cabelo com um preparado que eles tinham, para que fosse moreno como todos os habitantes do país.

Esse homem tinha grandes conhecimentos de toda ordem, e pouco a pouco foi conquistando a amizade e a simpatia de todos os caudilhos do grande país de Kush. Etiopana, Daschan, Kenigara, Núbia, Taganika e até Chiksa, sobre o rio Zambeza, o quiseram como chefe, quando compreenderam que esse homem era superior a todos eles. Ele tinha magia de amor, acreditavam e diziam os nativos, e nenhum país queria ser inferior àquele que primeiro o elegera como rei. Houve paz, abundância e feliz convivência em toda a extensão desse imenso país.

Isso foi o que ocorreu na pré-história.

Agora, na época de Moisés, o país de Kush era uma lembrança, como o país de Artinon, pois então toda aquela bela região de altas montanhas e rios caudalosos era chamada Etiópia, transformação, sem dúvida, de Etiopana, antiqüíssima capital que fora do pré-histórico país de Artinon. Não havia então uma dinastia, uma cidade real em Bainia. A dinastia Kuga, representada então pelo ancião rei Irguebain e seu herdeiro Udelga, fora parcialmente destroçada, pois o ancião fora assassinado e seu herdeiro desaparecera, e ignorava-se se estava vivo ou morto. Filha do príncipe Udelga era a jovem que conhecemos ao lado da princesa real, junto à qual passou sua adolescência e primeira juventude.

Assim, descrita em grandes traços é a Etiópia, ou país de Kush, onde vemos Moisés entrar, acompanhado de sua mãe, a princesa real do Egito.

Também acompanhava a Moisés o afeto sincero que lhe dedicava o faraó, que o havia provido de todas as autorizações necessárias para estabelecer uma cordial amizade e intercâmbio comercial entre vários países. A Etiópia tinha montanhas com minas de ouro e pedras preciosas. Moisés possuía em seu arquivo escrituras de fugitivos lêmures da época em que esse continente começava a desaparecer. Devia encontrar o vestígio deles, que habitaram a parte sul do país, ali onde corre, caudaloso, o impetuoso rio Zambeza.

Para tudo isso, servir-lhe-ia de guia e instrutor o patriarca dos koptos do santuário de Atkasun, situado numa das mais abruptas escarpas da montanhosa Bainia.

Era, na época, patriarca dos anacoretas koptos um homem que se mantinha na plenitude da vida a despeito de seus sessenta e três anos. Seu nome era Armenabo e tinha um longo e profundo cultivo intelectual, espiritual e ainda social. Havia formado sua personalidade nos antigos templos egípcios. Companheiro de iniciação e de estudos do pontífice Ptamer, antecessor de Membra, nosso leitor pode compreender o que representou para Moisés o encontro com o patriarca Armenabo. Seus conhecimentos históricos, não somente acerca da vasta Etiópia de então, mas de todo o continente africano, serviram a Moisés para fazer belas comprovações das escrituras conhecidas e conservadas por ele. Era uma continuidade harmônica e perfeita que, iniciando na Lemúria, com Juno, o Marujo, e Numu, o Pastor, continuava sua passagem gloriosa até Anfião, Antúlio, Abel e Krisna. Entre as épocas messiânicas, não existia lacunas nem vazios de maior importância, porque a decadência ocorrida nos longos intervalos de milênios só servia para pôr em evidência a ação devastadora do tempo, que transforma em ruínas as grandes civilizações, e a força também devastadora das ambições e dos egoísmos humanos, que entre humanidades novas têm a fatal capacidade de destruir as maravilhosas obras do amor aceso pelos Messias como lâmpada eterna que nunca se apaga, apesar de todos os vendavais.

Não obstante ser Moisés e sua mãe hóspedes de honra no palácio real de Nadaber, era ele um visitante diário do santuário de Atkasun.*

Ali, soube que na região chamada Núbia, que é a Quênia de hoje, dominava a raça que hoje chamam dos gigantes, prolongação e descendência dos lêmures fugitivos daquele continente. Formava parte da Etiópia, que seria domínio governado pelos novos soberanos Mahón-Abul de Sela e Abidi-Céferi de Kush.

Enquanto Moisés se dedicava aos arquivos e à velha história de continentes e países desaparecidos, sua mãe entregava-se completamente a preparar o jovem par que reinaria nesse país, para ser o que haviam sido os antigos soberanos dessas mesmas paragens e daqueles outros que haviam desaparecido pela invasão das águas.

Novamente apareciam, evocadas por Thimétis, as figuras radiantes de Anfião e de Odina, de Antúlio e de sua mãe Walkíria do Monte de Ouro, de Bohindra e de Ada, de Adamu e de Évana, de Abel e dos kobdas que prepararam o campo e o semearam de bem, verdade e amor nos muitos séculos que foram correndo, cuja recordação se mantinha viva na mente e no coração de quem o compreendia em seus nobres anelos.

Os jovens futuros soberanos, que a ouviam e sentiam o que tu e eu, leitor amigo, sentiríamos vendo desfilar ante a nossa vista esse glorioso passado, tido às vezes por esta humanidade que hoje vemos tão absolutamente dominada por todos os egoísmos humanos desatados em torvelinhos de ódios, ambições, lutas e guerras pela posse de quanto nos rodeia, e que o eterno poder outorga às suas criaturas para seu bem-estar e sua felicidade.

Do fundo da alma, levantam-se, irritadas e audazes, estas perguntas:

Por que os seres humanos se odeiam se é tão belo o amor?

Por que os seres humanos se matam por um pedaço de terra, por um punhado de ouro, por um trono de governante, por uns miseráveis resíduos que um dia deixará ao passar para o outro plano, levando unicamente o bem ou o mal que tiverem feito?

O rastro luminoso deixado por Moisés e sua nobre mãe nessa parte da África Oriente não se apagou por completo e ainda resplandece até hoje.

---

* Hoje denomina-se Arrar, a cidade que rodeia o santuário.

A rainha de Sabá, amada por Salomão, e o filho de ambos, o faraó-sacerdote e rei que fez resplandecer a ordem e a paz no Egito anarquizado desde o seu trono-luz de Napata, e o último soberano da atualidade, Alic-Salesie (Hailé Selassié), descendente seu, que se tornou conhecido através do labirinto de sangue e de fogo de uma guerra mundial, nos dão a prova de que, em determinadas paragens do continente africano, conserva-se ainda o antigo resplendor daquele que ali viveu e foi grande, belo e bom, o ideal mosaico, a idéia de um Deus único, a irmandade humana, que será no futuro glória, felicidade e grandeza verdadeira para a humanidade terrestre.

* * *

O patriarca Armenabo informou a Moisés que em Nairobi, capital, na época, de Keniagara, existia desde remotos tempos um santuário kopto nos mais altos montes do continente, os Alcones, em cuja base se abria, como espelho de prata, o imenso lago de águas doces denominado Mar Fundo,* por causa da sua extraordinária profundidade que ninguém tinha podido medir.

Tão entusiasmada foi a descrição feita pelo narrador dessas paragens quase desconhecidas na época, que despertou em seu ouvinte o vivo desejo de visitá-las. Moisés anunciou à sua mãe e aos futuros soberanos que partiria para essa região, espécie de soberbos labirintos de lagos, rios e montanhas.

Acompanhava-o o patriarca Armenabo, com um dos anacoretas mais jovens e que era, além do mais, originário do Nairobi, conhecedor de seus habitantes e relacionado com os numerosos práticos que ganhavam a vida como guias dos viajantes.

Nas três noites que passaram sob as tendas e com fogueiras acesas por causa dos animais ferozes, pôde Moisés conhecer a fundo a alma de seu jovem condutor Ródano de Nairobi, que apenas contava vinte e nove anos de idade e era o mais jovem dos solitários.

Este tomou tal amor e confiança a Moisés, que parecia ter vivido a seu lado toda uma vida. Não somente o tornou confidente de todas as tragédias de sua breve vida, como também lhe referiu, com detalhes, a vida dos anacoretas que iam visitar. Lá não havia mais de doze, e não podia haver nem um único mais, conforme eles haviam estabelecido. Em razão disso, ele se encontrava em Atkasun, aguardando uma vaga em Nairobi, onde seu pai adotivo era o patriarca.

— Fui recolhido por ele de uma canoa velha amarrada no Mar Fundo há

---

* O atual lago Vitória.

muito tempo. Quem me deixou ali, com dois meses de vida, devia querer afogar-me, porque eu seria, provavelmente, um estorvo em seu caminho.

— Ou salvar, talvez, a tua vida!

Nestas únicas palavras deu Moisés a entender ter encontrado a causa da tristeza habitual daquele ser. Recordou seus próprios padecimentos da infância, durante o tempo em que foi envolvido, como num sudário de sombras, pela ignorância absoluta de sua origem. Esse estado influiu, talvez, para que entre ambos se estabelecesse imediatamente uma forte corrente de simpatia.

Quando chegaram ao santuário, na parte mais íngreme e imponente da montanha dos Alcones, chamou a atenção de Moisés a grande semelhança física do patriarca com seu jovem condutor e amigo e, mais ainda, que essa semelhança lhe recordava também a jovem que ia ser rainha de todo aquele imenso país. Principalmente os olhos, o olhar, certas modalidades no falar..., enfim, algo que parecia uma explicação para certas falhas que ele encontrara nos relatos de seu jovem amigo, que, desde então, podemos dizer, foi seu discípulo.

A mente audaz do grande psicólogo colocou sondas profundas em suas meditações solitárias na pequena cela que lhe foi destinada. E não tardou muito a descobrir o mistério de dor, abnegação e renúncia existente ao redor daqueles seres que acabara de conhecer.

Como o patriarca Atkasun nada lhe dissera, é porque teria suas razões, e Moisés não ultrapassaria jamais aquele muro de silêncio se não lhe abrissem uma porta de entrada.

Um dia o patriarca lhe disse:

— Mestre Moisés, julgo-me no dever de mencionar a verdadeira causa porque quis que conhecêsseis este santuário e estes amigos que vejo receber-vos com os braços abertos e o coração palpitante de sincero afeto.

— Eu vos rogo para não terdes acanhamento algum, patriarca, em me revelar essa causa que parece estar muito difícil de ser esclarecida. Quase, quase... já a tenho descoberta.

— Como? Tão viva é a luz da vossa mente que dessa maneira transpassa as trevas?

— Creio que a eterna potência pôs na minha lei essa claridade que me acompanha. Não existe segredo para quem conheceu o mistério desde o berço. Também eu sou parte de todos os filhos de um enigma.

— Sim, mestre..., bem o sei. A lei divina parece querer que seja rodeado de certo misterioso encadeamento de fatos a vida dos grandes seres.

"Como foste o filho secreto da princesa real do Egito, Ródano de Nairobi é o filho secreto de Udelga de Bainia, príncipe herdeiro do reino, e hoje patriarca Gudela deste velho santuário."

— E pai, ao mesmo tempo, daquela que logo será coroada rainha do vasto país de Kush — acrescentou Moisés com grande serenidade.

O patriarca Ardanabo ficou mudo de assombro ao compreender que Moisés havia desentranhado todo o enredado labirinto daquelas vidas humanas.

— Como é benévola para mim a lei! — exclamou emocionado o patriarca.

— Graças à vossa extraordinária clarividência, fui impedido de violar o juramento feito ao heróico patriarca deste santuário.

— Compreendi que uma tremenda tragédia envolve essas vidas humanas. Também posso dizer, como vós, que a lei é benévola para mim, pois algo terei ainda que aprender no que acabo de descobrir. Todos os acontecimentos de minha vida foram uma estupenda lição que me proporcionou a capacidade de aprendê-la e aceitá-la com a devida submissão.

"O pontífice Membra, que me recebeu entre os hierofantes da alta iniciação, mantém em sua estante de trabalho este verso:

'Tudo é lição na vida
para aquele que busca o saber.
Desperta psique! Se dormes...
Quando poderás aprender?'

"Eu o aplico a mim mesmo em cada passo que dou.

"Podes dizer-me as razões por que o patriarca Gudela não ocupou o trono de seu pai, que foi assassinado? Por que seus dois filhos, Ródano e Abidi, ignoram tão profundamente sua filiação?"

— Eu vos direi em poucas palavras. Até há pouco tempo, os piratas do Mar Vermelho fizeram, com seu bárbaro culto dos sacrifícios humanos, tal cadeia de crimes que ultimamente o faraó Ramsés I, e agora seu filho Ramsés II, tomaram a sério exterminar os piratas que dessa forma assolavam todos os países vizinhos. As casas reais perdiam seus herdeiros ano após ano, porque aqueles fatais continuadores dos bárbaros e cruéis astecas atlantes escolhiam os melhores mancebos e as mais inocentes donzelas para oferecê-los em holocausto a seus deuses.

"Os que invadiram nossa cidade real foram piratas disfarçados de comerciantes persas e, logo depois de assassinarem nosso bom rei, levaram seu herdeiro para o sacrifício e o entregaram, antes de abrir-lhe o peito, a uma donzela árabe, filha de um alto chefe militar. Ele pôde comprar suas vidas aos guardiães que, para se salvarem, exigiram o juramento de que desapareceria do país. Ele teve o heroísmo de cumprir sua palavra, internando-se neste santuário, que significa o mesmo que morrer para este mundo. Entretanto, ele também exigiu que a pobre jovem, que lhe fora entregue pela força brutal dos sacerdotes astecas, fosse posta em liberdade. Ambos fugiram até a pobre cabana de um velho casal que tinha servido fielmente o rei Irguebain III, onde nasceu o filho dessa união.

"Sua mãe não resistiu à vergonha e ao ultraje. A miserável vida da choça pareceu-lhe mais dura que a morte e, num dia, foi com seu pequeno até a margem do Mar Fundo, onde ajeitou seu filho numa canoa abandonada e se atirou ao mar, onde pereceu. Um caravaneiro de Madian levou-o ao patriarca Jetro, conhecido em todo o oriente africano como protetor de abandonados, e aqui termina a história."

— De modo que Ródano de Nairobi e Abidi-Céferi são filhos de um mesmo pai! — observou Moisés.

— Justamente, e ele é meio-irmão daquela que será a soberana deste país. Mas ele ignora isto completamente e deve ignorá-lo sempre. Identificar sua personalidade seria desvendar a tremenda tragédia do seu pai. Os piratas astecas do Mar Vermelho supõem que esteja morto. Sabendo disto, assaltariam este santuário, matando todos os solitários. Ó irmão Moisés!... O mundo é de tal natureza que os seguidores da luz devem viver completamente ignorados se querem conservar a vida da alma e, talvez, a do corpo também!

— Creio que o atual faraó, que foi meu companheiro de estudos e excursões juvenis, exterminou os piratas do Mar Vermelho. Isto poderia convir para que este intrincado mistério saísse para a luz e tudo se pusesse em seu lugar — sugeriu Moisés, preocupado e pensativo.

— Insinuei isto ao patriarca Gudela, e ele me respondeu:

"— Prefiro morrer esquecido neste refúgio salvador, e que o mundo siga seu caminho."

— Talvez tenha razão — acrescentou Moisés, e guardou longo silêncio.

O patriarca Ardanabo caiu em transe, pois era um grande sensitivo.

Aheloin, o guia íntimo de Moisés, tomou momentânea posse de seu corpo e dirigiu-lhe estas palavras:

"— Moisés, missionário desterrado nestes desérticos vales terrestres, escreve em teu livro de notas e, principalmente, em tua psique iluminada pela eterna luz, as mesmas palavras do nosso irmão Gudela: 'Prefiro morrer nos penhascos do deserto antes de carregar com a montanha de responsabilidades que significará possuir a terra da promissão à custa da pilhagem mais bárbara vista pelos séculos.' Entre os que te seguiram no deserto e ainda vivem, somente há egoísmo, interesse e ambição. Estás sozinho com o ideal sublime que impuseste aos mundos. Cumpriste todo o teu dever. A eterna potência te abençoa, e ela descobrirá perante os mundos a tua obra e glorificará a tua vida quando as humanidades tiverem adquirido a capacidade de compreendê-las."

O sensitivo despertou chorando e soluçando fortemente. Moisés continuou calado e pensativo.

Nesses momentos, ele teve a clara visão de seus longos anos no deserto e de sua morte solitária nas alturas de uma montanha.

— Estou avisado de que não verei a Terra Prometida ao nosso pai Abraão, porque morrerei esquecido no deserto — disse Moisés, com admirável serenidade, e saiu com seu companheiro para contemplar o sol que mergulhava no ocaso, dando lugar a que a noite estendesse seu amplo manto de trevas.

MOISÉS MESTRE DE ALMAS

Ródano de Nairobi, o jovem kopto que ainda não tinha terminado a prova de quatro anos imposta a todo aquele que pedia para vestir a túnica cinzenta, disse um dia a seu patriarca:

— Se me for permitido, por vossa bondade, eu quisera ter uma confidência com o mestre Moisés. Minha inquietude interior aumenta de dia para dia, produzindo o que já sabeis: uma infinita tristeza que se parece muito com uma agonia lenta.

— Eu te permito, meu filho, e com grande satisfação, pois um pressentimento ou voz íntima parece estar me dizendo que esse grande mestre de almas terá o poder de curar o teu mal. Anda, filho, anda. Ele está no arquivo com o patriarca Gudela, que vai traduzindo para ele as figuras hieroglíficas de escrituras lêmures.

"Ambos se entendem bem porque são águias que voam muito alto."

— Não se incomodarão pela interrupção que possa causar-lhes a minha presença?

— Eu te levarei até a porta. Vamos.

O bom patriarca Ardanabo levou seu jovem discípulo à entrevista com Moisés.

— Este meu filho espiritual — disse o ancião apresentando o jovem — pede para ter uma confidência convosco, mestre Moisés, e acredito seja uma obra piedosa curar esta pequena alma enferma.

— Vós vos antecipastes ao meu desejo, patriarca, pois desde que realizamos juntos a viagem de Bainia a Nairobi, estou sabendo que este jovem kopto sofre uma angústia interior que lhe interrompe a meditação e o estudo. Sentai-vos e falemos.

— Qual é, meu amigo, o teu padecimento? — perguntou o grande psicólogo com suavíssima voz, observando fixamente aqueles olhos escuros e tristes, que sempre pareciam próximos ao pranto.

— Atormenta-me muito ignorar completamente quem sou. Não conheci pais nem irmãos, nem parentes ou amigos.

"O patriarca Ardabano me agasalhou desde que fui capaz de compreensão. Em menino, fui cuidado por sua mãe. Com sua morte, fui levado ao santuário de Atkasun, onde aprendi várias línguas. Sou tradutor de escrituras antigas, ou escriba, sou pintor, sou o músico do santuário... Sei muitas coisas belas e boas, mas não sei quem sou nem de onde vim nem para onde vou. Vivo com os anacoretas koptos, mas não sou bom anacoreta nem bom kopto. Esta é toda a verdade e toda a história. Mestre Moisés!... Sei tantas coisas grandes, estupendas e maravilhosas sobre vós, e pensei que, se o meu mal tem remédio, somente de vós pode vir. Seguiu-vos um numeroso povo ao deserto, atraído por algo infinitamente grande que existe na vossa pessoa. Pensei assim: Ele é um gênio benéfico, daqueles que, dentre montanhas de séculos, surgem às vezes na Terra para encaminhar as desgarradas criaturas de Deus. Se salvastes tantos, não podereis salvar também a mim?

O jovem silenciou e a esperança florescia em seus olhos entristecidos.

Moisés pensava em silêncio.

— Eu também sou um filho do mistério — disse finalmente —, e se até sendo-o pude ter paz na alma e buscar a paz para outros, por que não poderás obtê-la também tu?

"Se o patriarca Ardabano nada mencionou de tua origem é porque não sabe ou pensa que será para teu mal sabê-lo. Que coisa te faria feliz? Talvez o amor de uma mãe? O amor de uma companheira, de uma esposa que te dê filhos e possas ter a glória de um lar pleno de amor, de otimismo, de esperança e de fé?

"Podes ter tudo se conseguires aquietar essa fadiga interior curiosa que não leva a nada, a não ser à tua perturbação.

"Acho que permanecerei um tempo mais nestas paragens. Queres que te peça ao patriarca como escriba e tradutor por todo o tempo da minha permanência aqui?"

O rosto do jovem pareceu iluminar-se de esperança, fato esse que não passou despercebido a Moisés.

— Oh, sim, mestre Moisés! Jamais pensei ser tanta a vossa bondade a ponto de encarregar-se de minha pobre alma enferma e quase morta.

— Já começas a curá-la quando és capaz de esperar e confiar. Se te sentes um filho do nosso eterno Pai invisível, tua enfermidade espiritual é curável, eu te asseguro. Mas se, infelizmente, esse mesmo íntimo sentimento não existe em ti, eu não poderia prometer-te nada.

"Esse íntimo sentimento é, pois, o eterno amor, o único capaz de encher essa tua alma faminta de imensidão."

O patriarca Ardabano acedeu a que seu filho espiritual deixasse por um tempo a árida solidão do santuário de Atkasun e permanecesse ao lado de Moisés como tradutor e escriba de seu arquivo particular.

— Já és meu escriba e tradutor — disse Moisés a Ródano no dia seguinte a essa confidência. — Daqui a três dias, julgo que poderei ser explícito contigo. Esperarás tranqüilo e sereno estes três dias, que eu mesmo dou de prazo para apresentar uma solução para teus problemas?

— Oh, mestre Moisés! Se eu esperei até agora, por que não poderei esperar três dias?...

O arquivista do santuário do Monte dos Alcones foi testemunha do que Moisés falou com o patriarca Gudela.

Durante a noite, ele havia-se preparado para solucionar o problema que mantinha atormentadas duas almas sofredoras: o pai e o filho.

— Meu pai invisível e eterno! — exclamou Moisés. — Que seja eu capaz de romper as cadeias que amarram as duas asas destas duas psiques filhas do teu amor soberano, porque estou certo de que ambas estão destinadas por ti a dar vôos muito altos em benefício de todos os que ainda não podem voar! Ambas são ternamente amadas por mim! Meu pai invisível e eterno! Pai Sírio, que me fizestes ser o que sou!... Dai-me, vos rogo, o poder de aquietar para sempre estas duas almas que formam parte da minha numerosa porção de humanidade e às quais me sinto ligado por ataduras de amor que nunca se romperão!

Nesse instante, teve Moisés a visão do passado e a visão premonitória do que aquelas almas foram para ele, e o que deviam ser num futuro distante.

Sentiu que sairia triunfante. Sentiu que o eterno Pai invisível e seu pai Sírio lhe prometiam a vitória. Uma voz sem ruído, porém íntima e profunda, estremeceu todo o seu ser:

"— Tanto amor se transbordou de ti no passado, e tanto se transbordará no futuro, que todo o abismo se tornará em alvorada. Tu o queres."

Apenas clareava o dia, saiu Moisés para contemplar o nascimento do sol.

De seus lábios que tremiam, e mais ainda de seu coração anelante, brotou sua oração do amanhecer:

"Graças, Senhor, porque amanhece o dia
E novamente resplandeces no sol!...

Por tudo quanto é vida ao meu redor,
Eu te dou graças, Senhor!"

Dirigiu-se ao arquivo, onde já o aguardava o patriarca Gudela. Também ele fizera sua meditação profunda do amanhecer e sentiu a voz íntima:

"— Um enviado de Deus falará a ti ao amanhecer e, através dele, conhecerás a vontade do Eterno invisível."

— Não pode ser outro senão o mestre Moisés — pensou imediatamente. Grande tranqüilidade encheu sua alma de serenidade e de paz.

Quando viu Moisés no arquivo, adiantou-se para recebê-lo e, estreitando-lhe ambas as mãos, disse:

— Sei que pensais em me falar e suponho ser algo muito importante quando assim me anunciou a meditação.

— Vossa meditação vos disse a verdade. A soberana bondade do nosso Pai invisível e eterno dotou-me dessa capacidade, e não posso prescindir de usá-la em cumprimento do seu mandato. Estais, pois, disposto a ouvir-me?

— Em tudo quanto quiserdes dizer.

— Muito bem, patriarca Gudela. Tivestes a coragem e a vontade de dar o grande salto sobre o abismo que a eterna lei exigiu de vós. Renunciastes ao trono de vossos ancestrais e ao filho da dor, que também veio pela divina vontade. O mérito oriundo dessa heróica renúncia já o tendes, e nada nem ninguém vos pode tirar. É chegada a hora da divina compensação, e tenho a felicidade e a glória de que ela vos seja dada por meu intermédio.

"Vosso filho Ródano de Nairobi não deve continuar como está, embora tenhais a decisão de continuar ignorado neste santuário."

O patriarca Gudela ficou lívido, e de seus olhos entrecerrados começaram a rolar grossas gotas de pranto.

Depois de prolongado silêncio, o patriarca falou:

— Somente vós, mestre Moisés, poderíeis tocar a profunda ferida do meu coração sem causar-me dano. Somente vós poderíeis remover minhas ruínas sem me esmagar debaixo delas. Que quereis que eu faça?

"A voz íntima da minha meditação anunciou que, pela voz de um enviado divino, eu conheceria a suprema vontade. Falai, pois, que vos escuto."

— Visto como me reconheceis como um enviado divino, aceitareis sem vacilar que vos desligue do juramento com o qual comprastes a vossa vida e a do vosso filho. Anulo-o, pois, com toda a minha vontade. Além do mais, há, em favor da vossa liberdade de espírito, a circunstância de que os piratas astecas causadores da desgraça na família real deste país invadido selvagemente, estão presos no cárcere de Ramesés, de onde não sairão até dar provas de que renunciam aos cultos criminosos pedidos por seus deuses. O atual faraó

Ramsés II é meio-irmão de minha mãe, e conto com a sua vontade quando assim vos falo.

"Vossa filha Abidi-Céferi será coroada rainha porque se acredita que estais morto."

— E quero continuar morto e esquecido do mundo — disse o patriarca com voz serena.

— Mas não podeis condenar vosso segundo filho a um ostracismo tal que até lhe seja negado o direito de saber quem o trouxe para a vida.

— Essa é a verdade, e é ao mesmo tempo a causa do meu duro tormento interior — afirmou o patriarca Gudela.

— Dais vossa autorização para que eu ponha as coisas em seu justo lugar? — E Moisés esperou alguns instantes.

O patriarca tomou suas duas mãos e, apertando-as a seus trêmulos lábios e regando-as de lágrimas, apenas pôde responder entre soluços:

— Que esse pobre filho seja compensado por vós, mestre, de tudo quanto deve ter padecido nos breves anos de sua vida.

Como se houvesse sido chamado propositadamente, a voz do jovem falou da porta:

— Posso entrar?

— Sim, Ródano, entra que o patriarca e eu te esperávamos para fazer um belo presente ainda antes de passarem os três dias que pedi de prazo.

O patriarca caiu de joelhos e seu intenso pranto comovia profundamente o jovem, que era muito sensível.

Moisés levantou o patriarca e disse a Ródano:

— Este é o presente: ele é teu pai e não se chama patriarca Gudela, mas príncipe Udelga, filho primogênito e único do rei Irgebain do país de Kush. Já conhecerás a história através da única pessoa que a conhece: o patriarca Ardabano, teu protetor desde que nasceste. Tudo tem sua hora, amigo, e hoje é chegada a que esclarece todas as sombras que vos envolviam.

Então tocou a vez de todo o sangue do filho se concentrar no coração que pulsava forte no peito, enquanto uma palidez de morte subia a seu rosto.

Finalmente, seu pai estendeu-lhe os braços e o jovem, todo transformado num caudal de lágrimas, se deixou envolver no primeiro abraço que lhe podia dar o seu genitor.

A satisfação íntima que voejava como um pássaro feliz na alma de Moisés não pode ser descrita com palavras. Mas certamente tu, leitor amigo, a sentes em teu coração como uma carícia infinitamente meiga e sincera.

Moisés rompeu as cadeias que impediam os altos vôos daquelas duas almas que sempre foram suas, e que na epopéia final do seu messianismo, ocupariam o lugar dos mais amados de seu coração em seu colégio apostólico:

Pedro, sua pedra fundamental, e João, seu discípulo mais jovem e amado, o fundador da primeira escola de mestres de almas para a senda do Cristo, na qual não existiam ritos nem cerimônias, mas unicamente abnegação e renúncias exigidas pela sua única lei: "Ama a teu semelhante como amas a ti mesmo."

Duas semanas antes da coroação da rainha Abidi-Céferi, foi apresentado a ela e ao conselho do governo o jovem príncipe Ródano de Nairobi, com os documentos de reconhecimento de seu pai e do patriarca Ardabano, que conhecia o segredo da dolorosa tragédia.

A jovem rainha e seu prometido esposo receberam com imenso júbilo o aparecimento desse irmão que levava em sua fisionomia a verdade de sua filiação.

O bom jovem Ródano de Nairobi não conseguia compreender bem o maravilhoso sonho que o rodeava e a excelsa grandeza de Moisés, que havia despedaçado as trevas de sua longa noite com tão claro e radiante plenilúnio.

* * *

Moisés compreendeu bem que sua obra ali não estava terminada e pediu uma audiência secreta ao patriarca Gudela. O filho encontrara seu pai e conhecera sua origem. Trouxera-o para a vida uma tragédia espantosa, muito comum naquela época e em todas as regiões nas quais passaram como um vendaval de horror as duas raças provenientes das escolas de magia negra, que tão grande desenvolvimento alcançaram na Lemúria e nos países do sul da Atlântida: astecas e assírios, que semearam seu veneno em vários países da antigüidade.

A austera cela do patriarca foi o lugar escolhido para a íntima confidência.

— És o enviado do eterno Pai invisível, e não posso resistir ao teu desejo, mestre Moisés — disse o patriarca. — Mas acredita-me que é isto um dos maiores sacrifícios exigidos pela minha lei.

— Eu vos compreendo, patriarca; no entanto, tenho também uma lei talvez tão severa ou mais que a vossa, e não posso deixar na metade do caminho as almas que ela põe diante de mim. Bem sabeis que estes acontecimentos não foram buscados por vós nem por mim. Se todos somos continuadores dos kobdas e dos dáctilos do passado, sabemos perfeitamente que os acontecimentos, bons ou maus, não buscados são sinais fixos de um desígnio divino.

"Eu vos escuto, pois, e que a eterna luz esteja conosco para resolver o problema conforme a vontade do supremo Senhor dos mundos e das almas."

— Em poucas palavras, terei dito tudo: a invasão dos piratas do Mar

Vermelho, que custou a vida de meu pai, não teve outro objetivo além do meu seqüestro e do roubo das arcas reais.

"Um dos guardas que os piratas puseram para me vigiar queria escapar do serviço que prestava ali, e acedeu em salvar a minha vida e a da infeliz jovem que me haviam entregue em troca de que eu lhe desse o colar de ouro e diamantes que haviam posto em meu pescoço como homenagem honrosa ao deus a quem iam sacrificar-me. Vendendo essa jóia, esse homem poderia viver vários anos e fugir para longe do país.

"Era originário da Bética, e a sua segurança e a minha dependiam de pôr mar e terra entre nós e os piratas. Nem ele nem eu podíamos permanecer naquelas paragens. Fugi com ele num navio mercante que atravessava o Mar Grande. Eu não concordava com a vida semi-selvagem do meu salvador e, tendo conhecimento dos anacoretas da Serra Nevada, apresentei-me a eles e contei a minha tragédia. Eu não podia voltar para aqueles lugares e eles, compreendendo a minha situação, me agasalharam com grande amor. Ali vos conheci, mestre Moisés, e me julgava sozinho no mundo. Eu não sabia que tinha um filho. Não soube mais da infeliz vítima, como eu, daqueles desalmados criminosos. Os piratas do Mar Vermelho tinham sido varridos pelo faraó como animais daninhos para a humanidade. Fascinou-me, primeiro, a segurança da vida, e depois vim a saber que se preparava nesses países uma grande transformação idealista, porque estava representada em vós, em vossa mãe e no soberano egípcio, a vontade suprema para este globo, que é a nossa morada. Lá me conhecestes como um aprendiz de escriba e tradutor. Eu era o irmão Gudela, o mais jovem e o mais insignificante de todos. Quem poderia supor o que depois sucederia conosco?

"É certo que o velho patriarca que me recebeu teve uma clara visão pois, num bom dia de minha tristeza, me disse: 'Nem toda a tua vida será como hoje. Conheces este dia, mas não o de amanhã.' Antes de morrer, como era eu quem o atendia em sua prostração de enfermo, falou assim: 'Ainda deves esperar dois anos mais para ver a Luz!

"E a Luz veio convosco, mestre Moisés, que a levais a todas as partes como uma tocha acesa eternamente e que ninguém pode apagar. Já está dito tudo. O restante vós o sabeis. Que quereis agora de mim?"

— Quero ser o instrumento da suprema vontade. Visto como não quereis sair do ostracismo, mas continuar retirado neste santuário, creio não ser justo negar à vossa filha a satisfação de saber que viveis. Para que ela aceite ocupar vosso lugar no reino, tereis de convencê-la a aceitar uma renúncia de vossa parte, uma abdicação em seu favor. De outra forma, não poderemos solucionar com nobreza e altura o vosso problema.

— Ponho uma condição, mestre, e perdoai se isto significa uma falta de submissão: quero continuar passando por morto. Eu sei que os piratas têm rituais ferozes e juramentos terríveis. Se algum deles estiver vivo, está obrigado a tirar a vida ao que a negou a seu deus. A abdicação deverá ser mantida em absoluto segredo apenas conhecido por meus dois filhos. E que eles saibam que esse segredo é o preço da vida de seu pai.

— Efetivamente — disse Moisés —, os piratas estão presos, mas ignoramos se alguns escaparam às buscas do faraó.

"Está bem, patriarca, será feito tudo de acordo com o vosso desejo. Fixai vós mesmo o dia e a hora da vossa entrevista com aquela que será coroada rainha do grande país de Kush dentro de duas semanas."

❊ ❊ ❊

A princesa real foi quem se encarregou da missão de preparar a jovem futura rainha da Etiópia ou país de Kush para receber a notícia de que seu pai ainda vivia, mas circunstâncias muito especiais, duras e ásperas como um espinheiro ressequido o mantinham no caso de continuar passando por morto. Ele devia continuar sendo o patriarca Gudela e morrer para o mundo o rei Udelga da Etiópia.

A nobre e amorosa filha chorou, suplicou e abraçou com imenso amor seu pai, que era para ela como um ressuscitado, mas precisou conformar-se em visitá-lo no santuário quantas vezes quisesse e fazer o solene juramento, ante Moisés e sua mãe de que jamais revelaria o segredo.

O patriarca entregou à filha a abdicação de todos os seus direitos reais e para sempre, com a paternal recomendação de ela ser mãe para o seu povo como o tinham sido todas as rainhas de sua raça e dinastia que, segundo as mais antigas escrituras conservadas no santuário de Atkasun, provinham de um passado pré-histórico muito remoto, de um príncipe atlante fugitivo quando da invasão das águas naquele continente.

Segundo as escrituras, ela descendia de Ataulfo, rei de Teoskândia, avô materno de Anfião de Orozuma, chamado o rei santo. A nobreza e o abnegado heroísmo de Udelga da Etiópia não desmentia sua ilustre descendência. Nenhum destes detalhes escapou à minuciosa observação de Moisés, que estendeu sua audaz visão de inspirado a um futuro distante. E dialogou consigo mesmo:

"— Se esta nobre dinastia não inverter o rumo, o País de Kush, ou Etiópia, será uma fortaleza de eqüidade e de justiça no futuro, apesar de todas as tempestades que há de suportar.

" 'O Egito renovado no norte do continente africano, a Etiópia no oriente, a Nigéria no ocidente e a Boa Esperança no sul formam a Cruz Ansata, símbolo eterno da onipotência divina. Ainda me falta descobrir se os indícios que as escrituras deixam transparecer são reais no Monte Kiliman, os mais altos cumes desta África descoberta pelos kobdas pré-históricos, que foram seus primeiros civilizadores.

" 'Para isso, deverei transladar-me até a Líbia, e levarei comigo Ródano e meu filho Essen, ambos tão aficionados pelas excursões difíceis e distantes...' "

A princesa real com a futura rainha estavam à porta do aposento de Moisés.

— Ela e eu precisamos ter uma confidência contigo, meu filho. Concede-a a nós?

— Mãe... jamais necessitaste suplicar algo para mim. Por que essa mudança?

— Vejo-te cada dia maior!... Até quando pensas crescer? — Ao dizer isto, Thimétis beijou o rosto daquele filho pelo qual tanto padecera e ao lado do qual se sentia pequenina como uma rolinha das montanhas seguindo uma águia real.

— A lei nos mantém em constante crescimento se formos obedientes a seus desígnios; e penso que esta confidência que desejais será certamente para que o nosso crescimento nos faça subir a outro plano mais. Falai que estou escutando.

— Esta futura soberana começa a fazer exigências que tu dirás se são realizáveis e justas. Ela quer que antes da coroação seu pai seja transladado do Monte dos Alcones* para o santuário de Atkasun, para tê-lo junto de si e que seja em todo o momento seu conselheiro no governo do seu povo. Cremos que tu, meu filho, poderás conseguir isto dele. Abidi não pretende rebaixar o atual patriarca Ardabano, mas obter que seu pai resida ali para ajudá-la em suas grandes obrigações e responsabilidades.

— Creio que assim será mais fácil conseguir de seu pai a aceitação. O nome dele não será mencionado diante de ninguém, nem terá que entrevistar-se com ninguém absolutamente, de vez que será sempre a filha quem visitará, incógnita, o pai.

— Que dizes, Abidi? Conformas-te com isto?

— Sim, mãe... Sempre que me deixeis chamar-vos por esse nome e me acompanheis no início deste reinado, que não busquei nem pensei sequer em sonhos...

Bem suporá o meu leitor que o ex-rei do país de Kush, ou Udelga da Etiópia, não negaria a Moisés o que a filha lhe pedia.

E quando não restava nenhum fio sem dar nós, segundo a frase habitual, foram realizadas as cerimônias da coroação de Abidi-Céferi da Etiópia como soberana do país, e, no mesmo ato, o patriarca Ardanabo abençoava sua união

---

* Hoje Nakuru.

nupcial com Mahón-Abul de Sela, que fora proclamado herdeiro do reino da Arábia.

Aqui cabe recordar a advertência espiritual que, como mensagem de planos superiores, recebeu o profeta Isaías:

"Meus pensamentos — disse Jehová — não são os vossos pensamentos, nem meus caminhos são os vossos caminhos."

Os governos dos países civilizados da África da época não acreditavam nem pensavam que a Etiópia, invadida por poderes estranhos, seu rei assassinado, seu herdeiro desaparecido sem que se tivesse notícia alguma dele, pudesse ressurgir novamente dentre os países normalmente constituídos.

Alguns desses reis-caudilhos começavam a formar alianças muito secretas para tratar de reconquistar esse rico e fértil país e reparti-lo entre eles, antes de admitir um elemento estrangeiro e daninho entre as pacíficas raças que então povoavam a Terra Negra, como mais comumente chamavam o continente.

Que diremos do humilde Azeviche, filho adotivo do patriarca Jetro, único conhecedor da origem daquele menino, agasalhado por ele em sua cabana como um passarinho arrojado do ninho pela tempestade?

Foi necessária toda a influência de Moisés, e que o próprio velho patriarca Jetro interviesse para convencê-lo a aceitar a mudança de posição que, de filho de ninguém, o fazia subir até os degraus de um trono secular, com um passado ilustre e nobre, além de um futuro cheio de grandes promessas.

Abidi-Céferi esteve a ponto de postergar por tempo indeterminado sua coroação até conseguir de Mahón a aceitação de compartilhar com ela seu trono e o governo de seu povo.

— Mahón-Abul de Sela — disse um dia Moisés —, reconheces que nosso eterno Pai invisível tem direito de esperar de suas criaturas colaboração em seus desígnios?

— Sim, mestre Moisés, creio que tem todo o direito. Por que me fazeis esta pergunta?

— Homenzinho rebelde! Se acreditas, por que negas tua colaboração à obra que Ele quer realizar neste país? Tua união com a rainha da Etiópia não tem outro fim nem outro objetivo além da evolução das milhares de almas encarnadas nesta terra, designada pelo eterno poder para as grandes realizações de um futuro ainda muito distante.

"Além do mais, Mahón, a prova das grandezas humanas é difícil de passar com êxito. Tua aprendizagem, enquanto foste um filho de ninguém, te preparou para a vitória final. Como correspondeste bem na humilhação, o eterno poder sabe que corresponderás bem na grandeza."

Meu amável leitor sabe que Mahón de Sela obedeceu à sugestão de Moisés, a quem tomou desde então como conselheiro em todos os atos importantes nos quais teve que atuar no governo do grande país de Kush.

O MONTE DOS GÊNIOS

Monte dos Gênios chamavam em épocas passadas às mais altas montanhas do continente africano. Mais tarde chamou-se Monte de Diana.

O Monte de Diana, e hoje denominado Monte Kilimandjaro, é visitado por estudiosos e turistas que gostam de emoções fortes e de belezas não fáceis de encontrar em outras paragens da Terra.

Montes que passam dos seis mil metros de altura, ostentando como adorno de seus altos cumes, profundos lagos de águas doces precipitando-se na planície em riachos caudalosos que fertilizam as vastas pradarias do Quênia é algo digno de admiração. Entretanto, era outra a beleza que Moisés desejava encontrar nesses montes mencionados pelas velhas escrituras de origem lemuriana que ele tinha encontrado nos arquivos do patriarca Jetro.

Segundo essas escrituras, os discípulos de Numu, fugitivos de seu país, que os vulcões reduziam a cinzas e lava, cresceram em tão grande número que os velhos conselheiros viram a conveniência de subir até o norte procurando encontrar-se com essas brilhantes civilizações que as raças nativas designavam como algo fantástico e nunca visto pelos humanos.

Assim, os filhos espirituais daqueles espirituais irmãos Keril e Kinde, que fugiam da açoitada Nukulândia Lêmur, estabeleceram-se nas margens do rio Zambeza, que eles chamaram de Ofir. Unindo fios e atando cabos, Moisés chegou à conclusão de que os gigantescos núbios que povoavam a Núbia de seu tempo, eram os descendentes daqueles fugitivos lêmures metalúrgicos, mineiros, pescadores de pérolas, artífices das pedras preciosas e do ferro amarelo, como eles chamavam ao ouro das minas que exploravam.

Em sua grande alma de incansável buscador das verdades do passado, do presente e das que surgiriam no futuro, despertou vivo nele o desejo de ver com seus olhos de carne todas essas terras altas que seus amigos fiéis de épocas remotas tinham pisado com seus pés e talvez lavrado com grandes

217

esforços e sacrifícios. Finalmente, o enviado do eterno procurava encontrar o vestígio de sua própria passagem por essa terra entregue à sua tutela.

Acompanhado de Numbik, de Essen e de Ródano de Nairobi, meio-irmão da jovem rainha, partiu para o Monte dos Gênios. Os insignes soberanos não puderam vê-los partir para terras desconhecidas sem levar maior segurança para suas vidas e para aqueles que os acompanhavam. E criaram uma caravana oficial, digamo-lo assim, que realizaria viagens semestrais com fins benéficos e lucrativos para o país.

Delegaram toda a sua autoridade a Moisés para fundar um pequeno forte ao pé daqueles elevados montes, cujas excessivas riquezas em minas de metais e pedras preciosas eram quase lendárias entre os velhos andarilhos daqueles tempos.

Quase um meio ano empregou Moisés em realizar seus propósitos e cumprir o encargo dos soberanos.

O Monte dos Gênios não apresentava meios de acesso fácil, e entre os nativos que tinham suas cabanas no vale próximo corriam rumores e notícias nada lisonjeiras para os aspirantes a escalar os cumes. Um espesso véu de nuvens cinzentas parecia envolver seus agudos picos cobertos de neve, e pelas noites sem luz de lua apareciam luzes fátuas a correr de um lugar para o outro, causando o conseqüente pavor nos aldeões e pastores de cabras que viviam absorvidos completamente em resguardar seus pequenos rebanhos das feras que se faziam ouvir durante as noites.

Moisés, que durante dez anos praticou, digamo-lo assim, o ofício de pastor e chefe do jovem grupo de pastorzinhos que cuidavam das manadas do patriarca Jetro, não participou dos temores dos nativos, e seu espírito audaz, criador de obras úteis e benéficas para seus semelhantes, formou imediatamente um numeroso grupo de aliados que confiou plenamente no valor e na decisão quase temerários daquele homem, que seus acompanhantes olhavam como um ser extraordinariamente grande.

Quando souberam, por Numbik, que desde os vinte e seis anos vivia a seu lado e o ouviram mencionar quem era Moisés, encheram-se de um temor reverente e supersticioso até o ponto de lhes dizer um velho que fazia os ofícios de mestre, de médico e de mago:

— Este homem deve ser o único capaz de escalar o Monte dos Gênios e averiguar o que sucede naquelas alturas. Deixemo-lo fazer.

Assim como o disseram, fizeram, deixaram fazer e até se ofereceram como auxiliares no quanto ele quisera dispor. Vejamos, leitor amigo, o que fez o nosso genial personagem nessa montanha tida por misteriosa morada de gênios bons ou maus, segundo a mesquinha interpretação dos rústicos habitantes daquelas inexploradas paragens.

218

— Se contais com a amizade dos gênios, senhor príncipe, podereis subir — disseram os mais velhos do país. — Do contrário, será tudo inútil.

— Conheço desde há cinqüenta anos estas paragens, porque ganhei a vida como guia de alguns sábios do outro lado do Mar Grande que, segundo parece, quiseram esclarecer o mistério destas montanhas e... alguns não desceram mais, e eu aqui permaneço nesta longa espera sem saber que atitude tomar.

Um terceiro acrescentou:

— Alguns desceram, felizes e contentes, por terem chegado lá em cima; contudo, desses não se consegue palavra alguma, e retornam em poucos meses e sobem novamente, mas os senhores lá de cima parecem não gostar de visitas repetidas e já não os deixam descer mais. Devem tê-los matado, devem tê-los comido assados. Como vai alguém saber o que se passa naquelas solidões? As luzes, que nas noites escuras correm de um lado para o outro, falam bastante claro que são almas penadas de todos os que subiram e não desceram mais.

Moisés ouvia-os em silêncio e, como sua generosidade e sua forma de agir atraía a simpatia de todos eles, foi tomando nota e tirando conclusões de tudo quanto diziam movidos pelo interesse e pelo amor que lhes inspirava aquele homem que, sendo o que era ante reis e príncipes, quase irmão do faraó do Egito, filho da princesa real e que dessa forma se prestava em conviver com todos eles, quase chegou à convicção de que no Monte dos Gênios deviam viver seres muito superiores que, por alguma razão, fugiam das sociedades humanas. Convenceram-no, finalmente, as palavras do velho que servira de guia aos que subiam:

— Eu ouvi meu pai contar que, quando o vento do sul sopra com força, às vezes se ouve de madrugada ou ao cair da tarde uma música divina e alguma vez acompanhada de vozes humanas. Meu pai não era um embusteiro, senhor príncipe, mas pode ser que tudo isto venha de "mais acima". Não dizem que nos céus os anjos cantam quando recebem uma alma santa que vai da Terra?

Moisés subiu num claro amanhecer, com Numbik, Essen e Ródano, porque nenhum deles aceitou ficar na planície, deixando-o subir sozinho.

Levava cada um uma sacola de provisões, pois ignoravam quanto tempo demorariam em ir e voltar.

O velho guia ficou observando-os subir pelo caminho que ele lhes indicou. Já havia visto subir tantos! Ele mesmo tinha subido até a Gruta do Manancial, onde lhes disse que podiam descansar, pois era um lugar aprazível e com água doce, o que já era dizer muito.

— Que volteis logo! — disseram com pesar aqueles que os observavam subir. — Apenas começamos a querê-los bem e vamos sentir se não voltarem — acrescentaram todos.

— Esse homem voltará — disse o velho guia. — Há algo aqui dentro (e

219

tocou a testa rugosa com a mão) dizendo-me que ele é um dos gênios que saíram em missão no meio do mundo, porque essa gente não é como nós, que apenas vivemos para comer, dormir e depois morrer. Essa gente maneja as coisas do mundo como nós as nossas cabrinhas e os nossos gansos. Esse homem voltará, estou certo de que voltará!

É indubitável que Moisés teve a ajuda que faltou a muitos outros que não puderam chegar. Em sua lei, estava escrito que encontraria seu próprio vestígio como compensação a seus sacrifícios anteriores, e como estímulo para a hora final de sua grande jornada messiânica já próxima ao término.

E o que encontrou o inspirado profeta do Sinai nas inacessíveis alturas do Monte dos Gênios, nos últimos confins da Etiópia de então? Ele precisou realizar o mesmo esforço de anos atrás nos distantes países da Trácia e parte da Ática (Turquia e Grécia de hoje), dominadas completamente por forças tenebrosas habilmente manejadas pelos magos negros lêmures, também fugitivos da invasão de águas ferventes e do fogo abrasador de cem vulcões que arrojavam chamas sobre cidades, homens e animais.

Os fugitivos discípulos de Juno e de Numu tinham sido missionários heróicos na tremenda luta contra essas forças que se reforçavam, alargando dia por dia seu campo de ação e semeando morte e desolação nas paragens estabelecidas pelos seus governantes reais.

Eles haviam chegado até o Mar Vermelho e tinham a pretensão de dominar também o luminoso Egito da antigüidade, centro e escola da verdade e da luz naquela gloriosa civilização kobda que já conhecemos no livro *Origens da Civilização Adâmica*.

Juno lutou contra elas, e as venceu ao preço de sua vida. Numu lutou contra elas, e com sua vida pagou a vitória e deu paz e tranqüilidade aos povos.

Moisés encontrou nas grutas do Monte dos Gênios trinta e nove anacoretas de diferentes idades físicas; contudo, todos eles altamente evoluídos e de percepção de espírito e de vontade mais profunda ainda para fazer como seu mestre, mártires do divino ideal que seguiam desde remotas eras.

Desde os trinta e oito anos até os oitenta e seis, os anacoretas se mantinham vigorosos e otimistas, porque tinham redimido toda uma formação de forças tenebrosas disseminadas em várias montanhas das muitíssimas serranias e cordilheiras daquela terra, o mais novo continente aparecido sobre a face do planeta.

— A eterna lei não quis tomar nossas vidas como preço de nossa vitória — disse o irmão maior, a quem chamavam de guardião, quando Moisés se defrontou com eles.

— Nós vós esperávamos, mestre, e nosso pensamento e nosso coração vos chamava com uma tenacidade que às vezes vos terá causado aborrecimento.

— E que fizestes com eles? — perguntou, aludindo a esses desventurados seres que gastam suas vidas semeando o mal, o ódio, a dor e a discórdia entre os seres humanos.

— Oh, mestre! Não foi sempre nosso lema triunfal: 'O amor salva de todos os abismos?'

"A severidade às vezes caminha de mãos dadas com o amor, e assim, dessa núpcia invencível, surgem as glórias da redenção.

"Primeiro, abre a nossa porta a severidade, e alguns de nós contam com os dotes necessários para vencer os mais rebeldes. Eles os acorrentam fluidicamente, deixando-os imobilizados, e pouco a pouco vão começando a raciocinar, e logo não querem mais afastar-se de nós, que somos para eles verdadeiros guardiães defensores de suas vidas em relação a seus cruéis mandatários. Há no nosso globo toda uma legião organizada dessas tremendas forças corruptoras das sociedades humanas. Vemos dolorosamente que quase sempre são as classes altas as mais combatidas e vencidas.

"Os reis, caudilhos, pontífices e altos dignatários caem em suas redes como incautas mariposas em torno de uma luz que as fascina com acariciantes promessas de elevação e prosperidade. É incrível como conseguem arrastar povos e destruir civilizações."

Moisés ouviu essas trágicas explicações, que pintavam muito claramente o estado em que se encontrava, em muitas paragens deste planeta, que era seu domínio, a grande porção de almas que lhe haviam sido confiadas por seu eterno Pai invisível. Entristecia-se quase até o pranto, quando sentiu a voz sem ruído de seu guia íntimo: Aheloin.

— Não temas, Messias desterrado neste globo de tão duras provas. A Lei do Sinai, com sua radiante tocha de um Deus único acima de todas as coisas e o amor fraterno entre todos os seus filhos, será a rede de prata na qual, no final dos tempos, verás envolvidas todas as almas que Ele te deu em eterna posse.

Moisés prostrou-se com o rosto por terra num profundo sentimento de gratidão a seu invisível Pai criador, enquanto seu confidente secava as gotas de pranto que a emoção lhe arrancava de seu pesar. Ele via numa atitude quase humilhante aquele ser do qual não julgava merecer um único olhar, e recordava também a soberba audaz e prepotente daqueles que ele mesmo reduzira à nulidade com sua força magnética de legionário potencial pertencente ao número dos arcanjos de justiça e poder.

Aqueles trinta e nove anacoretas estavam divididos em três categorias,

221

digamo-lo assim, para nos tornarmos compreensíveis aos leitores: Guardiães, Potenciais e Amadores.

Tinham acompanhado o Messias desde sua jornada de Juno, e lhe haviam prometido firme aliança até o final de seu messianismo.

— E depois? — perguntara-lhes Ele, comovido com tanta fidelidade.

— Esperar que nos designeis uma nova missão a cumprir — responderam.

— Seguir-me-eis em descanso para minha estrela natal, o amado lar de nosso Pai Sírio, pedindo sua bênção, se ele julgar cumprido o nosso dever. Guardiães, Potenciais, Amadores. Vossos nomes designam as tarefas a cumprir: proteger e velar aqueles que querem e pedem; dominar os rebeldes que arrastam multidões; amar com amor sublime, e até heróico, ao que não merece ser amado!

Tudo isto viu e ouviu Moisés ao mesmo tempo que, prostrado com o rosto por terra, o anacoreta guardião recordava a manifestação materializada do Verbo de Deus, pouco antes de tomar a personalidade presente. Tão vivo foi o pensamento daquele arcanjo potencial encarnado, que Moisés o percebeu com admirável clareza.

Levantou o rosto para o anacoreta guardião e seu olhar interrogava...

A afinada sensibilidade do ancião permitiu-lhe responder:

— Sim, mestre, essas foram palavras vossas que estão escritas em nossas crônicas sagradas, e acha-se a escritura firmada por todos os que as ouviram.

Ainda de joelhos, Moisés fechou os olhos, a mente e, principalmente, o coração e formulou sem palavras esta sentida prece:

"— Graças, meu Pai eterno, invisível e único, porque me permites encontrar-te sobre esta Terra de meus esforços e dores, através das poucas almas que na verdade te servem, compreendem e amam!"

Moisés e o anacoreta se confundiram num grande e mudo abraço como uma fração da eternidade...

Quando saía da gruta-aposento do guardião, Moisés viu Numbik sentado ali perto sobre uma rocha preparando as rações de pastagem ou grão para os animais, ou tecendo esparto para o piso das celas, colaboração que prestava aos irmãos menores, como chamavam aos que os anacoretas tinham como criadagem com pagamento de salários e que tinham suas famílias na planície.

Essen e Ródano, que haviam estreitado amizade, tiravam cópias das escrituras que interessavam a Moisés, sob a orientação do arquivista que lhes traduzia e explicava o que encontravam apagado ou de difícil compreensão.

Cinco semanas permaneceram nesses cumes onde muito poucos chegavam. Todos os anacoretas quiseram ter uma confidência com o mensageiro divino que tanto haviam esperado. Não obstante a vida retirada que todos levavam, cada um tinha feridas em seu coração e ansiedades na alma. "A matéria é treva que obscurece o espírito", dizia a velha lei dos seguidores do Cristo, e quanto mais dedicados à vida espiritual, mais dúvidas, mais vacilações e surpresas. Mais perguntas a fazer e mais respostas a esperar.

"— Somente Ele tem os segredos do Pai" — diziam os solitários —, e é justo que nós tenhamos também nossa parte neles.

Quando se pensou no regresso para Nairobi, Moisés teve a agradável surpresa de verificar que a lei divina lhe dava em compensação que, das três hierarquias nas quais estavam divididos os anacoretas, vinte e um deles o seguiriam para substituir, em parte, os antigos companheiros que ele vira morrer no deserto.

No cume misterioso, apenas ficavam os mais idosos.

— Esperai-nos que voltaremos — disseram os que partiam.

— Não é justo deixá-los sofrer sozinhos no meio dos inconscientes. Ide, filhos, que sois jovens e podeis realizar uma boa guarda do mensageiro de Deus que a humanidade ainda não sabe compreender nem valorizar. Não vos perderemos de vista, e nosso mensageiro do exterior vos visitará três vezes ao ano para nos trazer notícias vossas.

A escola iniciática do deserto, fundada anos atrás por Moisés na cabana do patriarca Jetro, ficou reforçada até o ponto de poder estender sua ação moralizadora e espiritual por toda a Arábia de Pedra, que fora na pré-história campo de semeadura da verdade e do bem de Beni-Abad e sua descendência.

Os séculos demolidores e, principalmente, o fanatismo e a ignorância destruíram boa parte dessa semeadura fecunda e ignorada dos povos.

* * *

Moisés e seus três acompanhantes desceram do monte pelo caminho por onde haviam subido, e na planície se encontraram com os aldeões que acendiam as fogueiras do entardecer.

O velho guia saiu-lhes ao encontro assim que os viu aparecer.

— Que encontrastes, senhor príncipe? — perguntou imediatamente.

— Nada mais além daquilo que me disseste, bom ancião: gênios que vivem protegendo e amando a todos os homens, e especialmente aos que estão próximos.

A ordem era essa. Não se lhes podia dizer nada mais, segundo a recomendação dos solitários.

— Mas deixaram-se ver para vós?

— Eles querem permanecer invisíveis. Falam somente com o pensamento e, como eu estou preparado, pude compreender o seu pensamento. Isto é tudo. Não te preocupes e amai-os para que sejais protegido e amado por eles.

— Obrigado, senhor príncipe. Tirais um peso de cima de nós. Tínhamos um grande pavor deles. Somente vós poderíeis proporcionar-nos este bem.

O ancião transmitiu em seu dialeto a feliz notícia aos aldeões que o rodeavam, e todos obrigaram Moisés a receber seus presentes, o qual se viu forçado a aceitar para deixá-los contentes. Consistiam estes em objetos fabricados por eles.

Uma cabeça de cervo dissecada, dentes de elefantes, utensílios de uso diário, como colheres de chifre de búfalo ou touro, peles curtidas de ovelhas, de leão e de tigre. Todos os presentes eram neste estilo. O mais fino era um colar de diamantes engastados em ouro, que estava destinado à sua mãe, a princesa real.

Em troca, Moisés deixou-lhes um pequeno livro de couro curtido branco com os preceitos da lei do Sinai, que tinham uma explicação ou comentário, todo ele escrito no dialeto da tribo dos kikuios ou maumaus, a melhor da África daquele tempo.

Quando conseguiu terminar as amorosas despedidas dessa gente, Moisés disse a Numbik.

— Agora toca a tua vez, Numbik.

— Sim, senhor, os camelos já estão preparados e tudo em regra para partir.

O encontro com os vinte e um dar-se-ia no bambual que existia a um lado do caminho, e para ali se dirigiram os nossos viajantes. De uma espessa ramagem, viram sair de um em um todos os anacoretas que deviam acompanhar o mensageiro divino, como chamavam a Moisés, no Monte dos Gênios. Eles explicaram, entre muitas outras coisas, que ali ficava escondida a saída de um túnel ou caminho subterrâneo que descia do monte, e era o meio de comunicação dos solitários com o mundo exterior.

Moisés foi para eles como um pai, e eles foram seus filhos de idade avançada, dos quais obteve belas revelações de grande importância.

Entre estas, pode ser contada a que se segue: Na primeira noite do acampamento ao pé de um monte que lhes oferecia as águas doces de uma vertente, os jovens anacoretas referiram que os emigrados lêmures, considerados como ascendentes dos anacoretas que habitavam em vários montes da África, tiveram a indicação de seus guias espirituais para se difundir pelo continente quanto lhes fosse possível.

Assim, quando se tornou muito numerosa a sua tribo, dividiram-se em três porções, sempre dirigindo-se na direção do norte para se aproximar e, finalmente, chegar à "terra dos irmãos". Essa "terra dos irmãos", na época, devia ser a Núbia e o Egito, onde já se encontravam os fundadores dos kobdas de Numu. O fundador dos anacoretas do Monte dos Alcones, onde Moisés permaneceu mais de um mês, foi o patriarca Kikuyo que deu nome à povoação com o tempo fundada próxima ao monte habitado pelos solitários.

Outra porção de anacoretas se estabeleceu neste monte, o mais elevado do continente e, desde aquele distante tempo, não haviam cessado de habitá-lo, nascendo e renascendo muitas vezes os mesmos seres, tal como costumavam fazer todos os discípulos do Verbo de Deus.

A terceira porção escalou os Montes da Névoa,* chamados assim porque quase sempre estão ocultos por espessas cortinas de nuvens cinzentas, o que os torna invisíveis aos olhos humanos...

— É uma pena que não poderei chegar até lá — disse Moisés estudando o croqui que os jovens lhe apresentaram indicando os lugares onde existiam anacoretas.

— E por que não, mestre? — perguntou um deles. — Eu sou do país de Bugan, do outro lado do lago grande que está próximo dos Montes da Névoa. Tenho duas irmãs e um irmão, os três casados. O irmão é o mensageiro do exterior que serve ao santuário.

— Magnífico! — exclamou Moisés entusiasmado por estas notícias. — Acompanhar-me-ás no próximo ano no tempo que tu mesmo julgares mais propício?

— Sim, mestre, com muito prazer. É uma honra para mim a vossa confiança.

— Agora devo voltar à Península,** de onde me ausentei há muitos anos. Minha Escola Iniciática do Deserto deve estar se queixando por causa do meu abandono. Não sei como estará aquilo.

Numbik, que entrava e saía das tendas preparando a rústica mesa para a ceia dessa noite, aproximou-se e disse:

— Vossa ilustre mãe, a princesa real, antecipou-se aos vossos desejos, e faz tempo que terminaram as construções mandadas fazer por ela em Poço Durba, de acordo com o patriarca Jetro. Eles aguardavam somente a vossa presença para inaugurar o novo santuário e as habitações anexas a ele.

— Como? Sabias disso e silenciavas para mim?

— Quando saístes do Egito à frente do povo, deixastes-me como guarda da vossa mãe, à qual eu devia obedecer em tudo segundo a vossa vontade. Ela me mandou, com um grupo de trinta operários escolhidos por mim, para fazer as construções segundo um plano ideado por ela, que é quem conhece melhor os vossos desejos. Perdoais-me, senhor?...

Moisés levantou-se do seu banquinho e abraçou seu fiel servidor, cuja

---

* Hoje, Montes da Lua.

** Assim chamavam, desde épocas remotas, a Arábia de Pedra (Península do Sinai).

profunda emoção fazia correr grossas lágrimas por sua face, que não envelhecia porque a bondade e a calma permanentes o mantinham resguardado das manifestações exteriores da ancianidade.

— Ó Numbik, Numbik!... Estou achando que não encontrarei em todo este continente outro servidor como tu!

Alguns dias depois, encontravam-se todos reunidos na cidade real da Etiópia, onde os novos soberanos os aguardavam com uma amorosa recepção.

O Poço Durba

Três mulheres desconhecidas da humanidade e, portanto, esquecidas completamente, haviam preparado para Moisés uma bela surpresa. A princesa real, Abidi-Céferi, rainha da Etiópia, e Estrela de Sharma tinham obtido dos estaleiros fenícios um veleiro precioso, pequeno e equipado com todo o conforto.

Pintado de azul acinzentado, as letras em negro azeviche destacavam-se admiravelmente na proa, que era uma águia em atitude de voar: "Sinai."

Que nome para Moisés! Dois dias antes do fixado para embarcar, ele quis visitar o porto da Etiópia e preparar ele mesmo o compartimento no qual viajaria com sua mãe, sua esposa e seu filho Essen.

E ficou imóvel, observando o veleiro que na primeira fileira entre os grandes barcos ancorados no porto parecia sair a seu encontro.

Os tripulantes, de uniforme azul, pareciam esculturas que adornavam o barco.

Eram vinte e cinco jovens moços de Poço Durba que ele conhecera crianças, cujos nomes e divertidos incidentes recordava muito bem. Nascidos e criados à margem do Mar Vermelho lá nas aldeias da península, eram marinheiros perfeitos para conduzi-lo por aquele mar que lhes era tão familiar.

Um clamor unânime o recebeu:

— Viva o profeta do Sinai! — clamaram em coro os vinte e cinco moços assim que o viram aproximar-se.

Os olhos de Moisés cristalizaram-se de pranto enquanto abria os braços em atitude de abraçar a todos.

— Como fizestes tudo isto? — perguntou, observando-os e reconhecendo-os, enquanto as três mulheres responsáveis pelo que ele via, enxugavam furtivas lágrimas que a emocionante cena arrancava de seus olhos contra a sua vontade.

— Filho! Tu mereces tudo isto! — disse-lhe a mãe. — É pouco tudo quanto pudermos fazer para dar uma compensação a teus enormes sacrifícios. Julgas, acaso, que não compreendemos e medimos a extremada grandeza de teus esforços?

— O que eu compreendo e avalio é a grandeza do vosso amor por mim — respondeu ele tomando suas mãozinhas e estreitando-as contra o peito.

— Observa todos os detalhes no interior do teu "Sinai", e encontrarás ali a homenagem em obras de todos os que te amam.

— Tudo aqui é amor, puro amor! — disse logo Moisés percorrendo as passagens, camarotes, cobertas, enfim, tudo.

Quando chegou a vez de examinar o camarote que lhe haviam destinado, sentiu a profunda emoção de todos os amores reunidos como um ramalhete de flores imortais que deviam acompanhá-lo durante toda a sua vida.

Uma tela sobre a estante de trabalho e de meditação, uma Ísis velada tirando um menino de um rio azul e apontando para ele um cume próximo no qual devia subir, e sobre esse cume aparecia um sol de ouro cercado por mil raios.

Essa tela tinha um nome: "O Sonho de Moisés."

Essa era a verdade. O Deus único, pai universal de tudo quanto é vida no vasto universo, era o sonho de toda a longa e laboriosa vida de Moisés, o profeta genial do Sinai.

* * *

A despedida dos viajantes e dos reis da Etiópia foi o que o leitor já pode adivinhar. Uma emocionante cena de amor e de lágrimas que comoveu a todos. A jovem e pequena rainha abraçou-se a Thimétis e, entre soluços, disse:

— Não sei por que me parece que nos vemos e nos abraçamos pela última vez, mãe.

— Como! Julgas-me tão velhinha a ponto de pensares em não me ver mais? — perguntou a princesa tratando de consolá-la.

Mahón-Abul, seu esposo, aquele Azeviche magrinho e moreninho que servia a Moisés em Poço Durba com tanto respeito, abraçou-se também a ele e, chorando, disse:

— Meu grande mestre da meninice! Perante vós serei sempre o Azeviche. Isto de príncipe real me soa tão mal que agora compreendo o quanto eu vos fazia sofrer quando me empenhava em vos chamar de alteza e senhor príncipe lá na cabana de meu pai Jetro.

"Agora que a suprema vontade nos separa, quem sabe por quanto tempo, duas coisas eu vou pedir-vos."

— Tudo quanto quiserdes, meu Azeviche rei — respondeu Moisés rindo.

— Fala.

— Que me escrevais, ainda que seja somente duas ou três linhas em todas as caravanas. Não é muito, mestre, porque ela vem a cada seis meses. Esta é a primeira. A segunda é que me mandeis um mensageiro urgente quando compreenderdes que meu pai Jetro chegou ao fim da vida, pois meu coração sofrerá ao saber que ele se foi sem que eu receba a sua bênção e o seu adeus.

— Está bem, meu Azeviche rei. Prometido e será cumprido.

Finalmente, os jovens soberanos se conformaram com a promessa de que ambos iriam de boa vontade a Poço Durba ou ao Egito avistar-se com os ilustres visitantes da Etiópia, que naquele instante abandonavam.

O veleiro "Sinai" levantou âncoras e avançou mar adentro na metade de uma esplendorosa manhã na qual o vento do sul inflava suas velas e o empurrava com força para o norte, onde a terra natal, o faraó, o patriarca Jetro e a escola iniciática os esperavam ansiosamente.

Os serões de Moisés com sua mãe, com sua esposa e com seu filho na coberta do "Sinai" não podem ficar esquecidos por este relator de coisas perdidas entre milhares de séculos..., e também entre os escombros e ruínas de civilizações desaparecidas e esquecidas da humanidade.

— Conta-me agora, meu filho, tudo quanto viste e ouviste em tuas excursões pelas montanhas.

Ela se referia às visitas de Moisés aos santuários dos montes dos Alcones e do Monte dos Gênios.

— Vivi entre os santos, mãe, entre os responsáveis, os de consciência clara e corações limpos, os leais, os fiéis, os que não atraiçoam nunca, nem podem esquecer jamais. Podes supor perfeitamente sem nada de equívoco, que me senti vivendo num paraíso.

— Feliz de ti que recebes essas divinas compensações! Adivinho o que foi a tua vida nesses céus baixados à Terra. A lei é justa e perfeita e, se te dá isto, é porque o mereceste com todos os teus sacrifícios. Conta-me como vivem esses anjos encarnados.

— Vivem como anjos encarnados. Disseste a palavra adequada, mãe. Vivem numa renúncia absoluta, e todo o material é secundário, porque eles têm consciência de que o sacrifício de uma vida na carne é demasiado grande para perdê-lo em bagatelas, em fascinações inúteis, fugazes, que passam como um sopro sem deixar na alma, às vezes, nem sequer o vestígio de uma recordação. Não os anima outro desejo além de fazer o bem a todos sob todas as formas. Para si mesmos, não querem nada nem buscam nada. Sabem que são filhos do Pai universal e agem como seus colaboradores em tudo o que signifique progresso das humanidades no bem, na verdade, na justiça e no amor.

"Agora me cederam vinte e um do núcleo que eles formaram. Eles não podem ser mais que setenta e se viam privados de receber aspirantes porque não havia lugar disponível.

"Eles. sabem que na minha lei está marcado que deixarei atrás de mim uma instituição igual à deles, e receberam de seus guias a indicação de dar-me base e fundamento para realizá-lo. Já os viste a todos, mãe. São homens jovens; nenhum chegou aos quarenta anos, mas têm uma educação espiritual, moral e social que não deixa brecha alguma para uma advertência corretora nem para uma mudança no agir. São a perfeição na carne. São a santidade caminhando pela Terra. Meu filho Essen está enlouquecido de entusiasmo e recebeu a força e a bênção de sete hierarcas maiores para formar fileira entre os vinte e um e ser o número vinte e dois. Manifestam-se neles todas as formas de percepções espirituais profundas e de uma realidade assombrosa.

"A clarividência, a audição, a recordação das vidas anteriores; a interpretação dos sonhos que são anúncios; a penetração no pensamento das pessoas quando se relacionam com as obras de bem que realizam; a oratória sagrada para transmitir o que do infinito chega até eles, são o estudo a que se dedicam durante anos até obter a perfeição em todas essas dádivas divinas ou capacidades possíveis aos encarnados que verdadeiramente querem tê-las, e se coloquem nas condições necessárias para que o eterno poder os faça seus depositários.

"Compreendes, mãe, o que é a vida desses anjos e arcanjos encarnados?"

— Oh, sim! Eu o compreendo muito bem. Que farás com o grande tesouro que te foi confiado?

— A escola iniciática do deserto esperava, sem dúvida, esta oferenda do céu. Nosso patriarca Jetro já o previa. Certamente, ele espera a nossa chegada para logo partir para o seu céu. Meu Essen deu um salto tão formidável no tempo que permanecemos nos cumes que os vinte e um o escolheram como primeiro servidor do primeiro santuário a ser formado em algum dos nossos montes mais propícios para esse fim.

Nesta conversa íntima do excelso filho com a augusta mãe, meu leitor verá com clareza meridiana o aparecimento da Fraternidade Essênia no Oriente Médio, a qual, nascendo do coração de Moisés, foi Templo-lar para Bhuda e Horto Escondido para Jhasua de Nazareth.

"Os meus pensamentos não são os vossos pensamentos — disse Jehová — nem os meus caminhos são os vossos caminhos."

Meditemos em nossas capacidades e possibilidades, amigo leitor, e ajamos, a todo momento, como os que querem escalar cumes...

✳ ✳ ✳

Grande foi a surpresa de Moisés ao passar em seu esplêndido veleiro "Sinai" pelos cais das povoações que anos atrás eram aldeias: Mara, Elimo, Raphidin e Poço Durba, e as via da coberta do veleiro, convertidas em cidades bem povoadas e com muitas casas comerciais e fábricas.

Os moços da tripulação explicaram que o novo rei árabe, com o faraó do Egito e a princesa real, sua mãe, tinham transformado tudo, ajudando a estabelecer-se com oficinas, comércio e fábricas todos os que se haviam separado do povo nômade para exercer seus ofícios nas diferentes povoações. O coração de Moisés se engrandecia de júbilo silencioso ao ver que o que ele havia lamentado como deserção resultara em evidente progresso baseado no esforço e no trabalho.

Moisés pensava e meditava na sabedoria da eterna lei utilizando tudo o que existe de bom na criatura humana e encaminhando-a, lentamente, em benefício das humanidades. Contudo, sua maior surpresa foi, ao desembarcar na aldeia de Poço Durba, que de oásis com um poço de água doce e uma dezena de grandes palmeiras, que ele encontrou ao chegar desterrado com apenas vinte anos, encontrava agora convertido numa povoação com escola, casa de saúde, refúgio para anciãos sem famílias, uma casa de oração, casas comerciais, oficinas, etc., e um excelente cais de desembarque, onde começava um caminho pavimentado com grandes blocos de pedra até a cabana do patriarca Jetro. Cabana? Não, certamente. Era uma enorme edificação toda rodeada de galerias sustentadas por pilares de granito onde existiam aposentos para uma centena de pessoas. Um templo, imitação do que conhecera em Abidos, com sua cripta para meditação e iniciações, com uma sala para arquivo e outras para audiências ou preleções públicas.

Seu velho tio Jetro, sentado numa poltrona de rodas, saiu a recebê-lo chorando de alegria.

O abraço mudo no qual ambos se estreitaram disse tudo quanto os lábios calaram.

— Filho! Eu te vi sair jovem e volto a ver-te com os cabelos grisalhos.

— Não importam os cabelos, mas o coração jovem e forte, e a alma cheia de vigorosa energia para começar outra classe de semeadura.

Moisés apresentou-lhe seus vinte e um companheiros que vinham para fundar o que ele já chamava irmãos do silêncio, com Essen, seu primeiro servidor.

A primeira regra no estatuto dos anacoretas era a solidão, a segunda era o silêncio.

Na solidão, sente a alma humana a voz do infinito; no silêncio aprende a pensar, a meditar, a anular a si mesmo em tão profunda renúncia que faz a alma viver num mundo à parte, onde não lhe chegam os rumores doentios das conversações frívolas, malévolas ou obscenas das infelizes criaturas humanas inconscientes de que estão perdendo uma vida em mesquinhas perversidades que não lhes trazem uma migalha de felicidade, nem de bem-estar, nem de paz e, menos ainda, da alegria de viver.

Da prosperidade e elevação espiritual e moral desses irmãos do silêncio, aos quais Essen se dedicou com toda a sua energia e toda a sua capacidade de amor, nasceu a que foi a Fraternidade Essênia que, com os séculos, foi se estendendo por todos os altos montes do Oriente Médio, da África Oriental, da Ásia Ocidental e das costas do Mar Mediterrâneo.

Era a Fraternidade Essênia preparando, na solidão e no silêncio, a humanidade terrestre para esperar a jornada final do Cristo em Bhuda, que descansava, e em Jhasua de Nazareth, que realizava com sublime heroísmo sua derradeira imolação.

"A morte por um ideal de redenção humana é a suprema consagração do Amor."

FIDELIDADE AO IDEAL

Ao passar pelas povoações do Mar Vermelho, que anos atrás deixara como humildes aldeias e encontrava convertidas em cidades, Moisés meditou profundamente nas mudanças e transformações que o tempo faz em todas as coisas.

Dessas meditações surgiu a compreensão de que também ele devia mudar de itinerário. As circunstâncias também o obrigavam a isso. Os reizinhos de pequenos estados ou países que concordavam de bom grado que o povo nômade se estabelecesse entre eles, ou em dar-lhes passagem livre por suas terras, tinham desaparecido. Para seus sucessores ou descendentes não lhes era agradável, de forma alguma, em face desse egoísmo natural nas raças primitivas ou de muito escassa evolução, conservar para si mesmos suas propriedades, seus gados, suas semeaduras, etc., sem que gente desconhecida e completamente estranha tivesse a oportunidade de se aproveitar de tudo isso em sua passagem ou em sua estada. Moisés viu a força bruta levantar a cabeça selvagem para esmagar tudo quanto se opusesse à sua passagem. A grande maioria do povo, pertencente à raça de Abraão, continuava fanatizada com a idéia de que Jehová lhe havia prometido a Palestina para lar definitivo.

Pondo-se em harmonia com essa crença, que para eles era um dogma, queria arremeter a sangue e fogo contra todos os povos que ocupavam aquelas terras sobre as quais julgavam ter um direito divino.

Moisés, com seus vinte e um anacoretas, meditava e orava na sossegada cripta do templo de Poço Durba.

Aquele "Não matarás" da Lei do Sinai era para ele invulnerável. Decretar o avanço do povo nômade era decretar a violência e a guerra, que é matança e selvageria, pilhagem e desolação. Sua consciência lúcida não podia ser infiel ao seu ideal de irmandade universal à sombra amorosa do Eterno poder invisível. Ele sabia isto e compreendia que era esta a vontade do Pai único, criador e senhor de todos os povos, de todas as raças, porque todos eram almas, centelhas e raios de luz emanados de si mesmo, do criador soberano de tudo quanto era vida no mundo que o rodeava. Ele não podia nem devia pôr-se no mesmo nível das raças guerreiras, conquistadoras e aventureiras que existiam no mundo de então. O povo escolhido pelo desígnio divino como receptor e depositário de sua eterna lei, não podia nem devia ser infiel transgressor dessa lei, mantida com as palavras e destroçada com os fatos. Nunca, jamais! Depois de pensar muito e de meditar longamente, decretou o que as crônicas boas ou deficientes daquele tempo chamaram os quarenta anos no deserto.

Moisés conhecia bem o povo que guiava e, não obstante grande parte dele corresponder às suas aspirações, foram também numerosos os que não chegaram a perceber, nem de longe, a grandeza do ideal ao qual quis fazê-los subir. Daí as contínuas lutas, discrepâncias, vacilações e divergências nas formas e modos de compreender e relatar os acontecimentos que para uns tinham um significado e outro muito diferente para os demais.

Num conjunto de seiscentos mil seres humanos de educação, grau de evolução, cultura intelectual, moral e social diferente, fácil é compreender que o ideal de Moisés, e até a sua própria personalidade, foram percebidos, compreendidos e qualificados de tão variados e errôneos conceitos como variada e equivocada era a grande maioria do povo que o seguiu.

Apenas um escolhido grupo de fiéis adeptos sabia quem era Moisés. Somente eles souberam que nele estava vivendo o pensamento divino, vibrando o amor eterno, irradiando claridades da luz inextinguível que tudo vê. Moisés sabia, por sua vez, que somente desse escolhido grupo devia esperar fidelidade, lealdade, compreensão e amor altruísta e puro. Disse isto bem claro nas escrituras testamentárias deixadas em poder de seus escolhidos, e que até a época de Jhasua de Nazareth foram conservadas pelos anacoretas dos santuários do Moab!

"Eu vos conheço bem, povo de dura cerviz, e sei que, estando eu vivo, prevaricastes inúmeras vezes contra a Lei do Senhor; quando eu estiver morto, agireis perversamente, ainda pior que aqueles que não receberam tantos benefícios nem ouviram tão sábios ensinamentos."

Todas estas manifestações que faço depois de ter visto nos espelhos da eterna luz, cujos arquivos não mentem nem desfiguram os fatos, nem fantasiam os seres, sejam eles perfeitos ou ignorantes, mas conservam e apresentam fatos, pessoas e coisas tais como foram, devem servir a meus amáveis leitores para compreender que as volumosas crônicas que foram dadas à humanidade referentes a Moisés têm escassíssimo valor ou quase nenhum. Essas crônicas, escritas em diversas línguas e dialetos já mortos há tempos, resultam completamente inverossímeis se são colocadas ante os espelhos da razão, da lógica e até do senso comum. Essas crônicas pintam um Moisés arbitrário, cruel e sangüinário, até o ponto de ordenar devastações e degolações em massa de anciãos, mulheres e crianças nos povos que os israelitas venciam de passagem para a "Terra Prometida", e até existe uma escritura na qual se lê que Moisés ordena, da parte do Senhor, que degolem todas as mulheres casadas ou unidas a um varão e deixar com vida as donzelas para serem divididas entre os filhos de Israel que se houvessem destacado na luta.

As minuciosas crônicas às quais me refiro estão cheias dessas horrorosas figuras, que fazem de Moisés um homem monstruoso em crueldade, arbitrariedade, irracionalidade e injustiças de todo gênero.

Logo depois de ordenar matanças e devastações, fazem-no passar sua longa vida sedentária no deserto escrevendo leis e ordens minuciosas até o cansaço de como devem ser feitas as vestimentas sacerdotais, com tantas franjas de uma cor ou de outra, e a forma dos utensílios do culto, vasos, receptáculos, turíbulos, lavatórios, etc., etc., tudo deve ser de ouro puríssimo, e os véus e cortinados de tal ou qual espécie, cor e forma, e com bordados de fios de ouro ou de prata e encaixes de pedras preciosas.

Pobre Moisés! Sua grandeza genial e sua clarividência de homem-luz, sua bondade e tolerância de enviado divino, transmissor do pensamento eterno, tem de suportar sem alterar-se que a ignorância humana o ponha no nível do mais brutal caudilho selvagem que haja passado por este mundo como um açoite da humanidade.

Este relator de acontecimentos ocorridos há muitos séculos e de vidas humanas, se não esquecidas completamente, mas muito apagadas ou desfiguradas em sua face material, e mais equivocadas ainda ou pior compreendidas em seu aspecto interior ou psíquico, este relator dizia, deve tratar de provar a veracidade de quanto afirma. Buscando e desejando vivamente que haja absoluta verdade no que acabo de relatar, permito a mim mesmo dar os títulos das escrituras ou crônicas que a humanidade conhece, e dizem ter sido escritas pelo próprio Moisés, nas quais aparecem vários capítulos com ordens ou instruções que transcrevi e que nenhum leitor de bom senso e raciocínio pode aceitar como sendo de autoria de Moisés.

Mais adiante, e antes de fechar este álbum de recordações vivas de Moisés, espero que a eterna lei me permitirá dar a meus leitores uma cópia exata do que Moisés escreveu em hieróglifos sagrados.

Oh, a ignorância humana! Moisés a qualificou como causa primária de todos os erros, de todas as múltiplas dificuldades das humanidades em geral e dos homens em particular. Toda a sua longa vida foi uma luta ininterrupta contra a ignorância humana.

A fidelidade ao divino ideal que o fascinou, quase desde seus primeiros anos, reteve-o muito tempo em Poço Durba, sem perder de vista o vizinho acampamento do povo, que havia diminuído enormente em número; pois uma grande parte dele, como ficou dito, se estabeleceu nas cidades costeiras do Mar Vermelho e outra em povoações próximas. Embora sua residência habitual fosse em sua escola-templo de Poço Durba, Moisés, com seus vinte e um realizou a tarefa, ou melhor dizendo, o apostolado do cultivo intelectual, espiritual e moral de todas regiões próximas do Sinai, o "Monte da Glória", como ele o denominava com uma emoção na voz e um amor na alma que comovia a quantos o escutavam em seus relatos referentes àquele acontecimento, que foi o auge da sua vida de sacrifício permanente.

Apenas permitiu a si mesmo uma breve trégua de descanso para acompanhar novamente sua mãe a seu castelo do lago Merik, onde permaneceu cerca de dois anos, porque recebeu um aviso espiritual de sua próxima partida para o reino de Deus. Moisés viu-a morrer e, logo depois de cumprir seus deveres de filho deixando sua matéria na cripta de seu próprio oratório, regressou novamente para seu templo-escola iniciática do deserto.

Diariamente, encontravam-se, quer no palácio real, quer no castelo do lago Merik, onde Thimétis, como uma orquídea, perdia vigor e energia de dia para dia. Tanto seu filho como seu irmão rei estavam plenamente convencidos de que essa lâmpada do ideal divino se apagaria logo para este mundo.

Ambos procuravam, por todos os meios possíveis, rodeá-la de impressões belas, boas, cheias de grandeza e de nobres fins.

Ramsés fez vir da Grécia e da Pérsia os mais célebres médicos que haviam adquirido renome na ciência de curar os males físicos humanos. Todos diziam o mesmo:

— A princesa real morrerá porque tudo morre neste mundo, mas seu organismo não padece de mal algum.

Outro, mais sentimental e emotivo, disse:

— Morrerá como morrem as rosas no outono ou como moi tarde ao chegar a noite.

O pontífice Membra disse algo superior:

— Morrerá porque está convencida de que já não pode fazer mais belo e melhor do que aquilo que fez. Seu cofre de alabastro, de merecimentos, e já transborda.

De todos os países e cidades onde ela fez chegar sua influênci chegavam mensageiros interessados pela sua saúde e por sua vida. do lago Merik foi como um museu de todas as dádivas que lhe en agradecidos pelos benefícios recebidos daquela nobre mulher feita de prudência e amor.

Quando foram transcorridos os dias regulamentares de aflição p privada, Moisés e Ramsés procederam à averiguação de todo o refe finanças da extinta e tiveram a surpresa de ver em seu testamento que tudo, absolutamente, deixava com um alto destino.

Sem tocar no que havia dado para seu filho, deixava repartido seus ha em obras de beneficência pública, e até seu castelo do lago Merik deixava duas entidades de poder e de influência: aos pontífices do templo de Mênfis, e às rainhas esposas dos faraós, para descanso espiritual e escola iniciática de todos os aspirantes de ambos os sexos que se apresentassem daí em diante. E a primeira rainha a desfrutar desta doação foi a esposa de Ramsés II, que fez com seu direito ao legado o que houvera feito a própria princesa real: um lugar de retiro espiritual e escola iniciática para mulheres.

Moisés e sua augusta mãe foram protótipos perfeitos da mais firme e constante fidelidade ao ideal divino que haviam compreendido e abraçado desde os primeiros anos de suas vidas neste mundo.

Nesses dois anos de residência no Egito, realizou outra forma de aposto-lado na qual sua lei de enviado divino teve um perfeito cumprimento. Ramsés II, da mesma idade de Moisés, parecia bastante mais velho, pois sua natureza física menos robusta e menos forte também as correntes espirituais benéficas ao seu redor, não teve logicamente a proteção que fez do nosso herói um homem em pleno vigor aos sessenta anos.

Sofria Ramsés uma afecção bronquial e hepática as quais o tornavam um tanto inepto no cumprimento de seus grandes deveres de soberano daquele que era, na época, o mais poderoso e maior país do mundo.

Para estar mais em contato com Moisés, transferiu sua residência de Ra-mesés, onde habitava ultimamente, para Mênfis, a cidade sagrada, que o povo desse tempo considerava como habitual morada dos deuses benéficos que pro-tegiam o Egito.

Na época, ocupava a cátedra pontificial de Mênfis um companheiro de

235

e Moisés em seus anos juvenis, Tutmés de Ipsambul, que sempre iniciale admiração por aquele jovem hierofante que, tendo alguns anos teue ele, sobrepujava-o em vários aspectos da vida espiritual de alto qual aspiravam chegar todos os que seguiam por esse caminho.

Jisés tinha o hábito de penetrar no grande templo, sede então do alto egípcio, toda vez que ia ao palácio real confidenciar com o faraó. O ifice sabia disso e uma vez em que Moisés, abstraído em profunda me-ção, aparecia como um simples vulto escuro à sombra de uma coluna, ntiu-se tocado nas costas por uma mão suave e delicada que parecia acari-á-lo.

— Aton-Moses, filho preferido dos deuses, não me conheces?

Moisés observou-o durante um momento e, pondo-se de pé, ia dobrar um joelho para beijar aquela mão sagrada, pois compreendeu pela vestimenta tratar-se do pontífice, quando, esclarecida a sua mente, veio-lhe a recordação e, abrindo os braços, exclamou:

— Tutmés de Ipsambul!

O sincero abraço de velhos amigos rompeu o gelo das etiquetas habituais, e o pontífice o conduziu à cripta das deliberações íntimas e graves.

— Os deuses te fizeram subir a maior altura que eles mesmos, porque chegaste até o único, o eterno, o invisível, que se oculta de todos por trás do estupendo cortinado de suas criações universais. Porque te vejo chegado ao cume onde nenhum mortal desta terra pode chegar é que me inclino reverente diante de ti e digo: Mestre, ensina-me o caminho a seguir porque estou às escuras numa perigosa encruzilhada.

Moisés ouviu em silêncio e, observando-o fixamente, respondeu:

— Irmão, vejo sinceridade em ti, e a lei responde, benévola, ao que age como tu. Antes que apareça ante mim a tua psique, a minha sabe e vê a angústia da tua.

"Passei por todas as fogueiras em chamas, e nada do que te assusta, espanta a mim. Já estou curado de horrores. Padeces vendo que Aton se desvanece como a névoa por detrás de outra névoa escura, formada pelo fanatismo ignorante das massas que pensam comprar o favor dos deuses com dádivas materiais sempre mais fáceis de dar que os desprendimentos e renúncias a tudo o que forma a crosta da infeliz psique leprosa."

— Estás vendo, mestre, em todo esse ouro e gemas preciosas que adornam estes cortinados e pendem destas colunas e paredes e os colares e braceletes que adornam o peito e os braços de alegres odaliscas. Não é verdade que adivinhas tudo?

— Não é adivinhar o que está à vista, querido Tutmés. Desde que entrei aqui pela primeira vez, no meu regresso do deserto, estou vendo e sabendo isto.

— Deves saber também, estou certo, como hei de caminhar para impedir que continue o desmoronamento. Tudo está desmoronando ao meu redor, Moisés! Quando me elevaram a esta cátedra, fizeram-no pensando que eu saberia como sustentar o teto próximo ao desmoronamento. Ó Moisés! Se, em vez de ir para o deserto, houvesses permanecido aqui, nada disto teria ocorrido.

— Porque compreendi que somente nos areais desérticos e ressequidos podia levantar com êxito o farol da verdade eterna, foi que saí do Egito. Era necessário para mim o fogo purificador de todas as dores, de todas as negações, de todas as renúncias, de todos os desprendimentos. De superintendente vice-rei do Egito desci a pastorear manadas, a capinador de terras e cortador de pedra nas montanhas para me tornar capaz de ensinar às multidões e sacrificar todos os gostos, a pisotear os prazeres, a desembaraçar vaidosos desejos, a sentir-me um verme do barro entre todo o barro deste mundo...

"Oh, Tutmés!... Ao 'Monte da Glória' só se chega com os pés chagados, as mãos jorrando sangue e o coração espremido como um fruto seco ao sol. São muitos, muitos mesmo os abrolhais pelos quais deve passar a psique em mundos como esta Terra, e ali são presos a ela milhares de espinhos; deve passar pântanos e desertos de areais ardentes que queimam os pés e enlameiam as vestimentas. Desventurada psique, se não leva sua ânfora interior bem cheia de água doce e fresca, se vai por caminhos onde não há oásis de frescor e de sombra, se atravessa bosques e selvas povoadas de feras e de malfeitores que despedaçarão suas carnes e os atrairão aos caminhos de maldade e do crime percorridos por eles.

"De muitos séculos e de muitos esforços necessita a alma para vencer todos os obstáculos, as barreiras que lhe opõem do exterior e também do seu próprio interior, onde vivem às vezes, como larvas daninhas, pequenas ou grandes paixões, desejos, ilusões, vaidades! Oh, Tutmés querido!... Este teu amigo, envelhecido na luta, chegou finalmente ao oásis da paz infinita, mas podes acreditar: não existe uma fibra sadia no seu ser interior, pois creio que não existe dor que não tenha conhecido nesta já longa existência. Tu me procuras para pedir ajuda e conselho? E eu, pobre de mim! Apenas sei dizer que, para chegar ao 'Monte da Glória', nossos pés e mãos verterão sangue e nosso coração estará esmagado como uma fruta seca ao sol."

Imediatamente, Moisés deu-se conta de que seu confidente chorava silenciosamente e grossas gotas de pranto iam empapando as brancas sedas bordadas de prata que o cobriam...

— Choras, e és o pontífice máximo do radiante clero egípcio? Talvez te hajam machucado minhas duras afirmações? Mas tu não atravessaste um deserto guiando um numeroso povo. Viveste e vives entre seres de alta evolução, que serão madressilvas e narcisos, hastes de nardo e de goivos diante de ti, Tutmés!

— Moisés, é doloroso para mim dizer que estás equivocado em alguns de teus julgamentos. Evoluções de alto vôo não existem mais entre o sacerdócio de Mênfis, porque as ambições e a lascívia estão envenenando tudo! Desde há vinte anos foram anuladas as provas da iniciação com ouro em vários casos, nem todos os iniciados de hoje têm a túnica sem manchas. O clero é como a água de uma fonte. Se a água está envenenada, todos os que dela bebem se contaminam, compreendes?

— Purifiquemos a água da fonte, irmão Tutmés, e ninguém beberá o veneno.

— Como haveremos de purificá-la?... Esse é o abismo que não posso salvar! — E Tutmés, um brilhante pontífice máximo, apertava as mãos num desespero supremo...

— Eu o direi, se chamares para uma reunião secreta o teu sacerdócio de Mênfis para daqui a dez dias. Acalma-te, que uma voz íntima me diz que estamos a tempo de purificar a água da fonte...

Vencido o prazo fixado, reuniram-se na cripta do templo de Mênfis os quarenta e nove hierofantes dos sete templos que dependiam do pontificado de Mênfis: os templos de On, de Sais, de Abidos, de Dendera, de Luxor, de Karnak e de Ipsambul. O sacerdócio dos templos egípcios estava distribuído da seguinte maneira:

Em cada templo atuavam sete hierofantes: o vigário, o notário, o administrador de finanças, o mestre-de-cerimônias, o organista diretor dos coros, o penitenciário e o guardião da ordem.

Os quarenta e nove compareceram à reunião convocada pelo pontífice, sabendo todos que Moisés estaria presente, bem como os sete conselheiros do pontífice.

Antes da reunião, em confidência íntima, Moisés dissera ao pontífice:

— Farei uso da minha força mental para que, se existe entre os presentes alguns daqueles que pagaram com ouro a anulação das provas morais exigidas de todos os aspirantes à iniciação maior, sejam adormecidos em sonambulismo perfeito e, assim adormecidos, se retirem eles mesmos para o pavilhão de clausura de penitentes. Para isso, deves ordenar ao conselheiro que esteja à porta do pavilhão a fim de abrir para eles e logo fechar sem dizer palavra.

"Isto terá lugar depois da tua alocução e da minha, visto como queres que eu fale e tão logo seja feita a escuridão completa. Os que se tiverem retirado estorvariam as manifestações espirituais superiores, que certamente teremos se estivermos limpos no nosso mundo interior."

O pontífice mostrou-se de acordo e, antes de entrar na cripta, disse a Moisés a meia voz:

— Devias ser aqui o pontífice máximo, se não te empenhasses em voltar ao deserto.

— Tua lei manda que fiques aqui em Mênfis, e a minha manda que eu esteja no deserto — respondeu Moisés. E entraram no templo em penumbra.

Na nave central do templo, esperavam os sete conselheiros e os quarenta e nove hierofantes dos outros templos.

O pontífice avançou sozinho pelo meio da dupla fileira dos que o aguardavam. Moisés entrou sozinho, depois de todos.

O velho vigário do templo de On disse-lhe:

— Devias entrar em primeiro lugar e quiseste ser o último.

— Julguei que devia proceder assim — foi a breve resposta de Moisés.

O pontífice abriu a assembléia com a invocação costumeira:

— Que a eterna potência criadora ilumine nossas mentes para conhecer sua vontade soberana e obedecê-la, como corresponde a filhos submissos e agradecidos. Esteja a paz no nosso espírito e a quietude serena em nosso coração.

— Assim seja — responderam em coro todos os presentes.

Logo o pontífice acrescentou:

— Todos sabeis que em nosso irmão Moisés está encarnado o guia instrutor desta humanidade, para a qual é um segredo, porque sua escassa evolução não lhe permite compreender nem assimilar isto.

"Nós, que por divina permissão o conhecemos, rogamos-lhe queira socorrer-nos na difícil situação atual. Vemos afundar-se todo o bem ao nosso redor, e que uma tremenda corrente de mal invade, dia após dia, a nossa sociedade. Foram invertidos os valores espirituais e morais, e hoje é grande aquele que comete maiores injustiças, aquele que cria poderio e posição com o esforço e a dor do próximo, aquele que sabe mentir sem enrubescer, aquele que se arrasta pela degradação da lascívia e não esconde sua impudicícia. Nosso povo segue a passos largos esses roteiros, e nós não somos capazes de conter o seu avanço.

"Pintei em grandes rasgos o quadro de horror que todos contemplamos, e rogo ao nosso guia instrutor, aqui presente, que, em nome do supremo poder divino, ponha fim a tão desastrosa calamidade."

Seguiu-se um momento de silêncio profundo, no qual todos viram na fronte de Moisés, que se assemelhava a uma estátua de mármore branco, dois raios luminosos que se engrandeciam de momento para momento, até encher de dourada claridade toda a cripta.

Alguns se emocionaram tanto que não tiveram a força necessária para

239

permanecer quietos em suas poltronas, das quais deslizaram sem ruído até cair de joelhos sobre o pavimento.

— O Eterno poder invisível está no nosso meio — murmurou um dos mais impressionados. Outros choravam em silêncio, e não faltou quem dobrasse o rosto no pavimento em humilde prostração.

Moisés falou assim:

— Irmãos, que me acompanhais na fé e na esperança. Eu vos rogo que me acompanheis também na fiel perseverança de nosso soberano ideal.

"É infiel quem pospõe o ideal ao ouro, às posições sociais, ao bem-estar material, aos prazeres carnais, à satisfação de todos os seus desejos. Se em nós, que nos julgamos e somos designados para mestres de almas e guias dos povos, se em nós têm força tamanhas infidelidades, como teremos a capacidade de conter o avanço de todas as piores e mais indignas baixezas humanas? Qual será o infiel ao eterno ideal que se atreve a impor a fiel perseverança a seus irmãos menores? Quem for capaz de tal cinismo seria o mais refinado enganador, hipócrita e falsário, merecedor da morte, se não tivesse à vista a eterna lei que nos diz: Não matarás!

"Do sagrado colégio sacerdotal de Mênfis deve brotar, aos milhares, o narciso da pureza espiritual na fé e no amor.

"Um único é o ideal supremo, uma única é a causa suprema, eterna origem de tudo quanto vive ao nosso redor, e caminha errado quem põe sua vista interior em criações imaginárias de mentes perturbadas por interesses materiais ou cegas pelas piores paixões.

"Sagrado colégio sacerdotal de Mênfis! Em vós florescerá o narciso, ou de vós brotará a água turva e pantanosa que envenena o vosso povo e todos os povos da Terra!

"Aceitai, eu vos rogo, a vossa responsabilidade perante a eterna potência que acendeu a vossa lâmpada, e não obrigueis o amoroso Pai invisível a rechaçar-vos de seu lado por infiéis à sua vontade suprema!"

A voz sonora de Moisés se desvaneceu no silêncio, e os raios luminosos de sua fronte foram se dissolvendo como pó de ouro nas trevas da cripta cuja escuridão era completa.

O órgão fez ouvir o prelúdio do hino de agradecimento, com que sempre terminavam todas as assembléias de ordem espiritual.

Quando terminou a melodia lamurienta do órgão e o mestre-de-cerimônias acendeu o candelabro central, pôde-se ver que permaneciam no recinto apenas o pontífice, seus sete conselheiros, Moisés e nove hierofantes anciãos.

Os quarenta sacerdotes jovens se haviam retirado. Somente o pontífice e Moisés conheciam o segredo desse fato.

Sob o poder da determinação de absoluto silêncio de tudo quanto ocorria nos templos e no sagrado colégio, o pontífice explicou quanto acontecia e sugeriu ao conselho penitenciário que se encarregasse dos que se achavam internados no pavilhão dos penitentes.

Dois dos velhos hierofantes que tinham ficado choravam em silêncio, e, interrogados sobre o motivo desse desconsolo, um deles respondeu ao pontífice:

— Este ser que chora comigo é meu irmão e juntos fomos iniciados há trinta e nove anos. Entre os que se sabem culpados, vão nossos dois únicos filhos varões... — E o pobre ancião soluçava amargamente.

— Não desesperes de sua redenção, bom ancião — disse Moisés —, a lei divina é justa e piedosa ao mesmo tempo e, com o nosso pensamento de amor, podemos colaborar eficazmente com ela a fim de que os irmãos que entram na penitência saiam dali purificados e limpos. As correntes do mal são muito fortes para quem não foi suficiente provado na ordem moral durante os anos de estudo e de preparação. Bendigamos os que foram nossos mestres, que já não vivem nesta Terra porque, graças à severidade com a qual nos provaram, devemos grande parte da nossa fidelidade ao ideal divino.

Quando, dias depois, foram chamados para julgamento um por um os quarenta hierofantes submetidos à penitência, o pontífice quis a presença de Moisés. Nem todos tinham o mesmo grau de culpabilidade. Uns haviam conseguido anular a prova da vaidade, outros a da ambição e outros a do domínio sobre a sensualidade e a soberba.

A sentença de Moisés, ao ver-se obrigado a assumir o cargo de juiz, foi de três anos de clausura, passados os quais deviam sujeitar-se às provas das quais se abstiveram e, segundo o resultado, ficaria terminada a penitência ou continuaria por mais dois anos.

O pontífice via-se no duro conflito de deixar vazios os templos de seu pessoal diretivo e, para sanar tal situação, Moisés ofereceu enviar os hierofantes de sua escola iniciática do deserto, os quais, forjados na áspera vida das grutas, em todas as privações e renúncias possíveis de serem suportadas pelos humanos, estariam em condições de pôr um dique nas leviandades e desejos fora da lei que haviam destruído no Egito a pureza dos costumes e até a noção do bom e do justo, da verdade e do engano.

— Moisés! Porque és o que és, chegaste até a forjar anjos encarnados a partir da miséria humana que nos rodeia. Somente tu poderias fazê-lo!

— É que as montanhas do Sinai têm grutas encantadas, irmão Tutmés, e quase todas agasalham anjos encarnados.

"Viajei com minha mãe pelo distante país de Kush, que se nos afigura como o extremo do mundo, e seus elevados montes também têm grutas encantadas com enfeitiçamentos de amor e sacrifício pelo eterno ideal. Com vinte e um anacoretas que me seguiram desde aquelas distantes montanhas, fortaleceu-se e engrandeceu-se tanto a minha escola do deserto que já ultrapassa a centena de iniciados.

"Oh, Tutmés!... O silêncio e a solidão das montanhas rodeadas pelo deserto fazem voar a psique a alturas desconhecidas pelas populosas capitais onde os sentidos físicos sofrem fartura de todas as satisfações qualificadas de inocentes e justas, mas que vão pondo ataduras e grilhetes na alma incauta que não o percebe, a não ser quando se vê no abismo.

"O excesso de prazeres, o excesso de comodidades, os desejos satisfeitos, a gula exuberante, a aproximação de mulheres sem pudor, o contato contínuo de pensamentos carregados de malevolência e ruindade, enfim, tudo o que é a vida nas suntuosas capitais, é um incentivo que arrasta inevitavelmente para o abismo."

— É verdade, Moisés, e nosso Egito, engrandecido materialmente acima de todas as nações do mundo, decaiu de notável maneira na ordem moral e espiritual. Em nossa Escola Iniciática há somente dois egípcios e dezesseis estrangeiros, e quase todos da outra margem do Mar Grande e das ilhas do Mar Egeu. O Egito vai deixando de lado o supremo ideal porque as luminárias dos saraus os atraem mais que o silêncio e a penumbra das criptas.

— Lemúria e Atlântida mergulharam no silêncio e na escuridão dos abismos oceânicos por se entregar, com desmedido excesso, aos prazeres grosseiros que escurecem a mente e tecem ilusões que aprisionam a psique — acrescentou a meia voz Moisés, e ambos guardaram silêncio.

— Aceito o teu oferecimento — disse finalmente o pontífice. — Quantos de teus anjos encarnados me mandarás?

— Pensei neles durante o tempo em que nos conservamos em silêncio, e vi que posso mandar-te dois para cada templo, ou seja, catorze. Com o pensamento, selecionei os que sei e me consta que te renderão ao cento por um.

— Por quanto tempo poderei contar com eles?

— Creio que enquanto durar a clausura dos penitentes.

— O ideal eterno compensa o que hoje realizas por amor a Ele, por amor ao nosso Egito e por amor a este velho amigo, cuja alma deixas curada, porque florescem novamente nela as rosas brancas da esperança.

A Escola de Thimétis

A residência habitual de Moisés durante sua visita ao Egito foi sempre no castelo do lago Merik, nos mesmos aposentos ocupados por ele em sua juventude.

Ali vivia de suas mais carinhosas e puras recordações. A janela de sua alcova, dissimulada por uma mísula onde era colocado um jarro de flores, atraía nele a recordação emocionante de sua mãe, que por ali o observava adormecido ou desperto em sua caminha encortinada de gazes azuis e amarelas. Em sua salinha de estudos, a poltrona onde sua mãe se sentava para ajudá-lo a compreender a lição do dia seguinte, levava-o a imaginá-la novamente ali, revestida daquela serena paciência com a qual repetia uma e outra vez as explicações esclarecedoras do que ele tardava a compreender.

Em suas meditações, mistura de recordações e esperanças, sentiu como se sua própria mãe lhe sugerisse a idéia de valer-se das mulheres da escola iniciática, fundada por ela, para levantar a moral do Egito em decadência espiritual. Movido por essa idéia, passou ao pavilhão anexo ao templo, que foi habitado pelos mestres de sua infância e primeira juventude, Amonthep, Ohad e Carmi, e no qual residiam as sete mestras da escola iniciática de sua mãe. Dependiam também do pontífice de Mênfis e estava organizado da mesma forma que os dirigentes dos templos: uma vigária, uma notária, uma administradora, uma penitenciária, a organista diretora de coros, uma zeladora ou guardiã da ordem e a mestra-de-cerimônias.

Encontrou-as na sala-oficina, onde todas trabalhavam na confecção de roupas destinadas às pessoas idosas sem família e às crianças de lares humildes e órfãos que elas atendiam numa dependência do castelo.

Tinham como único regulamento de obras e de vida privada a vida e as obras das mulheres kobdas da pré-história que estudavam diariamente nas escrituras do patriarca Aldis, que sua fundadora havia obsequiado a cada uma como o maior, mais belo e melhor que lhes podia deixar como recordação.

Ver entrar Moisés e pôr-se todas de pé para recebê-lo foi coisa instantânea e natural, espontânea e sincera.

Sua mãe havia falado nelas apenas chegou, mas com as múltiplas ocupações surgidas por diversos motivos, somente as observara nas exéquias fúnebres de sua mãe, e não teve oportunidade de ter com elas confidências espirituais.

Moisés compreendeu que havia chegado a hora de reparar esse esquecimento e, ao enfrentar-se com elas, disse com toda a sinceridade:

— Perdoai se vos deixei no esquecimento até que minha mãe, de seu céu, trouxe-me a vossa lembrança que, como um círio aceso, me traz até vós.

Moisés viu que todos aqueles olhos se enchiam de lágrimas, e a vigária respondeu:

— Não vos preocupeis, alteza real, pois compreendemos que vossa grande e santa missão absorve todo o vosso tempo. Mas se ela vos traz, sede bem-vindo e disponde de nós que, com imensa satisfação, nos pomos à vossa disposição.

— Obrigado, matriarca, e aceito com prazer o vosso oferecimento porque, na verdade, o Egito, o pontífice e também eu necessitamos de vós.

— Desde quando os grandes necessitam dos pequenos? — interrogou a vigária. — Compreendeis este enigma? — perguntou às companheiras, que sorriam sem falar.

— Elas estão desposadas com o silêncio — observou Moisés —, e justamente por isso creio que podereis ajudar-me. Precisamos fazer voltar este país ao caminho do único ideal que pode dar à alma a luz e a fortaleza necessária para viver a vida do pensamento que raciocina, da vontade que produz obras, da fé que nos anima a saltar abismos e barreiras.

"Nosso povo sofre o delírio de tudo o que é fugaz, passageiro e mutável. Renegou o Eterno poder invisível justamente porque é imperecedouro e permanece sempre. Renegou o trabalho honesto, metódico, ordenado, porque é invariável em todas as suas formas, monótono, sem alternativas ressoantes como trombas marinhas, como vulcões em ebulição. Renegou os puros costumes patriarcais porque são sempre os mesmos, sem variantes: os pais cuidando e vigiando os passos de seus filhos, e estes obedecendo a seus pais; os esposos fiéis e atentos às suas escolhidas, e elas, como a videira, dando sombra e doçura de amor a tudo no lar. Tudo isto é de uma monotonia fastidiosa, cansativa para a sociedade atual.

"Venham o ruído, os saraus, a algazarra inútil, loquaz e charlatã, que descobre um sinal no rosto alheio e não percebe a verruga no seu; que não respeita lei alguma e salta com inaudita audácia pisoteando tudo quanto merece respeito e veneração.

"Acreditais que isso possa remediar-se? Observastes, acaso, que o nosso Egito, chamado um dia educador dos povos, se encontra nesse estado?"

— Efetivamente, alteza, acabais de expressar toda a verdade. Prova disto é que também muitas alunas desta escola iniciática, fundada por vossa mãe de santa memória, se afastaram, deixando-a reduzida às antigas iniciadas de há vinte anos.

— Nosso faraó, o pontífice e eu nos poremos em vigorosa campanha para remediar todos esses males, e vossa colaboração nos será necessária para a boa semeadura junto ao vosso sexo e à infância.

— Direis, alteza, de que forma haveremos de pôr em prática vossos pensamentos?

— Confeccionamos um vasto programa, que vos daremos a conhecer daqui a três dias. Viveis aqui retiradas mas não enclausuradas, não é verdade?

— Quando é necessário, podemos sair, alteza, mas não saímos sem uma necessidade imprescindível. Não temos nenhuma ordem de clausura e ainda podemos dar assistência aos nossos familiares enfermos e também a algum desamparado, embora não seja da nossa família.

— Muito bem, sois as mulheres kobdas da época atual, só que elas se vestiam de azul e vós de amarelo e véu branco.

— As cores da princesa real, alteza. Dela nascemos e queremos assemelhar-nos a ela, pelo menos nas coisas exteriores, já que no nosso mundo interior estamos muito longe das alturas que ela galgou. Alcançá-la é a nossa mais bela esperança.

— Vós a alcançareis, matriarca, e creio que vos daremos a oportunidade de alcançá-la. Levantar o Egito à altura do alto ideal que seguimos fará progredir todos os que chegarem a compreender e viver como deve ser compreendido e vivido, se formos sinceros e fiéis ao nosso Pai invisível e a nós mesmos.

Moisés despediu-se daquelas mulheres, nas quais deixou aceso o fogo de seu entusiasmo pelas grandes obras de evolução das almas pelos caminhos amplos e luminosos da verdade. Preparar as massas humanas para compreender a verdade era a tarefa que ele sustentava e julgava absolutamente necessária nessa época da humanidade.

Um único poder criador e uma única irmandade universal. Como era grandiosa a idéia de Moisés e como a criatura humana está distante dela!

Apenas Moisés se retirou, a vigária mandou chamar suas companheiras de ideais e de habitação. Eram vinte e quatro as que viviam retiradas no castelo; as que viviam em seus respectivos lares eram só vinte.

As aspirantes não passavam de dez, e essas não estavam completamente seguras de perseverar até o fim.

A idéia de ligar-se ao grande filho da princesa real para trabalhos espirituais futuros entusiasmou a todas. Inteiradas como estavam, através da mãe, da ampla e divina missão realizada pelo filho no deserto, não duvidaram, nem por um momento, do êxito que teriam no Egito.

Em homenagem à verdade, devo dizer a meus leitores que foi tanto o entusiasmo de fogo ardendo em labaredas naquelas vinte e quatro mulheres, que quase anulavam a bela figura pintada por Moisés quando disse: "São as esposas do silêncio." Nesse momento, não houve desposório do silêncio porque cada uma expunha à vigária sua ampla aceitação a tudo quando viesse do grande filho da princesa real.

Acaso não era bastante o sucedido no deserto e no Sinai?

Os vilarejos e aldeolas convertidos em cidades onde numerosas famílias viviam do trabalho e do esforço, a Escola Iniciática do Deserto, o país de Kush voltando à normalidade com seus soberanos legítimos, a meiga Abidi-Céferi e o humilde Azeviche (Mahón-Abul de Sela), cuja história conheciam do princípio ao fim, e cada qual mencionava o que mais emoção lhe causava de quantas obras havia feito o filho da princesa real.

Finalmente, a notária, bastante jovem e de bela presença, subiu ao estrado do órgão para ensaios e pediu a palavra, que lhe foi concedida.

— Tive neste momento uma idéia que julgo feliz, e quero expô-la agora, quando o grande amor à nossa amada fundadora floresce como uma roseira na primavera.

"Do templo de Mênfis nos veio, há três dias, o pedido de escolhermos um nome para a nossa agremiação, porque seremos oficializadas como instituição nacional. Pensamos: sacerdotisas, anacoretas, protetoras de desamparados, etc. Eu proponho que nos chamemos thimetisas, em homenagem à grande mulher que foi mãe e mestra de todas as grandes verdades que a fizeram ser o que foi: uma estrela de primeira grandeza iluminando a quantos cruzaram em seu caminho."

— Está bem, irmã notária — disse a vigária, abraçando-a.

Todas prorromperam num aplauso unânime, manifestado de tão ruidosa maneira que, se Moisés estivesse presente, teria dito, apertando a cabeça com ambas as mãos:

— E eu acreditava que eram esposas do silêncio!

O fogo vivo que o povo escolhido deslumbrou ao pé do Sinai havia ateado chamas nas almas daquelas mulheres, que compreendiam perfeitamente o ideal de Moisés através do meigo coração de sua mãe.

Poucos dias depois, saía um decreto do faraó com avisos e disposições importantes para o povo, entre os quais estavam estes, como grãozinhos de ouro perdidos entre pedrinhas de cores:

"A instituição de mulheres estudiosas fundada pela princesa real, de augusta memória, foi elevada à categoria de professorado nacional com seus direitos e atribuições:

"1º. Título de mestras que exerçam livremente, com justa remuneração do governo central.

"2º. As favorecidas com tal designação deverão velar pela boa educação da juventude e pela honestidade de seus lares.

"3º. Este professorado nacional concederá bolsas às jovens que queiram seguir estudos de ciências, artes e trabalhos em geral, em tal forma que todos os gastos ocasionados pelo estudo e aprendizagem serão por conta do Estado. Para conceder essas bolsas, será necessário a comprovação de honrada conduta das favorecidas.

"4º. Em todos os templos que dependem do pontificado de Mênfis, serão abertas salas de estudos de ciências, artes e ofícios para varões de oito a dezesseis anos, e conceder-se-ão bolsas de estudo aos que tenham aptidões e vontade de seguir os estudos até obter um título que garanta sua capacidade no ramo.

"5º. Fica absolutamente proibido levar oferendas de valor material aos templos com a finalidade de conquistar o direito à proteção do infinito representado pelos justos, santos ou anjos, chamados deuses, porque eles não necessitam de dádivas materiais e somente querem o bem e a justiça nas ações, palavras e pensamentos."

Esses artigos do decreto real causaram uma agitação inusitada em todo o país. Todos aplaudiram, menos os que lucravam com o fanatismo dos devotos dos deuses. Principalmente os joalheiros e os bordadores de ouro e prata sobre riquíssimas telas de tapeçaria trazidas da Pérsia, de Cachemira, de Samarcanda e de Bombaim.

Esses comerciantes levantaram-se em protesto muito moderado e, unidos, se apresentaram às várias repartições de finanças pedindo ao faraó uma reconsideração nesse artigo, que muito prejudicava os seus interesses. Isto deu motivo a que Ramsés II, de acordo com Moisés, chamasse todos, um por um, em seu próprio gabinete em Ramesés, a populosa cidade que eclipsou a grandeza de todas as mais suntuosas capitais do mundo civilizado da época.

Dessa minuciosa investigação resultou a comprovação de que todos os comerciantes que tinham a fabricação de oferendas apropriadas para os templos, eram agentes bem pagos de uma grande organização de origem sumeriana, com sede na Babilônia, e dali estendia garras, como um poderoso polvo, para todos os melhores e mais ricos países do mundo, com o fim de encobrir a verdade, o bem, a justiça, a razão, a lógica, enfim, tudo o que torna o humano um ser consciente do que é e deve ser a verdadeira vida nas sociedades humanas.

Moisés e Ramsés puderam descobrir um espantoso foco de corrupção da juventude feminina, da meninice, na qual se inculcava a errônea idéia de que, com dádivas materiais, comprava-se a felicidade depois da morte, e a fortuna e a boa vida enquanto se caminhava pela Terra.

Detidos todos esses maus comerciantes, e inteirados de que não seriam postos em liberdade se não declarassem por que e para que realizavam esse tipo de negócios, remediou-se o mal que vinha minando os costumes e o bom viver de todo o povo egípcio.

Este assunto aborrecido teve um final muito próprio de Ramsés II.

O faraó comprou deles os estabelecimentos comerciais e os expulsou do país, com a feroz ameaça de que, se voltassem disfarçados sob nomes supostos, desapareceriam dentre os vivos cortando-se-lhes a cabeça.

Alguns de meus leitores julgarão extremada a severidade do faraó, mas às vezes podemos encontrar certa lógica num soberano que vê introduzir-se em seu país uma corrente de corrupções de toda espécie, e não pode permanecer de braços cruzados sem fazer nada para impedir. Naqueles distantes tempos não existia o que hoje se chama democracia, que abre a porta a todas as liberdades que não são, na verdade, a bela liberdade com que sonharam os idealistas de uma vida superior, mas uma desenfreada libertinagem autorizando toda classe de abusos, quer numa ordem como em outra. Desmoralizar e corromper os povos foi e é o ideal de todos os que lucram com a ignorância e com as mais baixas e piores paixões humanas.

Quando, aos dois anos de sua permanência em Mênfis, Moisés decidiu voltar ao seu querido deserto, o famoso decreto do faraó e sua severidade com os maus comerciantes começava a render cento por um.

Ao abraçá-lo pela última vez, disse:

— Homem genial do Deus invisível! Se consagrares para mim um pensamento a cada dia, deixar-te-ei partir, bem certo de que serei, até o final de minha vida, um soberano justo acima de toda injustiça que se oponha no meu caminho.

Moisés prometeu-lhe um pensamento diário em todos os dias de sua longa vida.

Novamente no Deserto

Novamente temos Moisés, leitor amigo, a caminho do deserto pela quarta vez. Sendo altamente sensitivo, as dilacerações do coração não o perdoavam apesar de ser ele o enviado do eterno Pai invisível. Isso quer dizer que ele sentia profundamente a vibração dolorosa de um adeus por longo tempo, e talvez para sempre.

Deixava muitas amizades profundas no Egito. O filho primogênito do faraó dedicou a ele um grande carinho e o caçula mais ainda, até o ponto de querer permissão do pai para segui-lo no deserto. A rainha, sua mãe, acedeu com prazer, e o faraó, para acalmá-la, prometeu que toda a família real iria junto no verão seguinte com o fim de chegar até os altos montes do país de Kush, onde desfrutariam de um delicioso frescor quando os raios do sol abraçassem com fogo todo o Egito. Assim visitariam o ilustre casal de soberanos da Etiópia, Abidi-Céferi, que tão querido se tornou deles em sua longa estada junto à princesa real.

248

Moisés não ia sozinho para o deserto. Acompanhavam-no cinco jovens vindos da Mauritânia para seguir viagem com ele a fim de encontrar-se com Fredek de Port-Ofir, que era o arquivista-mor na escola iniciática de Poço Durba. Levava também uma escolta de três lanceiros que o faraó se empenhou em dar-lhe como uma proteção contra a pirataria humana (essas foram suas palavras textuais) às vezes mais temíveis que as garras das feras.

A viagem não apresentou incidentes dignos de menção. O que vale muito, no meu conceito, é o mundo espiritual de Moisés. Os muitos anos que se haviam acumulado sobre ele e as difíceis atividades de toda a ordem a que se entregava, produziram nele algo assim como um fastio ou cansaço interior, que lhe fazia desejar o esquecimento de tudo quanto ocorreu em sua vida.

Ele sonhava com outros caminhos, com outros horizontes, com outra fonte de águas doces e suaves que até então não havia conhecido.

Árida como os rochedos de Madian e ressequida como os desertos abrasados pelo sol, de vendavais de areias ardentes tinha sido até então a sua vida de estarrecedoras atividades. O rosado amanhecer do amor puro e santo, sonhado em sua adolescência, foi tão fugaz como o vôo de uma mariposa de asas douradas numa tarde estival.

Todas as grandes almas que derramaram centelhas de luz em seu caminho haviam empreendido o vôo para a imensidão infinita, e talvez por suas muitas atividades materiais em benefício de seus semelhantes, via-se impedido do contato espiritual com eles.

Em suas noites de viajante, Moisés meditava em tudo isto e, finalmente, encontrou a chave que buscava. Ele precisava de solidão e união íntima com o único Deus invisível e eterno que conseguira impor-se sobre a humanidade como um sol sem ocaso e sem nuvens, cuja presença perdurável fosse sentida por ela em todas as épocas e acima de todos os vaivéns e transformações de sua vida planetária.

Moisés necessitava de solidão, de isolamento.

Dera à humanidade tudo quanto pode dar um ser a seus semelhantes, e ele compreendia que era chegada a hora de proporcionar algo a si mesmo.

Como? Onde? Quando? Morrendo para tudo o que não seja Deus e eu!

"Dualismo tremendo!" — disse do fundo da alma essa voz sem ruído que ouvem com delícia ou com medo os que buscam o retiro e a solidão.

"— Moisés!... Sabes, acaso, se o Eterno uno invisível se contentará em estar a sós contigo, ou te pedirá as milhares de almas que, como tu, querem estar a sós com Ele? A solidão com Deus é um descanso para a alma, mas quem vem a esta Terra não é para descanso permanente e absoluto, mas por momentos, como o viajante descansado busca a água da fonte no oásis do deserto que escolheu para seu caminho."

A voz sem ruído calou-se e Moisés deixou-se levar aos horizontes ilimitados da meditação, tratando de ver qual devia ser, a partir daquele momento, o caminho a seguir.

Compreendeu que seu fastio e seu cansaço era o efeito de forças tenebrosas que procuravam vingar-se do triunfo obtido, afastando-o do ideal divino pelo qual tanto se havia sacrificado. Se elas conseguissem pelo menos que sua vida nos anos subseqüentes não estivesse em harmonia com o ideal sustentado, Moisés seria para a humanidade como um dos inúmeros charlatães que pregam elevadas doutrinas, com uma vida particular e íntima diferindo pouco ou nada da vulgaridade das massas inconscientes.

Moisés organizou então sua vida tal como devia ser vivida pelo enviado da eterna potência criadora para ser um guia instrutor da humanidade terrestre.

Vida contemplativa, com atividades em benefício de seus semelhantes. Tal foi a vida de Juno, de Numu, de Anfião, de Antúlio, de Abel, de Krisna, e tal devia ser a sua presente vida, se não quisesse afastar-se da rota iniciada em tão distantes épocas.

Na tarde dessa meditação, ocorreu o segundo apocalipse de Moisés, que foi como o selo do invulnerável diamante posto pela eterna lei nessa vida sublime até o heroísmo. Num estado de êxtase que durou cinco horas, viu o desfile das suas seis existências anteriores com tão perfeita clareza em todos seus detalhes, que julgou estar vivendo novamente, pois chegou a sentir no seu ser físico as mesmas impressões que deveria ter sentido em cada uma daquelas circunstâncias tão admiravelmente gravadas nos intangíveis espelhos da luz eterna.

Em nenhuma dessas existências havia dito o que ele, Moisés, disse:

"Morrerei para tudo o que não seja Deus e eu."

É verdade que nenhuma daquelas existências fora de tão longa duração como a que estava vivendo agora. Em conseqüência disso, sua nobre psique se prosternou em humilhação absoluta ante o supremo Pai invisível, cujo amor infinito saberia perdoar-lhe esse mau pensamento. Extremamente angustiado, Moisés clamou:

— Quem sou eu, meu Pai, para pretender que ocupes sequer um instante de tua gloriosa eternidade em aliviar meu cansaço e minhas tristezas?

Dessa meditação Moisés saiu curado para todo o resto de sua longa vida. Continuou aceitando alunos em sua escola iniciática do deserto, então conhecida em todos os países vizinhos e até nos da outra margem do Mar Grande.

Especializou-se a iniciação mosaica nas provas de ordem moral e espiritual, atenuando e até suprimindo as provas de ordem material ou física costumeiras nas antigas iniciações dos templos egípcios. A iniciação mosaica estava perfeitamente em harmonia com a Lei do Sinai, ou seja, "fazer com os nossos semelhantes tal como queremos que seja feito conosco".

Era, pois, o auge da vida perfeita.

Esses foram, depois, os missionários de Bhuda, tão perseguidos pelos brâmanes puritanos. Estes foram, séculos mais tarde, os essênios, que prepararam em suas ignoradas grutas a humanidade que havia de compreender e amar o Lírio de Jericó de Nazareth, cuja vida, sem extraordinárias asperezas, foi a vida mais pura e excelsa vivida por um homem de carne.

Foi a vida perfeita da iniciação mosaica.

Moisés amou tanto as alturas que sua vida também foi um cimo altíssimo! Porém, um cimo no qual são escassos os seres desta Terra, que apenas podem olhar da planície. Andar unidas pela mão a vida ativa e a vida contemplativa não é nada fácil de realizar, porque, não tendo adquirido um completo domínio da mente, onde às vezes esvoaça a imaginação como uma mariposa inquieta ao redor de uma flor, o nosso mundo interior não sossega o bastante para penetrar nesse íntimo santuário oculto onde nos aguardam as leis divinas, as imagens sacrossantas de renúncias por fazer, os excelsos pensamentos com os quais a psique tece e destece, em suas caminhadas por planos mais sutis que o plano lamacento e agitado da Terra, de onde ela não pode escapar a não ser por momentos e a furtadelas, como um garotinho ansioso submetido a uma forçada clausura aproveita para fugir por uma grade aberta por descuido. Tudo isto precisou Moisés superar, e o superou, com toda a certeza, nos trinta últimos anos de sua vida nos cumes das montanhas da Arábia de Pedra, do país de Kush ou Etiópia, da então desconhecida Núbia ou Quênia dos homens gigantes de pele escura, vestígios bem nítidos dos últimos lêmures que conseguiram sobreviver às transformações do tempo, das diferentes forças que atuam na formação de raças e sub-raças, e da própria natureza, toda ela uma continuada transformação.

Moisés escolheu o Monte Nebo, da Cordilheira do Moab, para terminar sua fecunda vida, não castigado pelo Deus uno invisível e eterno, que o havia imposto como suprema verdade à humanidade de vários mundos, segundo o fazem entender as crônicas que conhecemos, mas por pura escolha de seu espírito, que se dedicou por breves temporadas à vida contemplativa, onde encontrava o que a vida ativa entre as criaturas jamais poderia dar-lhe.

"— Não necessitas já das criaturas, mas elas necessitam de ti" — havia-lhe dito, numa profunda meditação, sua alma-esposa, que nos últimos anos desta excelsa vida humana quase não lhe deixava longo tempo sem a sua presença. Como poderás negar a força de teu amor e de teu consolo, a iluminada claridade da tua fé e confiança no Deus único, às mesmas criaturas arrancadas por ti da inconsciência de um mundo de cegos? Não significa isso precipitá-las novamente no mesmo escuro abismo de onde as tiraste com inauditos esforços? Não significa isso destruir a mesma obra à qual te sentiste chamado em teus anos de juventude e virilidade?"

Moisés tinha baixado a testa ante esta sublime verdade e se entregava, dia após dia, com coragem heróica ao que era e devia ser a sua longa vida de reflexo vivo do Deus único, eterno e invisível, que sentira dentro de si desde seus primeiros anos, como um divino e suavíssimo fogo que nele jamais se extinguiu.

— As areias do deserto e os penhascos das montanhas me ensinaram grandes coisas — costumava dizer Moisés em suas confidências espirituais com os que ele sabia que o compreendiam.

Alguns deles perguntavam então:

— Não poderias transmitir-nos, mestre, algo do ensinamento do deserto e das montanhas?

— É tão simples que quase me envergonho de chamá-lo ensinamento; contudo, como eu mesmo me vejo já um ancião, parece que as palavras de um vosso velho amigo vos trarão, junto com a minha recordação, a história que juntos vivemos nesta numerosa grei que a divindade confiou à nossa solicitude.

"Como são belas as tuas montanhas, Senhor! — exclamou de repente levantando aquela sua cabeça pensadora que já aparecia envolta em brancas madeixas. — Como são boas as tuas montanhas! Centenas de vezes, em minhas idas e vindas, subidas e descidas, eu poderia resvalar e fazer-me em pedaços nos precipícios; no entanto, as montanhas jamais me deixaram cair, mas, amorosas, me sustentaram até que passou a vertigem ou o desequilíbrio produzido pela queda, e ainda me obsequiaram com uma raiz que saía dentre as pedras, ou mesmo com uma saliência como um estribo que sustentou o meu pé. Estas são bondades que mui raramente encontramos entre nossos semelhantes, com os quais gastamos às vezes toda uma longa vida. Quanto me amaram e me amam estas montanhas sem que eu nada tenha feito por elas! Tal como a natureza as formou eu as vejo, e as vi sempre, sem que elas tenham necessitado de mim nem sequer em algo insignificante. Muito pelo contrário. São elas que me deleitam com o esplendor imponente de sua elevação até bem acima das nuvens, com seus coloridos, que somente encontro nelas, com suas cavernas e grutas acolhedoras, que me resguardaram muitas vezes das avalanches de neve, do ímpeto envolvente dos ventos, dos raios ardentes do sol e das garras das feras, que de um modo geral se assemelham às criaturas humanas. Entretanto, devemos aceitar que as montanhas nos levam a bendizer o eterno poder que as construiu tão altas, tão belas e tão boas.

"Contudo, em sua impassível quietude de pedra, elas não podem me ajudar a polir a psique, nem a vestir a branca roupagem das bodas divinas. Em compensação, a convivência diária com as criaturas humanas é um crisol tão ardente, uma chama tão viva que vai queimando e consumindo todos os excedentes que enfeiam a psique: as verrugas da soberba, as pústulas infecciosas da luxúria, o granizo escarlate de todas as vaidades, os tumores cancerosos do interesse, tudo vai sendo queimado a fogo lento na convivência entre os humanos, que se apressam em descobrir todos os pequenos ou grandes despropósitos que desfiguram esta divina psique, filha do céu, que nasceu para ser eternamente bela e que tanto nos custa consegui-lo. Porque é assim e sempre será assim. Se às criaturas humanas é brindado o resplendor de uma luz para evitar os obstáculos no caminho, descobrem em seguida de que o fazemos em razão do nosso desejo de que todos vejam o que fazemos. E dizem: 'Acendem essa luz para isso.' Se repartimos com elas quanto temos, descobrem em seguida que as traças abundantes em nossa casa iriam destruir tudo deles, e por esse motivo, antes de perder tudo sem proveito, compartilhamos com elas e aparecemos como generosos benfeitores. Se as advertimos de seus erros e faltas com o único desejo de que corram velozes pela senda da sua evolução, olham-nos com pouco caso e dizem: 'Fazeis o mesmo que nós às escondidas e em lugares ocultos, e vos mostrais como perfeitos e santos dignos de subir a um altar.'

"Todo este áspero e ardente crisol embeleza a psique até convertê-la numa luz, numa visão de glória, numa desposada branca e pura coroada de narcisos e de lírios, a quem a divindade espera para coroá-la de estrelas...

"Então a psique estende os braços amorosos a todas as criaturas humanas que assim a ajudaram a se embelezar para chegar a ser uma verdadeira e eterna filha do céu!

"Quando a voz sem ruído vem do alto e ressoa aqui, junto do meu coração, dizendo que a alma humana necessita da convivência dos humanos, compreendi tudo isso, e vi vivo, como um fogueira ardendo em vermelhas labaredas, o ardente crisol que consumia tudo quando enfeia a psique que foi destinada a retornar um dia àquele do qual saiu sendo centelha e para o qual deve voltar convertida numa estrela!..."

Isso é o que é ensinado na Iniciação Mosaica, nas confidências do deserto, nas grutas das altas montanhas, onde seus amigos e discípulos anacoretas, missionários, hierofantes e mestres buscavam a luz do homem genial que, chegando à austera ancianidade, ensaiava a forma de amar às criaturas que tanto o haviam feito sofrer.

***

Não podemos fechar este álbum de grandes recordações sem fazer referência a um fato que, como a maior parte desta vida sem igual, foi conhecido pelos humanos muito desfigurado da sua realidade. Refiro-me ao que se chamou a bênção de Moisés.

Ele pressentia a chegada da sua hora final de encarnado e ainda teve alguns avisos, não com a data determinada, mas com a sua proximidade. Amou demasiado a sua obra para descuidar do seu futuro depois de seu desaparecimento do plano físico. Em decorrência de tão importante motivo, escolheu dentre os seus iniciados mais fiéis e mais capazes que, com decidido amor à sua grande obra e à sua personalidade augusta e sagrada para eles, se ofereceram para suavizar a amargura que percebiam nele preparando-se para a partida sem deixar firmemente estabelecida a sua continuidade.

A esses doze ele confiou, durante os últimos cinco anos, tudo quanto pôde descobrir do passado, do presente e do futuro em sua longa vida, feito uma rede de prata sem um único e pequenino nó onde não estivesse engastada uma pérola. Deu-lhes os mais amorosos e significativos nomes. Chamou-os "os doze rebentos" da árvore sagrada do seu ideal, "as doze colunas" de seu indestrutível templo espiritual; "as doze estrelas da constelação", radiante emanação do Sinai, e os distribuiu de três em três em direção aos quatro pontos cardeais de tal forma que a lâmpada da divina verdade ficasse perpetuamente acesa até sua nova vinda, pois ele sabia que ainda devia voltar.

— Virá outro igual a mim, ao qual todos vós tereis de obedecer se não quiserdes ser afastados da luz por longos períodos — disse em sua despedida do povo momentos antes de subir ao Monte Nebo para não mais descer.

Com relação à sua escolha dos doze, eu queria referir-me muito particularmente, por causa dos enganos a que isto deu motivo.

Como todos os seus escritos espirituais de grande profundidade, este também foi escrito em hieróglifos sagrados segundo o seu costume.

Para significar seus "doze rebentos", Moisés desenhou uma frondosa árvore de cujo grosso tronco brotavam doze vigorosos rebentos, e por cima deles duas grandes asas abertas, tal como uma ave-mãe abre suas asas em proteção de seus filhotes e, no alto, a estrela de cinco pontas, símbolo do eterno ideal divino. Isto queria dizer: "Com bênção maior, abençôo meus doze rebentos, e esta bênção será a proteção divina que deixo sobre eles para sempre."

Em outra parte, escreveu: "Meu templo fica aberto para os quatro pontos cardeais e está firmemente construído sobre doze colunas, nenhuma das quais será removida de sua base." E havia gravado o hieróglifo do templo circular em estilo grego, com as doze colunas e nenhuma porta, com uma lâmpada no centro e, sob ela, as Tábuas da Lei.

No alto, a estrela de cinco pontas. Penso que desses dois belos e sugestivos hieróglifos terão surgido os enganos que aparecem nas antigas escrituras de procedência israelita. Os dirigentes de Israel lutavam sempre em fazer de Moisés a mais ilustre figura de sua raça e, dessa forma, não é de estranhar que esses dois hieróglifos sagrados de uma escritura mosaica sejam interpretados como uma especial bênção de Moisés às doze Tribos de Israel personificadas pelos doze filhos de Jacó, que a Escritura de procedência israelita menciona um por um.

A razão pura e a mais estrita lógica nos diz que os messias enviados pela eterna potência aos mundos de prova não pertencem a nenhuma raça, mas são, digamo-lo assim, propriedade das humanidades desses mundos. Eles vivem para todos, e salvam da ignorância, do atraso das correntes negativas ou adversas aquele que quer ser salvo.

Dos doze rebentos e das doze colunas, três foram para Bombaim, para as Torres do Silêncio, onde os últimos flâmines pediam ajuda ao enviado de Deus porque já terminavam suas vidas como círios consumidos no altar.

Três foram para o Monte Himeto (antes Monte das Abelhas). Três se instalaram nos Atlas da Mauritânia e três ficaram nas alturas do Moab. Todos com a determinação de formar escolas iniciáticas, para serem repartidos depois de três em três por todos os altos montes de onde pudessem irradiar luz meridiana sobre todos os povos da Terra.

Assim terminou Moisés sua obra gigantesca. Até em seus últimos momentos, ele pensou em todos e se abraçou heroicamente à solidão escolhida como sua desposada.

Morreu acompanhado apenas por seu filho de adoção, Essen, que foi quem pôde descrever os últimos dias do Moisés genial que a humanidade sempre admirou apesar das desfigurações infamantes e grosseiras nas quais as ignorâncias e os fanatismos humanos tiveram a má idéia de envolver, como na mortalha de um leproso, a personalidade radiante e excelsa do filho-Luz da princesa Thimétis do Egito faraônico.

BROCHE DE DIAMANTES

Amável leitor, permita que eu feche com um broche de diamantes este álbum de relatos mosaicos extraídos dos eternos arquivos da luz. Denomino-o broche de diamantes porque a mais brilhante lógica o torna invulnerável.

Se leste compreendendo e meditando, terás chegado à convicção de que Moisés não foi reconhecido pelos seus historiadores como o homem genial designado pelo eterno Pai invisível como legislador, condutor e guia da humanidade. E tanto isto é verdade, que ele não foi reconhecido, que foi feito autor das piores baixezas e horríveis crimes, como são as matanças em massa referidas como ordenadas por ele em diversas oportunidades, e sobre as cidades e países que seus habitantes nativos defendiam da invasão que os israelitas pretendiam exercer.

Numa Bíblia editada em Buenos Aires no ano de 1946 por notáveis e respeitáveis eclesiásticos católicos, afirma-se o seguinte:

"Durante o transcurso dos séculos, a Bíblia foi traduzida muitas vezes. A mais famosa entre as versões gregas é a chamada 'dos Setenta' por presumir-se que esse fora o número dos tradutores, os quais começaram seu trabalho pelo ano 286 antes de Jesus Cristo e o terminaram muito antes do ano 130."

Escritores ingleses de respeito afirmam que esses setenta tradutores eram doutores de Israel e os designam como pertencentes à Tribo de Judá, que sempre foi a cabeça de todas as expedições guerreiras da raça, segundo seu próprio historiador Flávio Josefo, em sua extensa e minuciosa obra: *As guerras dos judeus*.

A mais estrita e razoável lógica nos permite também presumir que esses tradutores quiseram justificar as matanças horríveis e selvagens realizadas pelo povo de Israel em seu avanço para a Palestina, atribuindo-as a uma ordem de Moisés, que recebeu do céu a divina lei do amor fraterno entre cujos dez mandamentos aparece aquele "Não matarás", como escrito com fogo ardente.

Meditando-se bem nessa sublime e eterna lei, a lógica também nos permite presumir que ele tenha recebido e vivido essa lei, cujos dez números são um vivo reflexo de amor desde o primeiro até o último, pois, tendendo todos a evitar todo o dano ou mal a nossos semelhantes, não podia nem devia nem o fez jamais mandar exterminar, com cruéis degolações, homens, mulheres, anciãos e crianças dos países e cidades por onde deviam passar as hostes israelitas, como efetivamente o fizeram, segundo relata a Bíblia editada em 1946 em Buenos Aires.

H. de M. Nebo